日照政法

砥砺奋进三十年

(1989～2019)

下 卷

中国政法大学出版社

砥砺奋进三十年

文献篇

　　察势者智，驭势者赢。建市以来尤其党的十八大以来，市委、市政府及政法机关把政法工作摆到更加重要位置来抓，作出一系列决策，实施一系列举措，取得一系列成果，也形成一系列珍贵文献资料。各级政法工作者面对新形势、新任务和新挑战，切实增强做好政法工作的政治责任感和历史使命感，围绕政法工作在新形势下的地位作用、方向目标和主要任务等，密切联系实际，深入调查研究，写出一系列调研报告、学术论文、新闻报道等，有的在全国性法学论坛主题征文活动中获奖，有的获全省法院重点调研课题优秀等次，有的被新华社转发，并获第八届中国时事报道一等奖，更多的在《人民日报》《人民法院报》《检察日报》《人民公安报》《法制日报》《大众日报》等报刊、网站发表，其中既有贯彻落实政法综治工作大政方针和决策部署的探索与思考，也有对政法机关维护稳定、建立社会矛盾纠纷源头治理机制、推动完善多元化纠纷解决机制、开展"一村（社区）一法律顾问"、司法行政服务新旧动能转换、服务经济社会发展、推进司法体制改革、加强政法队伍建设等工作实践与总结，涉及到政法综治工作多个方面，贯穿了促进社会公平正义这一政法工作的核心价值追求，不但对进一步开创政治安全、社会安定、人民安宁的良好局面有着重要指导意义，而且能够存史、资政，对做好当前和今后的政法工作，更好担负起时代重任起到借鉴与咨询的作用。还可以说，学习是成事之基，创新是强警之要。把学习、创新和团结熔铸进政法工作步伐，时间赋予每一个奋斗实干者以丰硕果实，使梦想的舞台更加宽阔。

第九章　工作（学术）研究

关于对日照市创新建立"向前一步"多元化解矛盾机制的调研报告

日照市委政法委

近年来，随着改革全面深化、社会深刻转型，社会矛盾纠纷呈现多样化、复杂化、疑难化的新情况、新特点，对地方党委政府社会治理能力提出新考验新挑战。对此，日照市委、市政府深入落实中央、省关于"加强社区治理体系建设，推动社会治理重心向基层下移"的要求，坚持以人民为中心的发展思想，坚持问题导向、创新导向，关口前移、源头治理，创新建立"向前一步"多元化解矛盾机制，深入做好各类矛盾纠纷风险预防和化解工作，不断夯实综治和平安建设基础，有力维护了社会大局持续和谐稳定，保障了全市经济社会持续健康较快发展。2016 年 7 月，省委、省政府多元化解矛盾纠纷工作会议在日照市召开，对日照市坚持"向前一步解决问题"、多元化解矛盾纠纷机制的经验做法予以推广。一是牢固树立"稳定是硬道理"的责任意识。全市各级各部门牢固树立"发展是硬道理、稳定也是硬道理，抓发展、抓稳定两手都要硬"的意识，以提高预测预警预防各类风险能力为核心，不断增强工作原则性、系统性、预见性，把系统治理、源头治理、综合治理、依法治理结合起来，把矛盾纠纷排查调处作为控风险、护稳定的重中之重来抓，健全组织、压实责任、主动担当，为化解各类矛盾纠纷提供了强有力的组织保障。二是矛盾纠纷源头防控能力不断增强。各级各部门不断健全完善县、乡、村、网格调解组织，搭建矛盾纠纷排查调处信息网络、工作平台，落实"属地管理、分级负责"的原则，各负其责、各尽其职，形成了统一领导、部门协调，统筹兼顾、标本兼治，各负其责、齐抓共管的大综治格局。三是坚持把"事要解决、群众满意"作为根本。全市各级各部门按照诉求合理的解决到位、诉求无理的思想教育到位、生活困难的帮扶救助到位、行为违法的依法处理的要求，坚持党政领导公开接访和带案下访制度，落实包保责任制，建立大回访机制，面对面解决群众利益诉求，建立矛盾纠纷化解责任清单、任务清单、问题清单、督导清单、考评清单一体化督查机制，推动了各类矛盾纠纷在基层解决。四是矛盾纠纷化解成效明显。2017 年以来，全市八类主要案件同比下降 20%，矛盾纠纷调解成功率达 98%，信访积案化解率达 81%，连续多年未发生重大群体性矛盾纠纷；日照市连续三届荣获"全国社会治安综合治理优秀市"，荣膺全国社会治安"长安杯"；党的十九大和今年全国、全省"两会"安保工作实现了"五个不发生"、"三个零"（零进京集访、零进京非访、军队退役人员零进京）的目标。主要做法是：

一、强化理念引领和制度设计，"向前一步"主动解决问题

日照市大力倡导树立"向前一步解决问题"的工作理念和机制，市委全体会议明确要求把"向前一步"的理念体现到精神状态、工作作风上，体现到破解难题、推动发展上。一是在体制机制上，市委、市政府印发了《关于完善"向前一步"多元化解矛盾纠纷工作机制的实施意见》，构建完善工作机制，配套出台各类实施细则 100 余项。为促进专业性调解工作常态化运行，出台了加强行业性专业性人民调解委员会建设的意见；针对医患纠纷调处问题，探索建立了医患纠纷调处与保险理赔衔接机制，以市

场化方式推动风险社会分担，较好破解了"赔偿难"的问题。二是在推进落实上，严格按照"属地管理、分级负责"和"谁主管、谁负责"的原则，坚持党委书记直接抓稳定工作机制，将矛盾纠纷化解工作主体责任落实到各级党委书记，坚持书记抓、抓书记，层层压实党委书记作为平安稳定工作"第一责任人"的责任，市委明确要求各级党委书记要以身作则、率先垂范，带头落实"一阅三访"（阅批群众来信和定期公开接访、主动约访、带案下访）制度，推动各级党委书记亲力亲为，主要负责同志对基层发生的重大疑难复杂纠纷、信访问题直接过问、直接研究、直接督导。如在党的十九大、全国"两会"等重大活动安保工作中，各级党委书记作为安保维稳工作的第一责任人，亲自指挥调度安保维稳力量合成作战，确保了重大活动、敏感节点时期社会大局持续和谐稳定。三是在工作保障上，针对人才支撑不足的问题，通过聘请的方式，将离退休法官、检察官、警官、各行业离退休专家充实到矛盾调处队伍。目前，全市有一线调解员 1.1 万人，其中行业性专业性调解员 500 余人。把多元化解矛盾工作经费列入财政预算，对各级社会矛盾调处中心、联调对接平台建设和运行费用专款专用、足额保障。近三年，全市财政投入基层调解服务平台建设资金达 8000 多万元。

公安特警紧急拉动

二、畅通拓展利益诉求渠道，"向前一步"联系服务群众

始终把群众放在心上，把工作做在前面，认真解决好涉及群众切身利益的问题。一是把保障改善民生作为预防和减少矛盾纠纷的治本之策。坚持每年实施为民办实事制度，近五年完成了平安惠民、贫困残疾人救助等 70 多项市级为民办实事重点项目。在城乡环境综合整治和城中村拆迁改造过程中，组织干部包村入户，深入做好矛盾排查、思想疏导工作，在拆迁赔偿、拆除违法建筑时，坚持公平公正，一把尺子量到底。近两年来，拆除违法建筑 109.3 万平方米，整治老旧小区 541 个，平稳拆迁房屋 1.86 万户，实现了和谐拆迁。二是不断完善社会稳定风险评估机制。在全省率先出台了《重大事项社会稳定风险评估工作的实施意见》，近年来，先后对山钢基地等 680 余项重点工程项目开展风险评估，组织做好专家论证、公众参与、第三方评估等工作，广泛征求群众意见建议，尊重群众意愿，严格做到"评估在前、防范在先、化解及时、处置稳妥"，有效预防和化解了矛盾纠纷。三是注重工作重心下沉和基层创新，打通联系服务群众的"最后一公里、一步路"。全市政法系统建立了"三联三访"群众工作机制（市委政法委和市政法部门联系区县，区县政法委和政法部门联系乡镇街道，政法基层所、庭、室联系社区（村居），开展领导干部大接访、推行业务工作大回访、组织政法干警大走访），开展了"三官四员"进社区（村居）活动（即组织法官、检察官、警官，法律服务员、信访工作员、反邪教工作员、消防安全员进社区（村居），"零距离"排查化解矛盾隐患），政法部门领导班子累计现场接访 1170 余场次，政法干警现场调处各类矛盾纠纷 4000 余起，取得了"干警受教育、群众得实惠、社会更平安、人民更满意"的效果。同时，大力推广了"名人调解室""大嫂调解员""春雨调解协会"等深受群众欢迎的好经验、好做法。

三、着眼矛盾化解无缝衔接，"向前一步"搭建载体平台

近年来，日照市着力打造"纵向连线到底、横向对接到边、重点行业领

域全覆盖"的多元化解矛盾工作平台，让群众有地方说话，说的话有人听、有人理。一是纵向连线到底。建立以信息化、视频化、远程连线互动为支撑的区县、乡镇（街道）、村（社区）三级"社会矛盾调处中心"，实行统一领导、集中办公、分流办理、协作配合。与法院、检察院、公安、司法、信访等部门视频接访系统横向对接，为群众提供了便捷高效的"一站式"调解服务。二是横向对接到边。在政法、信访和行政部门建设诉调、检调、公调、访调、行调对接平台，开发安装智能自助查询系统和远程视频连线系统，规范工作流程及联动对接机制，推动矛盾纠纷有序流转、多调联动、高效化解。市法院系统坚持领导远程视频接访制度，先后两次被最高法院介绍推广，市检察系统连续十年保持涉检赴省进京"零上访"。三是实现重点行业领域全覆盖。针对行业性矛盾纠纷易发多发、专业化程度高、调处难度大等特点，成立了信访、军队退役人员、严重精神障碍患者等 12 个重点领域矛盾排查化解小组，明确职责、压实责任、归口办理，成立道路交通、医患、劳资、物价、边界、渔船民等专业性矛盾调处中心 62 个，聘请熟悉法律法规、掌握专业技术、热心调解事业的离岗退休政法干警、医疗专家，以"第三方"身份参与调解接访，提升矛盾纠纷化解的结服率和公信力。目前，日照市 90% 的行业性矛盾纠纷在专业性调解框架下得到有效解决。

四、推动矛盾化解端口前移，"向前一步"评估防控风险

一方面，在敏感时期、重大活动、重要时间节点，对带有倾向性、突发性、全局性的问题，加强事前预防、事前评估、事前预案，从源头上预防和减少了不稳定问题的发生。2017 年以来，全市各级各部门紧紧围绕"一切围绕十九大、一切服务十九大、一切捍卫十九大"，坚持问题导向，创新工作机制（市县一体、部门协作、京地联动），精准安保、靶向稳控，扎实开展排查安全隐患防范四类风险、打黑除恶打霸治痞和矿山整治专项行动，排查安全隐患 7960 件、化解 7784 件，化解率 97.8%，打掉恶势力犯罪集团 4 个、集团成员 34 人，打掉恶势力团伙 65 个、团伙成员 270 人，抓获各类

霸痞分子 61 人，打掉"问题村干部" 5 人，关停违法矿山企业 36 处，为党的十九大胜利召开创造了安全稳定的社会环境。另一方面，对区域性、群体性、行业性等重大矛盾风险，勇于担当，综合运用法律、政策、行政、经济、教育等手段，早介入、早化解、早稳控。2016 年 11 月份，市委、市政府在全面研判全市金融和贸易融资风险的基础上，作出打击逃废银行债务、重塑日照良好金融生态环境的重要部署。市委专门成立由市委常委、政法委书记，副市长、市公安局局长任总指挥的打击逃废银行债务专项行动指挥部，主动推动化解贸易融资风险，维护金融秩序稳定。2016 年以来共约谈违约企业负责人 650 人次，查封、扣押涉案资产资金约 46 亿元，挽回经济损失 20.64 亿元，有效净化了金融生态环境。

日照市通过创新建立"向前一步"多元化解矛盾机制，实现了基层社会治理体系现代化从理念到实践的"四个转变"。一是在工作理念上实现了由"被动维稳"到"主动创稳"的转变。坚持向前一步工作理念，就是以改革的思路和措施主动创稳，加强力量整合、资源集成、一线到底，把综治工作更多的精力和资源用于源头预防和依法治理，关口前移、重心下移，有效预防和减少矛盾，实现了由"头痛医头、脚痛医脚"的被动维稳向"预防为主、标本兼治"的主动创稳转变。二是在工作方式上实现了由"管控为主"到"服务为主"的转变。坚持向前一步工作理念，充分体现和贯彻民本导向和服务型政府理念，通过创新联系服务群众等多种平台，主动回应和解决群众关切，既促进了社会和谐稳定，也树立了党员干部良好形象，提升了党委政府的威信。三是在责任主体上实现了由"党政为主"到"多元参与"的转变。坚持"向前一步"工作理念，强调主体多元化，明确了群众的主体地位和主体作用，促进了群众自我教育、自我管理、自行解决问题，更好地调动起群众参与社会事务管理的积极性，推动了群众自治、社会共治。四是在治理模式上实现了由"单一分散"到"综合治理"的转变。日照市以全面深化改革为契机，按照创新社会治理的要求，把基层综合治理的各项措施进行整合、完善、提升，构建起系统的社会治理新架构和分工明确、各负其责、互相协作的综合治理体系，形成多方联动、齐抓共管的工作格局。

当前加强和创新矛盾纠纷机制建设的几项措施：牢固坚持以人民为中心的发展思想，弘扬和学习新时代"枫桥经验"，坚持关口前移、重心下移、力量下沉，着力完善社会矛盾综合防控体系，打造共建共治共享的社会治理格局。一是深入推进矛盾纠纷多元化解全覆盖。深入贯彻落实市委、市政府"两办"《关于完善"向前一步"多元化解矛盾纠纷工作机制的实施意见》，扎实开展大排查大调处专项活动，做到底数清、情况明，进一步健全人民调解、行政调解、司法调解以及社会组织、群众自治组织等社会调解相互衔接的大调解机制。加强涉法涉诉信访工作，完善律师参与化解和代理涉法涉诉信访案件制度。二是不断完善重大事项社会稳定风险评估机制。坚持把社会稳定风险评估纳入出政策、上项目、实施重大事项的必备程序，组织做好专家论证、公众参与、第三方评估等工作，认真听取群众诉求，切实尊重民意、化解民忧、维护民权，从源头上减少问题的发生。三是强化对重点人员的教育疏导和管控。充分发挥基层社区（村居）网格化管理作用，进行专项化解治理，开展群众自治，推动问题在基层解决。四是加强品牌调解平台建设。推动建立以乡镇（街道）、村居（社区）综治工作中心为依托的矛盾纠纷多元化解平台。加强劳资、医疗、道路交通、旅游等重点行业领域调解组织建设，建成一批扎根群众、方式多样、灵活高效的基层品牌调解组织。五是抓资源整合，打造"综治中心、网格化、雪亮工程"一体化工作平台。创新矛盾纠纷化解工作平台，打破信息"壁垒"，实现数据共享、集成应用，为信息预警、防控风险、化解矛盾、精准防控提供有力支撑，及时高效地解决群众合理诉求，不断提升矛盾纠纷综合防控化解能力。

（《山东省全面深化改革调研报告精选（2017年）》）

社区智慧警务体系研究

王斌君　张培林

一、引言

随着大数据时代的到来，以及物联网、人工智能、移动互联网等相关技术的迅猛发展和深入应用，智慧楼宇、智慧社区、智慧城市等成为了当前信息化研究的重点和亮点。与此同时，公安机关的社区警务工作在全国也如火如荼地进行着，社区智慧警务也成为了目前公安机关的研究热点。

社区是社会的最小管理单元，社区警务是公安机关感知社会的神经末梢，是公安工作的有机组成部分，也是公安机关治理社会、打击犯罪的最基本的工作方式。社区智慧警务与传统警务相比较，有以下特点：在治理社区治安方面，强调社区资源的整合利用，而不是公安机关单打独斗；在打击与防范的关系上，强调打防结合，以防为主，而不是以打为主；在警务活动模式上，强调警民联动，而不是单向指令；在管理的手段上，强调人机结合形成的智慧管理，而非靠单纯的人力或技术管理；在管理与服务的关系上，强调管理寓于服务之中，而不是单独凸显管理[1-7]。

总而言之，社区智慧警务的研究目标就是利用万物感知与互联的物联网技术、打通网络连接最后一公里的移动互联网技术以及对大数据进行深入分析、数据挖掘，特别是人工智能技术对大数据的分析和应用技术，解决社区警务工作中人工的"汗水警务"问题，或者信息化程度不高、自动化程度不够及智能化程度不彻底的问题。

目前，社区警务智能化水平不高、不彻底的问题依然存在。主要原因有两条：一是对社区警务工作理解不够，由于社区警务在全世界范围内都是一个正在探索过程中的问题，社区警务的工作内容和工作模式等也在摸索过程中，由于没有彻底搞明白社区警务工作的目标，从而失去了信息化要解决的问题和目标；二是对物联网、人工智能、移动互联网和大数据等技术的理解不够，信息化的智能应用不彻底，没有充分发挥新技术的潜能。

为此，我们首先分析和梳理了社区警务工作，无论是人工完成还是通过信息化的智能应用系统完成，需要明白社区警务需要干哪些事、需要做哪些工作，特别是针对我国国情的社区警务，需要建立完备的社区警务工作体系。其次，以此为依据和目标，回顾和探索社区信息化的深入应用问题，研究和提出社区智慧警务的架构和主要工作内容。下面分别阐述。

二、四维社区警务工作体系

社区警务是上个世纪 70 年代第四次警务革命的产物，是主动提前式警务模式的具体体现。我国的社区警务制度既借鉴了国际上先进的社区警务理论，也有我国自身探索治理社会的痕迹——"片警"。鉴于我国实行社区战略的大背景，公安机关创新的"片警"模式向社区警务转变也成为了一种必然。

公安部相关文件[8-10]的颁布标志着社区警务工作在我国全面正规化开展。尽管《公安部关于实施社区和农村警务战略的决定》（公发〔2006〕5 号）[10]第 2 条规定，社区和驻村民警应承担以下职责任务：开展群众工作、掌握社情民意、管理实有人口、维护治安秩序和组织安全防范共 5 项核心任务，但并不全面。尽管国外的社区警务经验我们可以借鉴，但我国有特殊的国情，中国"公安"工作与国外"警察"工作也有很大的区别。另外，社区警务既要完成好本社区的治理工作，也必须站在全国一盘棋的高度上通盘考量，定位好公安机关"神经末梢"的角色与职责。

鉴于社区警务工作的复杂性，本文以系统论的观点，从不同维度详细论证和分析社区警务工作的工作方法和内容，以便把握其本质特征和内涵，形成了如图1所示的社区警务工作体系。

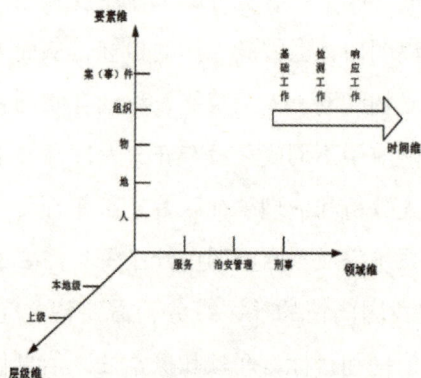

图 1 四维社区警务工作体系

下面分别对图1中的四个维度进行阐述。

（一）社区警务要素维

按照公安对社会治理的"五要素"模型，社区警务工作无论如何变化，但总可以归纳为人员、地点、物品、组织和案（事）件五个方面的要素。

人员要素是所有与社区警务工作相关的自然人信息按其自然属性、社会属性、管理属性的高度抽象与归类，如常住人口、暂住人口、工作对象、犯罪嫌疑人、特业从业人员等；地点要素是所有与社区警务工作相关的地点、区域和场地类信息的高度抽象与归类，如人的住址、发案地点等；物品要素是所有社区警务工作所涉及的物品信息的高度抽象与归类，如涉案枪支、爆炸物品、管制刀具等；组织要素是所有与社区治安业务工作相关的、由人组成的社会群体信息的高度抽象与归类，如机关、企事业单位、社团、非政府组织、旅馆、戒毒机构、治保组织等；案（事）件要素是所有客观发生的、由公安部门管辖的、社区中的案件、事件、事故等信息的高度抽象与归类，如刑事案件、治安案件、治安事件、民事纠纷等。

（二）社区警务领域维

社区警务工作所涉及治安管理、刑事和服务领域共三个领域。分域工作更有利于社区民警全面把握工作的内容，更有针对性地开展社区工作。

治安管理领域是社区警务工作内容涉及最多的领域。社区治安管理的主体是公安机关工作人员和社区内有关组织及其人员，共同承担维护社区治安管理的责任。从整体上看，社区治安管理的内容包括两大部分：首先是社区治安管理中最重要的社区人口管理，主要内容包括常住人口、流动人口和重点人口等的管理；其次是社区安全防范，即针对社区内容易滋生违法犯罪和治安灾害事故的各种因素、条件进行的预防和控制活动，主要内容包括特殊物品管制、特殊行业管理、重点场所防控和犯罪情境控制等。刑事领域主要是辅助社区内发生的刑事违法犯罪处置。尽管按照我国警察体制的分工，社区警察不直接负责侦查办案工作。但任何犯罪都具有时空特征，案（事）件一定是在某个特定空间发生的，即犯罪事实一定是发生在某个特定社区中的。自然地，刑事警察在侦查办案过程中，需要相应社区的民警全方位配合工作，如提供线索、摸排嫌疑人员与车辆等案（事）件的落地查实工作。服务领域所涉及的内容非常宽泛，目前在各级公安机关和警务研究界没有形成一致的看法，在社区警务中，民警服务群众的内容应当以是否有利于密切警民关系及社区治安来确定，如调处纠纷、办理群众求助、方便群众办理相关证件、主动做好特困人员的社会援助工作等。

（三）社区警务层级维

社区警务工作涉及本地和上级部门的要求。公安工作涉及公安部、省（直辖市）公安厅（局）、地（市）公安局、县（区）公安局、科所队以及最基层的社区，社区警务是整个公安机关管理社会、感知社会的"神经末梢"，必须充分考虑这方面的因素。

直观地理解，社区警务工作自然要围绕本社区开展相关的警务工作。但是，社区警务也是整个公安工作的有机组成部分，需要站在全局的视角审视社区警务工作，只有正确理解作为公安机关"神经末梢"的定位，才能全面理解社区警务的全部内涵。例如，社区警务涉及向上级公安机关通报情报信息、将本辖区的基础信息上传到上级公安机关系统等，也有从上级公安机获得情报开展布控等工作。既有向上级公安机关提供基础信息的职责任务，也有从上级公安机关获得信息、促进本地业务的实惠。

（四）社区警务时间维

社区警务工作具有随时间变化的动态性。从时间维度上看，首先需要进行的是围绕社区安全防护开展的基础性工作（Base）；在此之外，还要进行定期检测工作（Detection），及时发现异常因素及情况；对已经出现的异常因素及情况，要及时做出响应（Response）。由此，提出基于时间维度的BDR（Base，Detection and Response）模型。

基础工作（Base）是指，为实现社区管理目标、采取防护措施、进行防护管理以及预防异常情况发生，并为其他各项相关工作打好基础、提供支持的工作。传统社区警务工作中的基础工作主要是指各种安全防护措施，以及通过注册、备案和分级分类等管理获取社区中的各类基础信息，使社区民警对社区情况做到"底数清，情况明"，为社区民警开展相关工作打好坚实基础。检测工作（Detection）是指，尽管基础工作中通过各手段进行了防护，能够在一定程度上预防和阻止案（事）件的发生，但由于管理和技术缺失等原因，不能够做到百分百地防护，这就需要通过动态检测手段来及时发现防护漏洞产生的异常情况。例如，传统社区警务工作中入户走访、巡逻盘查等就是动态检测工作的体现；再如，安全防范领域的入侵报警也是动态检测工作的体现。检测工作是BDR模型的关键和核心，起着承上启下的作用。只有第一时间发现了异常问题，才能及时采取后续的处置措施。响应工作（Response）是在异常情况发生之后，为防止异常因素进一步发展、恶化，以便及时解决问题，将其危害降到最小，将其对社会面的影响降到最低而采取的警务活动。例如，及时化解邻里纠纷；在不扰民的情况下，对犯罪分子实施精准打击等。

三、社区警务具体工作

社区警务总目标可以概括为：依托群众实现对社区中的各类违法犯罪的预防、控制与打击，改善社区的治安秩序和治安环境；密切警民关系，及时掌握社区的警务动态；为上级公安机关提供及时、鲜活、准确的警情信息以及落地查实工作。基本包括上述 4 个维度的主要内容。

目前，具体的社区警务的主要常规工作内容与四维工作体系的关系可汇总为表 1 。

表 1　常规警务工作内容和方法

工作名称	要素维					领域维			层级维		时间维		
	人	地	物	组织	案（事）件	治安	刑事	服务	本地	上级	基础	检测	响应
注册备案	√	√	√	√	√	√	√	√	√	√	√		
分级分类	√	√	√	√	√	√	√	√	√	√	√		
多警联勤	√	√	√	√	√	√	√		√	√	√		
巡逻守护	√	√	√		√	√			√			√	√
走访调查	√	√	√		√	√			√			√	
实地检查	√	√	√		√	√			√			√	√
宣传发动	√							√	√		√		
警情通报	√				√			√	√				√
服务群众	√							√	√		√		

注：工作名称为目前常见的社区警务工作类型，其右侧为 4 个维度中该工作涉及的内容，例如，注册备案涉及到要素维、领域维和层级维的全部内容，但只涉及时间维的基础工作（静态）

注册备案对社区内全部要素维、领域维和层级维的所有静态基础信息进行登记和备案，对社区内的情况做到"底数清，情况明"，是开展一切警务活动的重要基础性工作。

分级分类对社区内已注册备案的信息进行分级或分类，以便具体问题具体分析，能有针对性地开展工作，是一种行之有效的警务工作模式和方法。

多警联勤是指社区民警与公安机关其他部门的协作，双方从各自的业务分工和职能出发，上下联动，多警种配合，通过信息共享，实现打防控一体化。

巡逻守护即通过巡逻获取社区内的各类动态信息，并对其进行及时有效的管控，同时依靠基层组织，组织指导辖区单位和群众开展治安巡逻守护活动。一方面，巡逻守护对犯罪活动进行震慑，预防和减少发案；另一方面，对已经发生的问题，能第一时间及时发现和处置，将小问题化解在萌芽状态，减少损失，减少问题对社会的不良影响。

走访调查即通过详细登记、及时了解实有人口、行业场所、出租房屋等情况的动态变化；掌握重点人员的现实表现与动态；对发案的单位、居民进行回访，了解最新线索；征求群众的意见和建议，把握社区居民的治安需求。

实地检查是对辖区内的重点单位等开展治安检查，及时发现安全隐患，并对有可能形成违法犯罪的情形进行具体有效的管控，防止发生各类案件和治安灾害事故，保证社会治安的稳定。

宣传发动是把组织、发动共同维护社区治安作为重要工作内容，依靠社区、居（村）委会等基层组织，指导抓好群防群治队伍建设；密切与警务辅助人员的关系，对其进行有效的发动、管理和指导；通过警务宣传栏等多种渠道，广泛宣传法律法规、治安动态、防范知识等内容，增强社区群众的法律意识和防范意识。

警情通报是沟通、协调的有效形式。一方面，定期向上级公安机关通报社区内的社情、警情、民情等情况，这是公安首脑机关感知社会的重要渠道，也是社区警务作为公安机关的"神经末梢"职能的充分体现；另一方面，公开通报社区发案情况，以及上级通报的重大案件、重要情况等预警警情，让社区有针对性开展动态防范措施。

服务群众即切实深入到群众之中，更好、更快地受理群众的报警求助，更有效率地完成群众申办事项，解决群众的矛盾纠纷等；同时开展更多便民利民服务，提供社区咨询服务等，提高群众的生活质量。

四、社区智慧警务工作体系

社区警务工作从早期完全由民警手工完成的社区警务手工阶段——社区警务1.0，发展到了借助计算机和网络对人工工作进行数字化以提高工作效率和便于数据共享的社区警务数字化阶段——社区警务2.0。

由于受技术条件的限制，社区警务2.0的主要问题是对社区中动态信息的感知能力较差，对数据的深度挖掘和关联分析不够。随着物联网、移动计算技术的成熟，可有效地解决动态信息感知问题；而人工智能和大数据技术可有效解决数据的深度应用问题。我们称以物联网、移动互联网、人工智能和大数据技术为背景的社区警务信息化深入发展阶段为社区警务智能化阶段——社区警务3.0。

（一）四维体系下的社区智慧警务

四维社区警务工作体系是对社区警务工作的高度抽象和概括，社区警务手工阶段、数字化阶段乃至社区智慧警务阶段都要以该体系为中心和基础开展工作。但是，社区智慧警务的工作思路、工作重点和工作方式等相比传统

东港公安分局昭阳路派出所沙墩"社区智慧警务+"监控中心

和数字化的社区警务阶段有很大的不同，下面对其进行阐述。

1. 从要素维度看社区智慧警务。在社区智慧警务中，主要利用物联网的相关技术对社区内的五要素动态信息自动感知和采集，如通过摄像机的抓拍与识别，可获取人员和汽车等要素的实时活动轨迹信息；利用 GPS、RFID 等技术，实时获取特殊物品的状态和位置信息等。这种感知采集是连续不间断的，相对全面的、实时的。同时，这些信息可通过网络传输到后台的公安网中，利用大数据技术，进行科学合理的整合、融合和关联分析，以及深度的数据挖掘与人工智能应用，发现数据中隐藏的规律（如地域性犯罪团伙、黑车运行轨迹等）和异常情况（未登记的小区常住人员、入侵行为等）等。这样，社区民警需要做的就是对异常信息进行有针对性地落地核实，精准开展社区警务工作，在很大程度上减轻了人工的负担，解放了警力。

2. 从领域维度看社区智慧警务。对治安管理和刑事领域来说，社区智慧警务主要是解决涉及"五要素"的动态获取及智能发现异常，与要素维度的分析基本相同，不再赘述。需要说明的是服务领域，社区智慧警务中服务工作的外延更加宽泛，内涵更加丰富。在满足传统的群众求助事项外，其他各有关单位的工作也会与社区警务工作相结合，如情感婚姻、职业咨询、劳动争议、家庭教育、医疗救助等各层面的事务也都可通过智能警务平台纳入到社区警务的视野范围内，主体将向多元一体化转变。与此同时，利用新技术能更好服务群众（如利用手机可方便地完成相关警务服务职能的申请，利用物联网相关技术关注社区内独居老人、幼小儿童等的异常情况），服务水平和质量将显著提高。

3. 从层级维度看社区智慧警务。同社区警务层级维的分析，不再赘述。

4. 从时间维度看社区智慧警务。基础工作同社区警务时间维的分析，没有质的突破，不再赘述。而对响应工作而言，社区智慧警务主要利用移动互联网技术，解决各责任主体之间方便、快捷地通知和联动问题。

社区智慧警务中的检测工作就是动态感知社会面信息的变化，及时掌握社情、民情、警情以及因为防护不周而导致的社区异常情况。检测工作是时间维度下社区警务工作的关键和核心，只有及时感知到这些信息的变化，才能有针对性地开展相关的警务工作。传统的社区警务是通过巡逻守护、走访调查和实地检查等方式获得这些动态信息的，信息获得相对不及时，可能会"贻误战机"。在信息化的社区警务阶段，主要将视频监控与社区民警实地工作相结合，建立动静实时监控、人机双向结合的机制，但这个阶段中仍然需要人关注视频、发现情况，并没有真正解放人力。在社区智慧警务阶段，可利用物联网设备对检测工作的对象进行感知和识别，获取实时信息，通过大数据分析和人工智能可在异常情况发生的第一时间发现问题并报警，为有针对性地开展下一步工作提供有利战机。

（二）社区智慧警务重点工作

社区智慧警务时代已经到来，社区警务的工作重点和模式将发生质的变化，下面是按照4.1的框架，梳理出来的社区智慧警务目前需要做的重点和难点工作。

1. 社区人员识别与动态信息采集（人；治安管理；本地级/上级；检测工作）。人员管理是社区警务工作永远的重点。在社区智慧警务工作中，对人员的管理主要体现在对社区相关人员的识别与动态信息采集。可利用物联网技术，在社区的关键路口、重点行业和场所门口、小区大门及小区单元楼门口、小区主干道等地点安装物联网视频监控感知设备、门禁卡、指纹识别装置、人脸识别装、电子围栏等智能感应采集设备，以采集和识别人员身份信息，以及地点和时间等时空轨迹信息。

动态采集的这些人员信息可与后台的特定人员数据库碰撞比对，可掌控社区内"特定人员"的活动情况；并通过其与后台大数据的深度挖掘和人工智能分析，可为社区警务提供了精准地社情、民情和警情等服务。

2. 社区车辆信息识别与动态信息采集（物；治安管理；本地级/上级；检测工作）。社区车辆信息的识别与采集主要利用物联网技术，在社区的关

户籍民警上门为行动不便老人办理身份证

键路口、重点行业和场所门口、小区大门及小区内单元楼门口、各停车场出入闸口等地点安装视频监控感知设备、射频电子装置等物联网智能感应采集设备，采集来往车辆的车牌等基本信息，以及经过的时间与地点等车辆轨迹动态信息。

动态采集到的车辆信息与后台重点车辆数据库相结合，可以发现社区内出现的"重点车辆"；通过与大数据学习的"黑车""作案嫌疑车辆"等AI 模型进行预测分析，获得与案事件相关的车辆信息，为社区智慧警务提供精准服务。

3. 社区异常检测（人/地/物/组织/案（事）件；治安管理/刑事；本地级；检测工作）。社区异常检测主要是利用物联网技术，对出入社区的人员进行感知和识别，以及与后台数据库的关联分析，及时发现人员出入行为异常（与他人或自己日常行为不一样）等潜在隐患；社区内发生的异常案事件行为（重点人口异常聚集、打架斗殴、有人手持危险物品、翻越小区围墙等）；水、电、煤气等信息异常检测（如突然用量大增或大减，没有等级居

民警检查宾馆信息登记情况

住的房屋却有相关的用量等）；社区特殊物品状态异常检测（特殊物品的位置状态变化、流动轨迹、消防通道被占用等情况）。

一方面，按照"边缘计算"的理论和思路，通过智能设备直接发现异常，如翻墙行为、消防通道被堵等；另一方面，使前端设备识别的信息与后台大数据关联分析，进行深度挖掘的业务应用和预测分析，如经常出入小区但没有登记的暂住人员。社区民警只需要关注和处理这些异常情况，并不需要按照传统的方式进行全面而没有重点地进行检查，从而大大节省警力，提高了管理能力。

4.社区智慧服务（人；服务；本地级；检测工作/响应工作）。社区智慧服务的工作重点是对上下级都关注的社区人员提供精准服务，主要包括：利用门禁、视频监控等智能感知设备，对社区需特殊关注的独居老人、留守儿童、残疾人士等的生活状态进行监测，并通过比对需特殊关注人员的行为规律，及时发现异常状态；利用"物联网+人工智能"的技术，自动识别社区群众需要救助的行为举动，如有小孩在水池附近、十字路口独处、老人在路边摔倒、群众在视频监控前挥手求救等。并通过移动互联网技术，将预警服务信息精准投放到相关社区管理人员，为社区提供智慧服务，进一步提高智慧服务水平和能力，进一步改善警民关系。

五、小结

社区智慧警务是社区警务工作的深度信息化，需要全面理解社区警务工作的内涵与外延。通过深入调查和分析研究社区警务工作，给出了四维的社区警务工作体系，并在此全视角下，全面分析了社区智慧警务工作研究的特点和重点：一是通过智能物联网设备和人工智能技术，动态感知与智能识别社区中特定的人员和车辆等信息；二是通过大数据和人工智能技术，发现潜在的规律，特别是异常人员和异常行为，为社区警务提供精准的预警预测，使其有针对性地开展警务工作；三是通过移动互联网技术，为警务活动提供方便的保障。

社区警务是一个历史不算悠久的事物，对其本质认识还不全面、不完整；而社区智慧警务也会随着各类技术的进步和对应用的深入认识，发生重大变化。这就需要我们在实践和理论研究中不断完善社区智慧警务的内涵，拓展其外延。

参考文献：

[1]张兆端："'智慧警务'：大数据时代的警务模式"，载《公安研究》2014年第6期。

[2]李温："当代西方警务模式改革及其发展趋势"，载《北京人民警察学院学报》2011年第2期。

[3]刘海亮：《新社区警务》法律出版社2014年版。

[4]孔庆彦："论社区警务与犯罪防控"，山东大学2012年硕士论文。

[5]王大伟："从杆石桥模式到世界警务改革的大趋势——中西警务改革比较 第六部分 对中国警务改革的思考"，载《公安大学学报》2001年第1期。

[6]王大伟：《欧美警察科学原理：世界警务革命向何处去》，中国人民公安大学出版社 2007 年版。

[7]朱颂泽："浅析智慧警务视角下社区警务建设新路径"，《湖北警官学院学报》2018 年第 3 期。

[8]《公安部、民政部关于加强社区警务建设的意见》，2002 年。

[9]《公安部关于改革和加强公安派出所工作的决定》，2002 年。

[10]《公安部关于实施社区和农村警务战略的决定》，2006 年。

关于日照市打击逃废银行债务工作的情况

日照市打击逃废银行债务指挥部

防范化解金融风险是"三大攻坚战"重中之重的工作，是经济发展良好金融环境的重要保障。2014年下半年，受大宗商品价格暴跌、经济下行、青岛港德正系企业骗贷等大环境影响，引发了贸易融资风险连锁反应。2015年以来，在市委、市政府的坚强领导下，日照市政法机关认真学习贯彻习近平总书记关于防控金融风险的重要指示精神，针对银行信用风险，以壮士断腕、刮骨疗伤的决心，部署开展了一场化解贸易融资风险暨打击逃废银行债务攻坚行动。截至目前，全市政法机关共立相关刑事案件167起，抓获犯罪嫌疑人233人，移送审查起诉144人，约谈违约企业1753人次，达成还款协议28.03亿元，挽回经济损失48.22亿元。不良贷款率由最高点10.68%降至2019年末3.41%，信用环境得到进一步改善，整饬重塑了金融生态环境。有关情况报告如下。

一、总体形势

日照市在全省16个地市中最早暴露金融不良债务风险，也是最先开展风险化解工作。贸易融资风险发生以前，日照市靠贸易带动的表外授信超过1500亿元，全市表内外授信余额为3300亿元。从2014年8月到2015年，全市先后有13家企业进入全省风险企业名单。这些企业融资额巨大，银行贷款合计620亿元，涉及担保圈企业262户，融资总额超过1200亿元。一些企业故意不归还贷款，恶意逃废银行债务，全市信贷违约企业从风险前的不到100户，增加到最高峰的610多户。全市问题贷款高达1000亿元，不

2012 年，侦破一起贩卖假币案

良贷款余额从由风险爆发前的 10 亿元最高上升到 254 亿元，不良率由 0.06% 最高上升到 10.68%，2015 年初到 2018 年一季度，日照市不良率一直居全省第一。在风险冲击下，各种问题集中暴露，地方金融环境、经济运行受到严重影响，日照市贷款不良率一段时期居高不下。

风险爆发后，省委、省政府高度重视，要求我市采取措施，妥善化解处置风险。日照市委市政府果断出手，成立由市委、市政府主要领导挂帅的金融发展与稳定领导小组，并组建了两条专项工作线：一是贸易融资风险化解工作线，由分管金融工作的副市长牵头，负责研究部署、协调推进重点企业风险化解和银行不良贷款处置工作；二是打击逃废银行债务工作线，2016 年 10 月由市委政法委牵头，2017 年 3 月调整由市委常委、政法委书记耿学伟和副市长、公安局局长张培林任"双总指挥"，负责统筹协调公检法和有关部门、各区县开展专项打逃行动。

通过近几年艰苦工作，我市化解贸易融资风险取得了显著成效，不良贷款大幅度下降，金融生态秩序基本恢复。目前，我市进入全省风险企业名单的 13 户重点风险企业，12 户已经完成风险化解。全市累计处置不良贷款 948.29 亿元，2019 年末不良贷款余额已降至 86.84 亿元，不良率降至 3.41%，比最高峰下降 7.27 个百分点，由全省第 1 位降至第 7 位；违约企业户数下降至 223 户，比最高峰 664 户减少 441 户，金融生态环境从"高风险区"恢复到"基本正常"。

二、风险发生的主要原因分析

1. 大宗商品价格大幅波动为主要诱因。自 2014 年下半年，大宗商品国际市场价格持续下跌，日照市矿砂、煤炭等大宗商品港口库存持续攀升，2015 年 5 月末港口铁矿石库存达 2322 万吨，同比增长超过 82%，出港量占到港量的比例不足 30%。而下游需求疲软，大宗商品"量增价跌"加剧贸易融资信用违约风险。地方经济管理部门对大宗商品价格趋势研究掌握能力有限。

2. 部分企业有违规违法操作行为。有的企业利用资金期限错配，套取授信挪作他用。以套利为目的挤占了真正需要融资的企业信贷额度，造成贸易融资供需结构性失衡；有的未归还到期融资，通过现货市场抛压回笼资金；有的企业存有"赌博心态"，不断提升融资规模以期以贷还贷，导致贸易融资风险急剧上升；有的企业盲目利用银企贸信息不对称、风险管理制度设计缺陷，扩张投资规模，挪用贸易融资资金，投向回报周期长、盈利变现慢的项目，产生了许多"半拉子"工程，造成企业资金链紧张，引发风险；有的企业故意不归还贷款，甚至转移隐匿资产、恶意逃废银行债务，全市违约企业从风险爆发前的不到 100 户，增加到最高时的 664 户。

3. 有的银行恐慌性压贷抽贷，造成企业资金断链。如全市信用总量从 2014 年末的 3300 多亿元，下降到 2015 年末的 2800 亿元，锐减 500 多亿元，实体经济失血严重。

4. 地方金融监管部门职能较弱，经验不足，应对手段弱。地方部门不仅缺少对资金使用状况实时监管能力，而且缺少控制对"担保圈"与"融资链"风险化解办法。"同业互保"是日照市贸易融资业务中的常见方式，只要一家企业出现风险，就可能引起连锁反应，大大增加了融资风险的不确定性。银监部门已经甄别出铁矿石、煤炭等 50 多个同业担保圈链，如山东万宝集团上下游 30 余家关联企业存在互保关系，山东华信集团与日照兴业集团互保 10 亿元。个别银行出于风险考虑，提高保证金比例、压缩授信规模，一定程度上引发了企业资金链断裂和银行坏账的系统性风险。

5. 地方诚信体系机制不健全，企业违规成本低。从日照宏伟集团贷款诈骗案例看，部分较大贸易企业及关联企业层级关系和业务关系非常复杂，在向银行申请贷款时，联合起来提供全方位、多角度的"真实"假资料，银行难以核实，以"合规"材料骗取贷款现象。正在建设中的诚信体系机制还不完善、不健全，不能正常发挥作用。

三、主要工作措施及做法

在市委、市政府的坚强领导下，始终保持严打高压态势。各有关部门及各区县落实责任，强化措施，强力攻坚，通过四年多的艰苦工作，实现了从"风险先发"到"率先突围"的转变，有力打击犯罪，整饬重塑了金融生态环境，于2018年底全面实现了市委、市政府确定的"两个基本完成、一个重新构建"的目标，即基本完成重点风险企业不良贷款处置，基本完成整个贸易融资风险化解任务，面上违约客户数量和金额实现"双降"。主要做法是：

1. 领导重视，高位推动，保障打逃工作顺利开展。市委、市政府对化解贸易融资风险和打逃工作高度重视，市委常委会议、市政府常务会议多次研究部署，果断决策铁腕整治金融秩序。原市委书记刘星泰、齐家滨高度重视，多次调度，多次在会议上提出要求并作出重要批示。2016年10月市里决定由市委政法委牵头成立打击逃废银行债务行动指挥部，指挥部充分发挥统筹协调调度督导作用，细化责任分工，定期召开会议研究解决实际问题，通过与各区县签订责任书、实行挂图督战、建立周调度制度、派驻银行工作组等一系列措施，抓好工作推进落实。通过市委组织部协调，从法、检、公、金融办、人民银行、银监局抽调专业精干人员驻指挥部办公室，全市参与打逃的专人力量达到239名。共召开各级专题协调会议60余次，到区县和各单位督导调研30多次，推动工作持续深入开展。各有关区县和部门对打逃工作在组织领导、人员配备、经费投入等方面给予大力支持，提供了强有力的保障。针对打逃工作取得了重大成果，2018年初，市委、市政府对政绩突出的30个单位和60名个人进行隆重表彰。

2. 部门联动，齐抓共管，凝聚打逃工作强大合力。针对工作初期有些同志思想认识不统一，部门间信息资源不共享等问题，市打逃指挥部统筹协调，及时召开会议和举办培训班，加强政策宣传和培训，统一思想、达成共识，公检法机关、金融监管机构及指挥部成员单位协同配合，在工作推进中不断交流磋商，最终在各个工作环节无缝对接，形成了打逃工作的有效合力。各部门按照分工认真履行职责，公安机关开展"利剑二号行动"，打破警种区域限制，抽调专门力量充实到打逃行动，探索了"一控四查精准追赃""七挖五延伸"等做法，发挥了先锋作用；检察机关对重点案件提前研究、依法从严，及时对主要犯罪嫌疑人依法批捕，并在公诉过程中有理有据有节，赢得广泛好评；法院系统研究出台关于金融诈骗罪中"非法占有目的"的指导意见，统一执法指导思想，对相关案件快审快判，共执结金融案件1823件，标的额115亿元；金融部门梳理违约企业，及时通报不良贷款情况，帮助摸清了底数，推动风险化解与打逃步调一致；人民银行协调跨银行、跨区域追查资金流动线索的案件，给予全力支持配合；银监部门督导各银行加大配合，积极向公安机关提报案件线索；审计、国税等部门发挥职能作用，在审计调查、追查偷税漏税线索等方面积极开展工作，为案件侦办争取了主动。

3. 精准打击，分类施策，推动打逃工作不断深化。指挥部根据打逃工作实际，及时调整思路和策略，强化分类指导，实施精准打击和重点突破。一是重拳打击重点风险企业。针对以往"先易后难"效果不明显的问题，把思路转变为"先难后易"，把重点风险企业作为打击首要对象，敢于啃下硬骨头，以求产生最大的震慑效果。在充分调研论证的基础上，市委、市政府确定6家（宏伟、昌华、铸福、阿掖山、万宝、金天地集团公司）融资规模大、资产受偿率低、不良贷款占比高，而且存在转移资产、逃废银行债务嫌疑行为的贸易融资风险企业为重点整治对象，提出了工作任务目标，落实了工作责任。指挥部针对6户重点企业分别成立了专项工作组，深入一线组织专家会诊研判，定期调度工作进展情况，推动问题尽早依法解决。针对宏伟集团案集中力量突破，打响了打逃行动第一枪，取得了非常好的社会效果。通过对重点企业精准打击，抓住了主要矛盾，打开了突破口，产生了打击一个、教育一片的强大辐射作用。目前有 2 户重点企业已审判完成，2 户一审完成，其他 2 户还在法院审理阅卷阶段。二是全力深挖转移隐匿资产。以挖资产为核心，专案组先后到济南、青岛、江苏、福建等 20 多个省市调查案件，尽最大努力把转移隐匿的资产追缴回来，坚决打消犯罪嫌疑人"抱团取暖、等待观望"、"牺牲我一个、幸福全家人"和"坐牢挣钱"的幻想。通过 200 多名精兵强将历时 100 余天的不懈努力，6 户重点企业全部取得实质性突破，累计抓获犯罪嫌疑人 87 人，逮捕 20 人，扣押冻结钱款、查封房产、物品等合计价值约 45.83 亿元。目前对于已经追查到的市外、省外乃至海外资产，采取法律、行政、外交等手段，全力追回。三是约谈保护正常经营的风险企业。指挥部派驻工、农、中、建、日照银行、农商行等重点银行机构工作组开展工作，对关联企业和关联人摸清底数，开展案件初查、线索梳理、相关问题询证等工作，对贷款不良企业负责人逐一约谈。对逃废银行债务当事人区别情况、分类施策，不能一概"一棍子打死"，对于有市场前景、有技术、有效益的实体企业，虽然偿还债务暂时遇到困难，通过约谈与银行达成还款协议，不作为打逃对象，协调金融机构和法院不予超范围扣查资产，维护企业正常经营，尽可能地让其偿还债务。

4. 打防结合，重在治本，统筹打逃工作多赢效果。开展打逃工作的最终目的是净化金融生态环境，我们坚持一方面以打开路、解决问题，另一方面强基固本、建章立制，坚决防止信用风险出现反弹。注重构建制度性的监管和防控体系，标本兼治，源头预防，堵塞漏洞，既建立正向的激励机制，也建立负面的惩罚机制，让守信者得到实惠，让失信者寸步难行，逐步实现由不敢逃向不能逃、不想逃转变。严格落实区县属地管理责任，对涉及担保或个别银行抽贷导致资金暂时周转困难的，如果主业突出、产品有市场的尽可能协调银行扶持，涉嫌逃废银行债务的重拳打击。积极引导金融回归服务实体企业、制造业、小微企业，政府部门搭建好平台，促进强化银企对接工作，引导银行加大信贷投放力度。金融、银监部门加强行业监管，规范信贷管理，加强信息沟通，防止乱加杠杆、过度竞争、违规套利套贷、盲目抽贷压贷等行为。金融机构依法合规经营，警惕一单多融，从实际出发，加大对实体经济的支持。据金融部门反映，因我市打逃工作下手早、效果好，近几年省级银行对我市银行放贷额度和核销处置额度比对其他兄弟市要大得多。

5.主动担当，敢于碰硬，锤炼政法干部队伍。打逃工作是一项专业性强、标准要求高、任务复杂艰巨的工作，对参与政法干警是一项严峻的考验。3年来的实践证明，我市政法队伍素质和能力是过硬的，通过开展打逃工作也使队伍得到了历练。一是加强思想政治建设。参与打逃干警心怀大局、思想统一，服从领导、听从指挥，保持与市委、市政府决策部署步调一致，做到重担面前责任在我，以高度负责的态度和以钉钉子精神担当尽责、狠抓落实，出色地完成了工作任务。二是加强能力素质建设。面对信用证、承兑、保理、证券、期货等金融和贸易方面的专业性、综合性很强的业务，全体人员坚持边干边学，拿出"挤海绵精神"，刻苦钻研金融贸易等专业知识，与犯罪嫌疑人斗智斗勇，全面提升了侦查攻坚办案能力，通过各方面的共同努力，将相关案件办成经得起历史和法律检验的铁案。三是加强纪律作

2017年，第四次全市经济犯罪侦查工作会议

风建设。"魔高一尺，道高一丈"，打铁必须自身硬。政法干警发扬对党忠诚、纪律严明、吃苦耐劳、无私奉献精神，敢打硬仗、事不避难、勇于担当，创新战术战法，为打赢攻坚战提供了保证。在办案过程中，坚持原则，严守法纪，一身正气，树立了良好的政法干部形象。原市委书记刘星泰曾批示：市公安系统打击逃废银行债务行动坚决有力，市法院、市检察院等有关部门、单位配合到位，已取得重要成果和宝贵经验，望再接再厉，一鼓作气，毫不松懈，决战决胜，为我市经济社会发展创造环境提供保障！

四、存在问题

我市打逃工作虽然取得一些战果和阶段性胜利，从全市总体经济形势看，打逃工作仍存在一定不足，面临一些实际困难，任务依然艰巨。

1. 企业逃废银行债务行为仍屡禁不止。"不敢逃、不能逃、不想逃"的局面尚未形成，一是个别企业和个人还存在侥幸心理和观望心态，认为打逃行动是"运动式"一阵风，而不配合银行清收化解、拒不履行担保责任。二是个别企业看到近年不良贷款处置力度较大，攀比已处置的企业，寄希望于打包核销、账销案存，还款意愿很低，给银行清收造成较大困难。三是个别企业注册多个关联企业，原注册企业经营恶化、形成不良贷款后，通过转移资产、放弃原企业经营等方式逃避偿还责任，转而利用实际控制的其他企业继续经营。四是个别企业为攫取不当利益不择手段，钻法律漏洞，造成国家资产严重流失，或以空壳公司或海外注册公司来躲避转移债务。

2. 银行机构打包核销问题。银行对不良资产打包核销后，交由资产管理公司处理，对于核销资产，银行认为有托管单位，不愿再管；而对没有核销的，怕报案进入刑事案件后，上级不给办理核销而不能降低不良率指标。个别企业攀比已处置的企业，认为核销后就解脱了，还款意愿很低，或出现由企业关联公司买包问题，造成国有资产变相流失。

3. 重点案件办理任务重、追逃压力大。一是案件办理难度高，前期公安机关付出艰苦努力，工作量非常大，6 起重点风险企业刑事案件证据卷宗938卷，每卷均有三百页左右，其中有关的犯罪事实、证据链条、法律适用等错综复杂。经济犯罪案件的证据不同于其他案件，专业性很强，有些证据还需要公安机关不断补充完善。二是因案多人少问题，案件办理时间较长。检察机关和审判机关在阅卷、梳理证据链的过程中，就可能需要两三个月的时间。截至目前2起案件完成审判，2起一审判决，另外2起还在法院审理阅卷中。

4. 刑民交叉冲突问题。有些企业破产案件既涉及刑事、又涉及民事。债务实际控制人被羁押或判处刑罚，印章、账簿和财产等被刑事查封和扣押，财产登记在个人名下，导致破产管理人不好接管，财产调查工作也被制约。在破产程序中如何确定刑事判决赔偿与破产财产处置的清偿顺序，以及刑事查扣的财产无法区分对应资金来源、不能确定具体归属等问题。目前的解决方式是，具体案情具体分析，按照"涉案财产有利于优化整合、最大限度减少损失"的原则进行。

5. 赃款赃物追缴难度大，法院执行难。银行对不良贷企业民事起诉，最后判决执行后，发现无资产可执行，或有转移资产迹象也不易获取有效线索。法院执行局侦察手段弱，侦察、审计和追回非常困难，有执行难问题，特别是对"拒执罪"方面手段不足，导致案件执行中止或终结；公安机关在"严禁以刑事手段介入经济纠纷"的制约下，不便对已进入法院民事的案件进行侦察；银行方面受信息、手段局限性，提供不出有效线索。

6. 打击逃废银行债务和失信惩戒长效机制亟待健全。此类案件犯罪事实充分暴露出社会信用惩戒机制不完善，硬性约束不足，企业违约成本低，等待观望、跟风抱团、侥幸等现象无法掌控。有的财务人员法律意识淡薄，认为老板说让干啥就干啥，不自觉走上违法犯罪道路。通过开展打击逃废银行债务集中行动，对违法失信的企业人员起到了良好的惩戒、警示、教育作用，大力净化了社会风气、营商环境和金融生态，但司法只是最后的法律救济手段和兜底措施。在借贷关系中，企业、银行本质上都是自主经营、自负盈亏、自担风险的平等市场主体，坚持"市场导向"，就必须尽快推动建立长效的制度规范，作为调节、约束银企双方的"治本之策"，这也是中央提出"打赢重大金融风险攻坚战"的必然要求。

五、工作建议

当前我市正处于蓄势积能到发力超越、实现换道超车的关键时期，迫切需要一个健康稳定的金融生态环境，需要各级各有关部门咬定目标不放松，统筹协调资源力量，密切配合，全力做好打击逃废银行债务和追赃挽损工作，应在前期以打开路的基础上，为下步打逃常态化立规矩，注重建章立制，进一步巩固和扩大打逃工作战果，最大限度挽回国家损失。

1. 压实责任，狠抓落实，以超强定力打赢持久战。保持打持久战、攻坚战的定力和耐力，切实扛起责任，狠抓落实，坚决打掉恶意逃废银行债务的恶劣行为和嚣张气焰，重塑良好的金融生态环境和诚信经营秩序。一是明确责任主体。各区县党委政府按照"属地管理"原则，全面排查、摸清底数，落实领导包案制度，下大气力抓好追赃挽损工作；指挥部成员单位按照各自的职能分工，层层细化分解，明确任务分工，特别是对于重点案件，按照"一人一案一专班"要求，落实包保责任人，逐案分析，做到件件有人盯、桩桩有人管；有关领导同志重要工作亲自部署、重大问题亲自过问、重点环节亲自协调、重大事项亲自督办，确保责任压实，措施落地。二是强化责任落实。指挥部各成员单位密切配合，加强协作，形成打击合力，坚决守住法治底线，维护社会公平正义。金融监管部门建立健全防控机制，守住不发生系统性区域性风险的底线；各银行业机构转变认识、放下包袱，积极配合开展帮扶和打逃工作，认真全面地提报案件线索。把点上的问题分析透彻，探索建立长效机制，做好面上防控，防止在同一个地方跌倒两次。探索建立诚信激励、失信惩戒的奖惩机制，完善社会信用体系，逐步形成"不敢逃、不能逃、不想逃"的诚信氛围。三是跟进督导检查。对年度重点工作，量化分解具体任务，明确任务目标和完成时限，全程跟上督导检查和跟踪问效，及时反馈结果，直至问题彻底解决。强化追责问责，对打击逃废银行债

2016 年 12 月，银行系统到市公安局赠送锦旗

务领域存在的违规违纪，不作为、乱作为和落实不力的行为，对当前工作造成严重影响的，严格按照有关规定追究相关责任人的责任。

2.强化措施，多措并举，推动打逃工作纵深推进。一是抓出前期工作成效。特别对其中6起重大风险企业案件，加大工作力度，该审结的审结，该宣判的宣判，法院、检察院等有关部门合理办案，推进案件依法处理，尽快审结并进入执行程序。二是打击力度不放松。始终保持对逃废银行债务行为的严打高压态势，以排查出的有逃废债代表性的企业为重点，重拳出击，打深、打透、打彻底，促进面上打逃工作力度不减，把这些违法企业打疼、打怕，起到强烈的震慑作用。加大法律法规宣传和教育力度，用好法律手段，执行好"认罪认罚"制度，并贯穿案件侦查、审查、审判全过程。三是加快资产变现。将追赃挽损作为打逃工作的重中之重，以打逃为抓手，集中资源力量，尽最大限度挽回国家损失，决不能让国家和人民的钱给恶意逃债行为买单。对6家涉案重点风险企业，加快资产处置工作，对已查扣的资产，加快处理进度，该拍卖的拍卖，最大限度转化为有效资产。采用多种技术手段，全面排查梳理信息线索，理清逃废债行为人社会关系网，强化信息分析研判，剥丝抽茧，挖出转移、藏匿的资产，并迅速跟进资产处置措施，决不能让其"一人坐牢，全家享福"的幻想得逞。四是实现重点领域突破。在这 6 户重点风险企业之外，各区县作为打逃的责任主体，紧抓当前掌握的重点领域、重点部位逃废线索，集中优势力量，深挖彻查，确保我市打逃工作有新突破、新进展。

3.打防并举，完善机制，构建风险防范常态体系。改变以打开路转入常态化、长效化风险防控形势，为经济社会高质量发展营造健康稳定的金融环境。一是突出"源头治理"，建立健全线索排查预警和分析研判机制。各级各部门特别是各区县，按照市委工作部署要求，全面排查，深挖逃废债线索，及时发现隐患苗头，落实措施，"约谈"敲打，公安、法院、税务、人社等部门及时会商研判重大线索，采取有效措施，全力追赃挽损；综合评估企业风险，完善落实企业风险预警与等级响应机制，制定相应预案，并根据预警情况及时启动；借助电视、广播、报纸、微信等媒介加大宣传力度，形成强劲宣传攻势，使企业负责人思想上形成"不能逃、不想逃、不敢逃"的认识。二是注重构建制度性的监管和防控体系。以机制建设为保障，对进入侦办环节的恶意逃废债案件，及时分析、研判，纳入制度和责任管理，借鉴扫黑除恶工作措施，健全纪检监察机关与公安机关在打击逃废银行债务工作中同步介入和"一案三查"机制。督导金融、监管部门既要建立正向的激励机制，也要建立负面的惩罚机制，注重标本兼治，源头预防，帮扶结合，让守信者得到实惠，让失信者寸步难行。

（入选 2019 年省级政法重点调研课题）

从主观走向客观：

公民提起民事公益诉讼的规则创制及适用

——从《最高人民法院关于审理消费民事公益诉讼案件适用

法律若干问题的解释》第9条谈起

日照市中级人民法院　　王建秀

引　言

公益诉讼并非一个新的话题，我国民事立法对民事公益诉讼的态度经历了从排斥到逐渐接受的过程。公益诉讼虽有维护公共秩序之功能，但一旦起诉权被滥用，不仅受损的公益得不到补偿，社会公序良俗也必将受到侵蚀，从此一方面来讲，这也是司法实务中迟迟未赋予公民原告主体资格的缘由。2016年5月1日启动施行《最高人民法院关于审理消费民事公益诉讼案件适用法律若干问题的解释》，该司法解释第9条仍将公民排除于原告主体资格之外。公民在消费公益诉讼中，只有符合起诉的条件，尤其是要满足直接利害关系的前提下，才能申请参加诉讼。当下司法环境，正发生从主观私益到客观公益利益诉求的变化，允许公民提起民事公益诉讼是法治社会发展的必然。现阶段进行实证调研，综合衡量制度的可行性并在实践中进行检验，才能使得公民提起民事公益诉讼的制度更加符合中国法治的实际。

一、纯粹主观利益：公民缺位民事公益诉讼制度的问题导向

主观与客观作为一对哲学范畴，可以用来阐述公益诉讼领域中利益维护

诉求的心理走向。所谓主观，是指以当事人意思自治为核心的私权维护主义，主张个人利益的最大化；所谓客观，是指以公序良俗为核心的公益维护主义，主张个人力量对公共利益的维护。主观与客观之间并非泾渭分明，而是相互渗透和转化。就当下的司法法治状况而言，纯粹主观利益主导下的私权诉讼已经不能满足法治进步的需要。

（一）公共资源悲剧：主观利益最大化的"非理性"侵占

"公共资源悲剧"（Common Goods）在于揭示过分追求私人利益的行为无助于公共资源的保护。加勒特·哈丁（Garret Hardin）将此概念加以延伸，指公益与私益之间在资源分配领域不可调和之冲突。公共资源诸如空气资源、森林资源、海洋资源等，因公共力量无法有效伸开"保护之手"，常因自由利用而被过度开发，这种不善利用最终会转嫁并排除公用资源的其他自由利用者，如果任由公共资源处于无序管理状态之下，公益的减损终将损害私人利益。主观利益最大化是导致公共资源悲剧的内在原因，对这种非理性的侵占必须进行制度上的管理与控制。"公地作为一项资源或财产有许多拥有者，他们中的每一个都有使用权，但没有权利阻止其他人使用，从而造成资源过度使用或枯竭"[1]。

就民事公益诉讼而言，亦可以用来回应公共资源的悲剧。个人受主观利益最大化动机的驱使，在现代经济活动中，过分重视个人利益，直接或间接损害社会公益，这种情形在环境公益诉讼中表现最为明显。为了追求经济利益最大化，企业在生产过程中重私益而轻公益，致使水、大气、周围环境等受到了不可恢复的损害。与此对应，当下我国以私权为中心的起诉主义，限制民事案件起诉条件为原告是与案件有直接利害关系的主体，也即采用"直接利害关系"的当事人适格说，这就导致公共资源受损的案件起诉困难。2013 年《中华人民共和国民事诉讼法》第 55 条新增公益诉讼，将起诉主体

---

[1] 陈新岗："'公地悲剧'与'反公地悲剧'理论在中国的应用研究"，载《山东社会科学》2005 年第 3 期。

界定为"机关和有关组织"，不失为诉讼进步，但现行法律以及相关规定将公民限制为主体之外（见表1），仍有待商榷的余地。

表1：民事公益诉讼主要法律法规有关起诉主体的规定

序号	法律法规	公益诉讼主体	施行时间
1	《中华人民共和国民事诉讼法》第55条	法律规定的机关和有关组织	2013年1月1日
2	《最高人民法院关于审理环境民事公益诉讼案件适用法律若干问题的解释》第1条	法律规定的机关和有关组织	2015年1月7日
3	《最高人民法院关于审理消费民事公益诉讼案件适用法律若干问题的解释》第1条	中国消费者协会以及在省、自治区、直辖市设立的消费者协会；法律规定或者全国人大及其常委会授权的机关和社会组织	2016年5月1日

（二）法经济学：成本——效益博弈的"理性"选择

成本——效益理论将社会上的人假设为"经济人"，他们在社会活动中主动计算活动成本和收益之间的差距，在此基础上理性选择预期行为。"经济人"在这种经济学博弈中，"给定约束条件并假定成本不变，尽可能地增加收益；或者假定收益不变，尽可能地减少成本"[1]，也即在成本——效益的博弈中，始终保持"效益－成本=正数（无限大）"的这种态势，从而力图实现自身利益的最大化。从法经济学的角度来讲，当下制度设计中，公民如提起公益诉讼，现行立法环境会对起诉主体产生不必要的诉累，公民少有主动参与民事公益诉讼的现象是基于理性的经济选择。

具体而言，在现行法律制度之下，一个理性的原告是否决定起诉主要基

---

[1] 参考苗壮："法律/制度经济分析的一般理论"，载《法制与社会发展》2004年第1期。

于以下方面的考虑：其一，自己受损害的程度是否值得提起诉讼；其二，自身在诉讼过程中的成本，这不仅包括诉讼费用，也包括物质性成本如律师费、搜集证据的费用、材料费、交通费、通讯费等，非物质性成本如时间成本、精力成本、关系成本等；其三，自身的胜诉率，原告在起诉前，综合自身已有的案件证据，初步咨询他人，寻找判例，进行内心确认，对自己的诉讼胜负形成基本预期；其四，其他。与之相对应，"民事公益诉讼的最大特点是小额多数，即诉讼中受害者人数众多，但每人受侵害的权益额度都非常小"①，因此在判决力无法有效扩张，公民作为主体又缺乏具体法律制度保护的情况下，公益诉讼的成本——效益博弈明显指向的结果就是不起诉。

（三）当前民事公益诉讼的应然以及实然生态分析

"这 30 余年，以中国特色社会主义法律体系全面建成为标志，是形式法治初具规模的阶段。展望未来，中国法治还有漫长道路要走。如果依然截取 30 年为一阶段，那么今后的 30 年无疑是法治向着实质化迈进的阶段。"②诉讼变迁与社会法治发展相辅相成，随着民主法治的进步，纯粹追求私人利益的主观性诉讼仍在

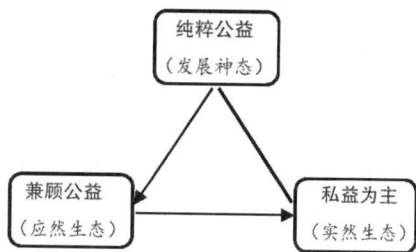

图 1：民事公益诉讼制度的发展生态

增加，但为了公共利益起诉的客观性诉讼也不乏少数。"自 20 世纪 70 年代之后，美国在环境领域实行公民提起民事公益诉讼的立法例；相比之下，我国对于公民个人提起民事公益诉讼的态度较为谨慎。"③民事公益诉讼的

①白彦、杨兵："我国民事公益诉讼的经济分析——基于理性的视角"，载《北京大学学报》（哲学社会科学版）2013 年第 6 期。

②江必新、王红霞："法治社会建设论纲"，载《中国社会科学》2014 年第 1 期。

③白彦：《民事公益诉讼理论问题研究》，北京大学出版社 2016 年版，第 194 页。

领域，正在经历"私益为主→兼顾公益→纯粹公益"的发展过程，兼顾公益的状态是应然生态，私益为主的状态是实然生态，纯粹公益的状态是发展生态。简而言之，越来越多的社会公民愿意通过提起诉讼的方式来维护纯粹的社会公益，这种意愿的强烈性与法治理念的提升同步。

综上，在民事公益诉讼制度中应当适当引入公民这一参加主体，以适应当下公民诉讼既满足自身利益又期待助益公共利益的心理预期。但是，实然生态状况又表明必须在制度的设计上进行严格的限制，减少公民以及诉讼牵连者的诉累，并防止潜在的诉讼风险。

二、客观利益化趋势：公民提起民事公益诉讼的价值导向

（一）公民提起民事公益诉讼的心理基点——马斯洛效应

马斯洛效应以人为中心进行心理分析，将人的需求由低到高划分为生理（Physiological needs）、安全（Safety needs）、爱和归属感（Love and belonging）、尊重（Esteem）以及自我实现（self-actualization）。人们在维持最为基本的生存需求之后，就会自然而然的转向精神方面的需求，自最初的安全需求到得到社会共同体的关注和爱，再到实现更高方面的精神满足，获得社会的尊重以及实现自我。"人都潜藏着这五种不同层次的需要，但在不同的时期表现出来的各种需要的迫切程度是不同的"[①]，这种阶梯型的需求满足从低到高，每个个体的需求位序不尽相同，存在变化，但一般而言，人的需求与所处社会的经济发展水平以及文化发展状况等社会基本因素息息相关。

随着社会主义小康社会的建设，人们在满足基本的生产生活需求后，越来越多的公民开始将目光转向社会公共利益，充分了解自身作为国家公民的权利与义务，强调自身所应承担的社会义务。在这种背景下，援引马斯洛需

---

①吴宏伟："马斯洛的需要层次理论及哲学底蕴"，载《哈尔滨市委党校学报》2006年第2期。

求理论的实质内容，公民需求已经具有公益性、社会性，不再单纯地以自己的主观利益为中心。

（二）公民提起民事公益诉讼的价值内核——公序良俗

从法理学视角出发，所有民事法律法规的设定都遵循当前的某种既定法则。公民提起民事公益诉讼显然不能与现有的法理背道而驰，其价值内核即是公序良俗原则。目前，社会公众也大多以该原则来审视道德层面的社会现象，虽然有不同的解释标准，但在价值层面的基本旨趣是一致的。

公序良俗原则从文义解释的角度来讲，指的就是社会的公共秩序和善良风俗。作为民法的基本原则，公序良俗原则的适用条件显然是苛刻的，它只有在穷尽现有民事法律法规以及民法其他基本原则的情况下，才能有限使用，以防沦为兜底式原则。"因为公序良俗原则内含的'公共秩序'和'善良风俗'几乎是无所不包、无所不容的'无底洞'，任何一个法律条文都可以被宽泛地解释到这个'黑洞'之中。"①另外，值得注意的是，公序良俗原则的内容并不是一成不变的，而是具有很强的地方特征，并且充满时代色彩。不同地区的生活习惯以及风俗明显不同，不同时代对道德的内容也有变化，因此该原则应在不同的情境下来理解和适用。公序良俗原则作为公民参与民事公益诉讼的价值内核，也应与当下社会的经济、政治、文化等相符合，也即应考虑该原则的地方性和发展性，"公序良俗通常是一国或特定区域长期历史沉淀的结晶，是为一国或特定区域内大多数民众自觉遵守的良风美俗"②。

一方面，民事公益诉讼的地方性。在构建公民提起民事公益诉讼制度模型的过程中，要结合本地可能影响法律制度实施的因素具体考量，而不应该照搬他国经验，否则就有可能导致制度的"水土不服"。就我国当前的民事

---

① 李岩："公序良俗原则的司法乱象与本相——兼论公序良俗原则适用的类型化"，载《法学》2015年第11期。
② 李双元、杨德群："论公序良俗原则的司法适用"，载《法商研究》2014年第3期。

公益诉讼环境而言，政府机关的权力、公益团体的运行、法治环境等与国外相比存有很大差距，因此必须结合实际，公民提起民事公益诉讼要结合法治发展的实际，循序渐行，不可操之过急，在实践中逐渐发展并完善民事公益诉讼制度。

另一方面，民事公益诉讼的发展性。在构建公民提起民事公益诉讼制度的模型过程中，应当具体问题具体分析，结合我国法治发展的趋势来进行制度的构建。目前，我国基本上已经建立健全社会主义法律制度，公民从整体而言已经具备一定水平的维权意识和法律水平，超越单纯私人利益而保护公共利益、维护善良风俗的人大有所在，因此，公民以个人身份发动民事公益诉讼是社会发展的必然结果。

三、公民提起民事公益诉讼的具体适用问题探究

（一）公民提起民事公益诉讼的"有限原则"

在传统民法中，公民提起诉讼的条件有具体而明确的限定，这主要体现于《中华人民共和国民事诉讼法》的第119条，该条将起诉的公民限定为"直接利害关系"人，也即只有在公民对争议案件存在比较明确的权利义务关系时，才有可能以自己的名义启动一场公益诉讼程序。这种传统的当事人理论一直是支持民事公益诉讼的学者比较反对的观点，因为，就民事公益诉讼的视域来看，限制公民的诉讼资格不利于对受损害的社会公益进行社会救济，也不利于公民意识的培养和提升。尤其是面对社会新形势下不断涌现的新案件类型，传统的当事人理论无法实现及时充分的司法应对。《最高人民法院关于审理消费民事公益诉讼案件适用法律若干问题的解释》第9条将公民排除于公益案件起诉主体之外显然是不合适的。但是，关于公民能否提起公益诉讼已经有比较充分的论证，本文旨在论证如何判断公民提起民事公益诉讼的契机。

有论者认为："他们是由于自身的经济利益遭到不法侵权行为的损害而要求赔偿的权利人，归根到底是为了维护私益，与案件的本身存在着直

接的厉害关系，所以无论原告有多少人，也都属于私益诉讼，而非公益诉讼。"①这种观点从公民与案件之间有无直接厉害关系的标准出发，积极认可公民提起公益诉讼，但是判断是否属于公益诉讼的标准不在于原告主体数量的多少，即使原告只有1人，只要是为了维护公共利益而非私人的利益，就应当属于公益诉讼。

随着公民意识的逐渐提升，公序良俗原则在与意思自治原则的博弈中逐渐占据了上位，起诉模式也基本遵循从主观走向客观，也即从以私益为主的主观利益起诉模式走向以公益为主的客观利益起诉模式，公民也必然会逐渐发展为提起公益诉讼的重要主体。有的学者就认为"当诉的利益成为司法救济的对象时，为保护和救济因违法行为受到侵害或威胁性损害的普遍公众，法律有必要在一些特殊的领域赋予较为广泛的市场主体以'诉的利益'，以及为维护公益而享有的独立诉权，允许国家代表机关、社会团体或者无利害关系的其他公民依法向法院提出公益诉讼"。②还有学者认为"这一规定（注：指将普通公民完全排除于公益诉讼主体之外）虽然有助于防止滥诉，但另一方面，也堵死了公民个人在法律规定的机关和有关组织均不提起公益诉讼的情况下，提起公益诉讼的可能，很大程度上会伤害到公共利益的维护"。③

但是，从当下的法治环境来讲，尤其是现行有关公益诉讼的法律法规还未承认公民作为主体起诉的情况下，应该在公民提起的民事公益诉讼中坚持有限原则。民事公益诉讼制度不能对公民久闭大门，而应逐渐敞开诉讼之门。全国范围内完全为了纯粹的公共利益起诉的公民毕竟是少数，在实践中，也不能完全剥夺夹杂部分私人利益的公民提起民事公益诉讼的资格。有限原则实现的前提是法院更为主动的审查作用，公民提起诉讼，如果起诉理

---

① 李静："论我国民事公益诉讼之适格原告"，华东政法大学2013年硕士学位论文。
② 齐树洁、苏婷婷："公益诉讼与当事人适格之扩张"，载《现代法学》2005年第5期。
③ 白彦、杨兵："我国民事公益诉讼的经济分析——基于理性的视角"，载《北京大学学报》（哲学社会科学版）2013年第6期。

由为维护公共利益，但在法官阅卷过程中发现原告的诉求中也掺杂自身的私人利益，此时不能拘囿于公益诉讼的概念，简单认定案件为私益诉讼。从实质上讲，公共利益可以拆分为一个一个的私人利益，与每一个人息息相关，我们不能排除公民在保护自身利益的同时保护公共利益的诉求。对于该部分交叉利益，实践中可以尝试借用"既判力"的预先判断，提前假定案件的裁判结果是否能够被相同境遇下的其他社会公民援引适用，如果答案是肯定的，原则上应属于公益诉讼之列。当然，具体的判断还应借助于法官的自由裁量。

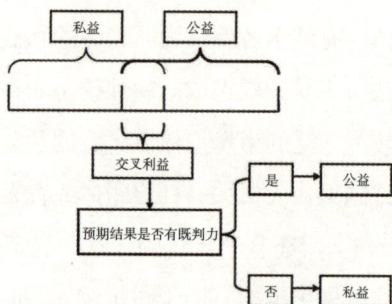

图 2 : 借助"既判力"定性交叉利益

（二）公民提起民事公益诉讼的"前置程序"

前置程序是指在公民提起民事公益诉讼之前，根据实际情况，案件须经其他行政机关或者团体处理，如果公民穷尽除司法救济以外的救济途径后仍旧无法恢复受到损害的公共利益，才能向法院提起公益诉讼，亦可以称之为"起诉不得已主义"。从法院的角度讲，前置程序包括：一是诉前辅导程序二是允许机关和团体诉前介入程序。特殊的前置程序在民事公益诉讼中十分具有必要性：

1.从行政机关以及公益团体的角度。其与公民相比具有更高水平的专业性，且有一定的财政支撑。行政机关由国家专门成立、有一定的财政支撑，主要在社会承担管理、服务以及监督的职责。从其自身的义务来讲，维护社会公益本是行政机关的份内之事，对于公民提起的相关民事公益诉讼，如果行政机关主动履行监管职责，就能有效避免社会公益损害的扩大。社会公益团体以维护公共利益为目标，与公民个体相比存在很多组织上的优势，虽然公益团体不能通过强制性的行政手段阻止损害社会公益的行为，但亦不能忽视其在公益保护方面的作用。

2．从公民的角度。前置程序的存在能够减少公民的诉累。当下将公民排除于民事公益诉讼的主体之外，有一部分担忧在于公民的经济能力、法律水平以及经历等不足以胜任具备耗时较长、隐蔽性较强、举证困难等特征的公益诉讼。如果在诉讼启动之前，法院积极主动地了解案件情况，进行诉讼辅导，将行政机关或者相关社会团体囊括其中，代替或者帮助公民采用诉讼外的手段解决问题，将是一种明智之举。

3．从司法的角度。2015 年 5 月 1 日，全国法院系统开始实行立案登记制度，案件数量激增，各基层法院案件数量与办案人员之间的矛盾进一步激化，在这种案件收结比不容乐观的情况下，广开公民提起民事公益诉讼之门并不可取。司法是最后的救济渠道，在起诉之前设置特殊程序也是基于节省司法资源的考虑。

4．从诉讼程序的角度。对于民事一审案件，可能会经过一审、二审以及再审的程序，在每个程序中调查取证、开庭、送达等都需要经过不短的时间。民事公益诉讼案件侵犯的是社会公益，应该在最短的时间内尽可能地恢复或者补偿受损公益，因此，设置诉讼前置程序，将一部分案件解决在诉讼前阶段，能够提升效率，节约成本。

创设前置程序，一方面要使公民求之有门，另一方面则要避免程序流于形式，若前置程序不能充分的发挥应有的作用，反而会加重民事公益诉讼的负担。结合法院建设的实际，诉讼服务中心应当在接受公民提起的公益诉讼时，更加积极主动的参与其中，对案件流程、诉讼风险、其他救济途径等进行诉讼辅导，明确当事人的心理认知。随后，法院诉讼服务中心根据公民的案件基本情况进行判断，告知公民应先向哪个具体的行政机关或者社会团体寻求帮助，必要时，法院可以从中协助。从前置程序向公益诉讼的过渡如图 3：

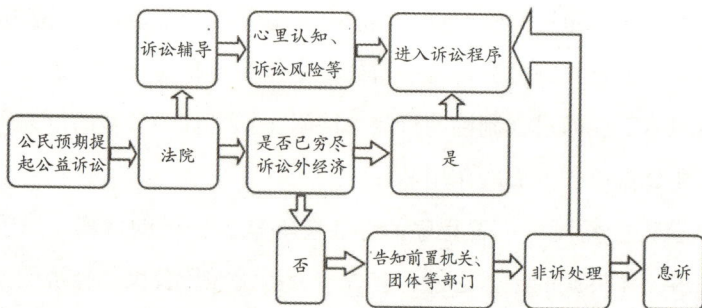

图 3：从前置程序到民事诉讼的程序流程

（三）公民提起民事公益诉讼的"收费制度"

前文述及"成本——效益"之间的博弈，是从法经济学的角度来看待公民提起公益诉讼的动机，不可否认的是，当事人对诉讼费用的心理预期将会对是否起诉起到较大的影响。我国的诉讼费用制度是预收费制度，诉讼金额与涉争案件的标的息息相关。在民事公益诉讼中，如果仍旧采取传统的民事案件受理费用标准，将在一定程度上架空公民提起公益诉讼的制度。因为，在案件审理之前，公民只是私自对案件结果进行心理预期，对诉讼结果持观望的态度，如果预交高额的诉讼费用，在结果不可知时，不利于提高公民提起民事公益诉讼的积极性。基于民事公益诉讼本身的特殊性，应该对诉讼费用进行相应的修正，主要有以下几项要求：

1. 在收费时降低"缓减免"的适用条件。"民事公益诉讼案件的原告可以申请免收案件受理费或者象征性收费。只要符合公益诉讼条件，法院在立案时就应当免收受理费或者象征性地收取较低的费用。"①

2. 区分原则。根据公民提起民事公益诉讼的类型来具体判断案件败诉后的收费标准。如果公民提起民事公益诉讼侧重主观私人利益，可以根据标的多收取费用；如果公民提起民事公益诉讼侧重客观公共利益，可以适当的

---

①张艳蕊：《民事公益诉讼制度研究——兼论民事诉讼机能的扩大》，北京大学出版社 2007 年版，第 163 页。

少收或者不收。

3. 按件收取与按一定比例收取相互结合。"消费公益诉讼案件内在的公益性决定了案件受理费应按件收取"[1]，在实际的诉讼费用收取时，实际的情况是千变万化的，应该坚持按件收取与按一定比例收取相结合，避免畸轻畸重，规范收费制度。

4. 创设罚则收费制度。明确规定如果法院查明当事人系企图滥用诉权，从诉讼中牟利，则应承担经济上的不利效果。不仅应承担全部诉讼费用，还应视具体情况，承担诉讼费用几倍左右的罚款。

这种比较灵活的收费制度，避免当事人在诉前就承担较重的费用心理预期，迎合当事人的成本——效益诉求。另外，与完全免除民事公益诉讼的收费标准不同，可以避免滥诉，防止当事人为了从公益诉讼中获取利益，以机会主义的心理，频繁提起诉讼，浪费司法资源。

（四）公民提起民事公益诉讼的"司法建议"

司法建议是法院参与社会管理的一种方式。"法院之所以选择司法建议而不是视而不见，从本质上说是基于法院的社会责任与中国的特殊国情"[2]，根据最高人民法院 2013 年印发的《关于加强司法建议工作的意见》，司法建议书是人民法院能动司法、坚持"为大局服务，为人民司法"的体现，是具有中国特色的一项制度。但是，就目前来看，司法建议书主要运用于行政诉讼领域，并且运用的时间段也主要是裁判之后，制作司法建议的目的也在于增强裁判的社会效果。但是，在民事公益诉讼中，司法建议书的运用要有别于行政诉讼中的司法建议。与传统的民事诉讼法不同，在民事公益诉讼尤其是由公民提起的民事公益诉讼中，法院应当在案件审理的过程中充分体现能动司法以及职权主义，这与当下我国法院系统"为民司法"的主题相契合，当然，这种能动司法的前提是不违背法院"不告不理""居中裁判"的

---

[1] 俞雯："浅谈消费公益诉讼费用分担问题"，载《法制与社会》2015 年第 1 期。

[2] 刘思萱、李友根："社会管理创新为何需要司法建议制度——基于司法建议案例的实证研究"，载《法学家》2012 年第 6 期。

准线。在坚持司法基本原则的基础上，法院可以适当以司法建议书的形式，主动促进相关行政主体或者有责团体在诉前、诉中、诉后积极解决问题，尽快恢复被损害的公益，避免案件久拖不决。在公民参与民事公益诉讼制度中，司法建议书应该符合以下的适用条件：

其一，公民预期或者已经提起民事公益诉讼，司法建议书可以适用于整个诉讼程序中；其二，行政机关、事业单位或者其他行业协会在公益领域存在举措不佳或者监管不力等情形；其三，待处理的争议事项不属于法院的权限范围，也即"与案件有关但不宜由法院直接处理问题，解决的是诉讼外问题"[①]；其四，司法建议书针对的对象是单位而非个人。从实践中来看，司法建议适用的领域一般包括行政单位如卫生局、工商管理局等，事业单位如医院、学校、银行等，公益性组织如消费者保护协会等，明显承担部分社会责任的公司如保险公司、移动公司等。另外，"就性质而言，司法建议只是一种建议，不具有法律效力，被建议单位在法律上也没有义务作出反馈或接受建议"[②]。因此，司法建议书若真正在民事公益诉讼中起到设想的作用，被建议机关等的自觉守法行为至关重要，法院在必要的时候可以向拟被建议机关或者团体等的上级部门发出司法建议。

（五）公民提起民事公益诉讼的"奖励模式"

在民事公益诉讼中，公民投入大量的人力物力和财力进行诉讼，胜诉结果却与社会公众同享，对提起公益诉讼的公民给予一定的奖励十分必要。奖励制度的存在不仅能够提升成本——效益博弈中的效益预期，而且能够减轻公民因公益而背负的过重诉累。在民主法治中，完善公民参与制度，除了要设计一套具体可行、高效经济的运行制度，还应保证建立一套安全有保障的奖励和保障制度。

---

①参见章志远："我国行政诉讼司法建议制度之研究"，载《法商研究》2011年第2期。

②徐昕："司法建议制度的改革与建议型司法的转型"，载《学习与探索》2011年第2期。

1．个人胜诉之"赔偿+奖励"的模式。"赔偿+奖励"模式中，"赔偿"是诉讼内的损害恢复，"奖励"是对当事人的诉讼外奖励。当公民提起民事公益诉讼时，被诉主体的行为不仅损害了公共利益，而且对公民利益也有一定的损害，可以适用该种模式，对交叉利益部分进行赔偿。"通过胜诉酬金，从制度上对提起诉讼的原告的经济利益进行保障，激发公民参与公益诉讼的积极性，从而有效遏制侵害公益行为"。①应当注意，奖励虽然是为了激发社会公众对公益保护的热情，但保护公益作为社会公民的责任也应属义不容辞。因此，奖励必须适度，公众不能从诉讼中获取高额利益，否则极易引发滥诉的危险。笔者认为，奖励的标准应结合当地居民平均生活水平，结合案件的影响力、公益恢复的程度等社会因素以 1～3 倍为宜。

2．个人胜诉之"补偿+奖励"的模式。"补偿+奖励"模式是最典型的民事公益诉讼结果，也即公民是在超越私益的基础上，为了达到良好的社会效果，以自己的名义提起的诉讼。当事人虽然没有直接、现实的利益损害，但是有利益损害之危险或者虽然与受损利益无关，仅为公共利益之维护而起诉，胜诉后应以"补偿"当事人为主。另鉴于当事人为公益所作出的努力，予以适当奖励也在情理当中。一般而言，此种模式中的奖励标准应略高于"补偿+奖励"模式中的奖励标准。与为了维护自己直接受到损害的利益而提起公益的当事人相比，直接关注于公益损毁的当事人，更值得法律的认可。

结　语

从主观私益维护到客观公益维护，公民逐渐成长为公益诉讼中一支不可忽视的力量是法治发展的必然。在制度设计的过程中，必须遵循这一规律徐徐而图之，制度设计既要考虑法院案件受理、审判、执行的实际，亦要保障和奖励起诉的公民，这样才能真正使公民参与民事公益诉讼的制度落到实处。

（本文获 2016 年第十一届环渤海区域法治论坛征文一等奖）

---

① 潘申明：《比较法视野下的民事公益诉讼》，法律出版社 2011 年版，第 322 页。

关于失信被执行人名单制度运行情况的调研报告

日照市中级人民法院

为进一步推动"执行难"问题解决，积极参与"诚信日照"建设，2013 年以来，日照全市两级法院紧紧依靠党委领导，认真贯彻落实《最高人民法院关于公布失信被执行人名单信息的若干规定》（以下简称《若干规定》），正式确定将不履行法律文书义务的被执行人纳入"失信被执行人名单"。制度运行以来，在惩戒被执行人、督促其履行法定义务，促进社会信用体系建设，弘扬良好社会风气等方面发挥了积极作用。同时，在宣传曝光力度、联动惩戒、被执行人信息保护等方面也还存在一些问题。日照中院专门成立课题组，立足全市两级法院失信被执行人名单制度实施情况的实际，展开专题调研，分析了在具体适用过程中的突出问题，对如何完善和健全该制度，从而达到促进执行工作和社会诚信体系建设提出了建议。

一、失信被执行人名单制度的运行现状

（一）失信被执行人制度概述

所谓失信被执行人名单制度，又称执行"黑名单"制度，具体是指当被执行人出现具有履行能力而不履行生效法律文书确定义务的情况时，由法院主导在信息共享控制范畴中对其进行降低信用评价以及公开其个人信息作为惩戒。

失信被执行人名单制度属于民事执行措施，是执行威慑机制的组成部分。从本世纪初开始，就有一些地方法院尝试将拒不执行生效裁判文书的被执行人信息在媒体上曝光。2004 年最高人民法院提出建立执行威慑机制，对不诚信的被执行人进行信用制裁。2013 年底，最高法院出台了《若干规

定》，真正将失信被执行人制度在全国法院推开。从特点上看，该制度区别于查封、扣押等传统强制措施，用强制自动履行取代强制执行财产，其目的在于综合运用法律、经济、行政、道德、舆论等手段，在社会范围内否定失信被执行人的信用，让失信被执行人接受公众的质疑。从优越性上看，失信惩戒制度的出台，表明对失信被执行人的限制已经从单纯的财产上的限制，扩大到对人格权利、信用额度的限制，并且通过媒体公布的方式推动失信被执行人的社会评价与法律评价同步，使其在熟人社会以及未来发展中都感受到不履行生效法律文书的生活阻力。

（二）失信被执行人信息发布基本情况

近年来，全市法院迅速行动，先后通过召开会议、组织培训等方式，推动了该制度有效贯彻落实，岚山区法院被确定为"全国有效实施失信被执行人名单制度示范法院"。2013年~2016年8月，全市法院通过全国法院失信被执行人名单信息公布与查询系统发布失信被执行人信息19 680条，其中自然人信息17 166条，法人信息2514条。日照法院的信息发布工作在全省法院走在前列。

1. 失信被执行人发布比例分析。2016年1月~8月，全市法院共收案8250件，发布失信被执行人信息3098条；2015年全市法院共收案9137件，发布失信被执行人信息5244条；2014年全市法院共收案8048件，发布失信被执行人信息4335条；2013年全市法院共收案7267件，发布失信被执行人信息3185条。详见图表1：

图表1　2013年以来收案与失信被执行人名单数据对比图

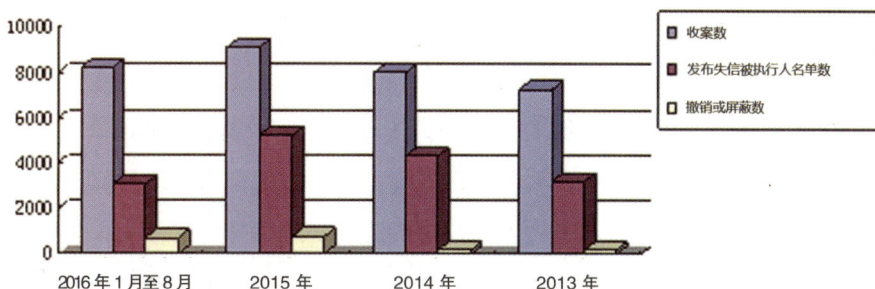

截至 2016 年 8 月底，全市法院终结本次执行程序方式结案案件和执行中的案件共计 26612 件，发布失信被执行人信息数占上述案件的比重为 75.26%。其中，市中院发布 303 条，东港法院发布 9613 条，岚山法院发布 2415 条，莒县法院发布 3904 条，五莲法院发布 2174 条，开发区法院发布 1271 条。详见图表 2：

图表 2　失信被执行人名单发布数与终本结案、执行中案件数对比

法　院	失信被执行人名单发布数（单位:条）	终本和执行中的案件数（单位:件）	比　例
市中院	303	426	71.13%
东港区法院	9613	13415	71.66%
岚山区法院	2415	2989	80.8%
莒县法院	3904	4970	78.55%
五莲县法院	2174	2811	77.34%
开发区法院	1271	2001	63.51%
合　　计	19680	26612	73.95%

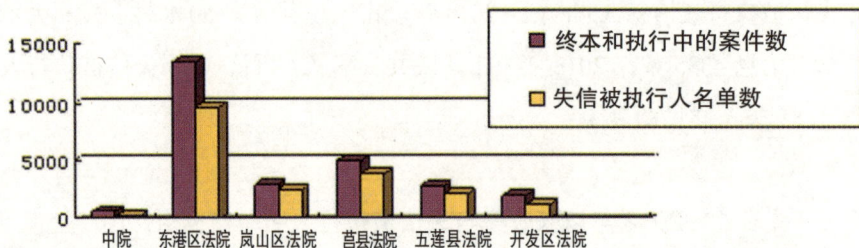

2.失信被执行人主体情况分析。在公布失信被执行人名单信息中，自然人信息 17166 条，占发布总数的 87.23%，法人及其他组织信息 2514 条，占发布总数的 12.77%。其中，市中院发布的失信自然人信息与失信法人及其他组织信息数量相差不大，这与中级法院受理案件标的额大，以企业为主要被执行人有关。岚山区法院、莒县法院发布的失信主体中，自然人占

的比重偏大。失信被执行人为国家工作人员的 42 条，为国有企业的 4 条，比例很低。详见图表 3：

图表 3　失信被执行人主体构成情况

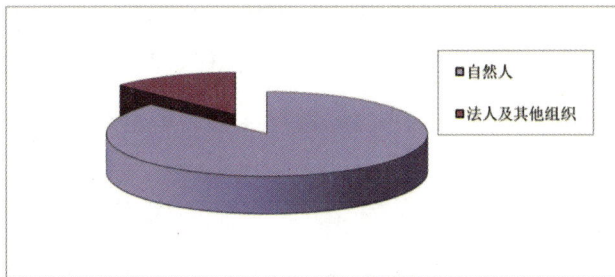

法　院	发布数(单位:条)		比　例
	自然人	法人及其他组织	
市中院	158	145	1∶0.92
东港区法院	8403	1210	1∶0.14
岚山区法院	2218	197	1∶0.09
莒县法院	3709	195	1∶0.05
五莲县法院	1697	477	1∶0.28
开发区法院	981	290	1∶0.3
合　　计	17166	2514	1∶0.15

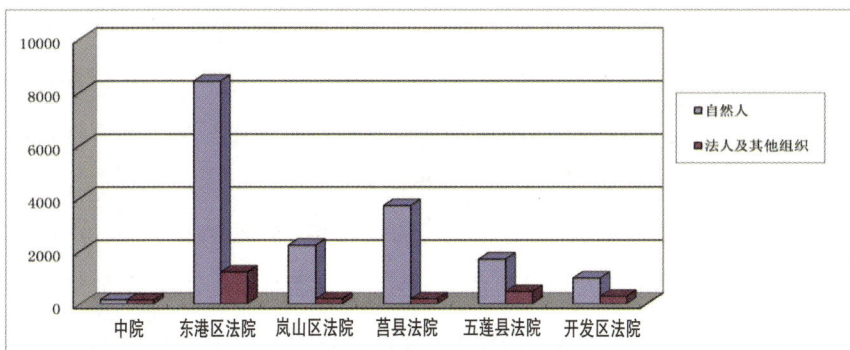

3.失信被执行人的失信情形分析。《若干规定》第 1 条列举的失信类型主要包括：①以伪造证据、暴力、威胁等方法妨碍、抗拒执行的；②以虚

假诉讼、虚假仲裁或者以隐匿、转移财产等方法规避执行的；③违反财产报告制度的；④违反限制高消费令的；⑤被执行人无正当理由拒不履行执行和解协议的；⑥其他有履行能力而拒不履行生效法律文书确定义务的。根据发布的失信被执行人名单失信情形统计，因其他原因被纳入失信名单的高达19 295 人次，占全部失信名单的 98.04%，违反财产报告制度的 435 人次，以虚假诉讼、虚假仲裁或者以隐匿、转移财产等方法规避执行的 281 人次，不履行和解协议的 159 人次，违反限制消费令的 1 人次。详见图表 4：

图表 4　发布失信被执行人原因情况统计表

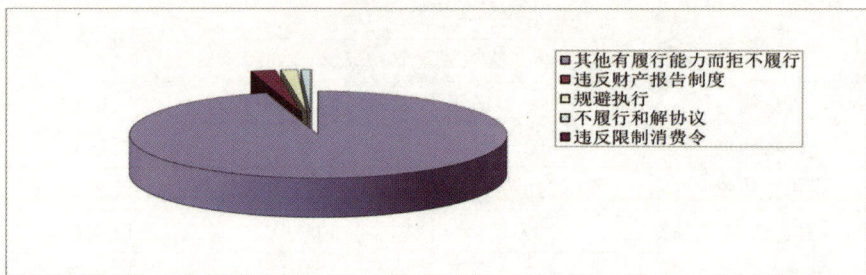

（图例：
■其他有履行能力而拒不履行
■违反财产报告制度
□规避执行
□不履行和解协议
■违反限制消费令）

4. 对外发布及曝光的方式分析。目前，全市法院发布失信被执行人的主要平台有六类，包括全国法院失信被执行人名单信息公布与查询系统、本地报纸、本地广播电视、法院官方微博和微信公众号、法院自有 LED 大屏、法院自制曝光公告。2015 年 10 月、2015 年 12 月、2016 年 6 月，全市两级法院在《日照日报》《黄海晨刊》《日照广播电视报》等本地报纸集中刊登了三批失信被执行人 563 人基本信息。2016 年 5 月，市中院与日照电视台、日照广播电视台合作，推出《直通法院》电视栏目，通过广播、电视定期曝光失信被执行人信息。截至 2016 年 8 月中旬，共发布失信被执行人信息 160 余条。同时，通过两级法院官方微博、微信公众号定期发布失信被执行人信息 9 批次 240 余条。东港区法院还探索在大众论坛日照社区等载体公布老赖信息；日照网等网络新闻媒体向市中院申请在其网站上发布失信被执行人名单；《新岚山》主动联系岚山区法院名单发布事宜；莒县文明办主动向莒县法院求取失信被执行人名单；五莲生活网主动联系五莲县法院为其免费制作专题视频并发布。2016年8月以来，市中院以及辖区基层法院，分别召开惩治失信被执行人情况新闻发布会，邀请日照日报、日照广播电视台等10余家驻日照的新闻媒体记者参加新闻发布会，面向社会公开曝光失信被执行人的工作情况。

（三）失信被执行人名单制度运行效果情况

日照法院积极实施失信被执行人名单制度，既打出了全市法院惩治失信被执行人的力度和声势，也彰显了全市法院加大执行制裁的决心，受到了社会各界的广泛关注与好评。失信被执行人名单信息在微信朋友圈受到了广泛关注和点赞转发，不少案件得以执行，对推进"执行难"解决起到促进作用，同时，也在社会上对失信行为发挥了有力的震慑作用。

1. 失信被执行人受限情况。根据法律法规以及最高人民法院和相关部门签署的备忘录的规定，被执行人因失信名单受到的限制包括贷款、购买机票、购买火车软卧、高铁票、限制出境、限制高消费及有关消费、荣誉评定、招投标、担任职务等事项。其中，限制贷款是失信被执行人最有效的惩戒措施，因贷款受限而主动履行的被执行人达665人次，因购买机票、火车票受限的为89人次，限制出入境措施、限制招投标奏效的分别为3人次、5人次。

2. 履行义务的失信被执行人主体情况。2013年以来，全市法院共屏蔽、撤销失信被执行人名单信息2094条，其中，法人及其他组织的履行率为12.17%，略高于自然人的10.42%。屏蔽、撤销信息2012年166条，2013年180条，2014年207条，2015年769条，2016年1~7月704条，呈逐年上升趋势。详见图表5、6：

图表 5　履行义务的失信被执行人主体信息

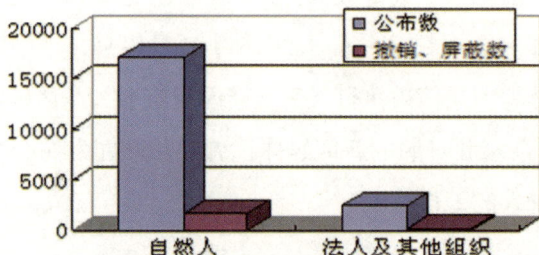

	自然人	法人及其他组织
公布数	17166	2514
撤销、屏蔽数	1788	306

图表 6　纳入失信被执行人后履行义务的案件数

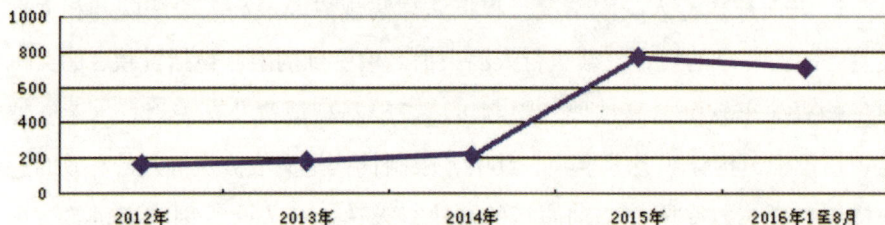

	2016 年 1 至 8 月	2015 年	2014 年	2013 年	2012 年
撤销或屏蔽案件数	704	769	207	180	166

　　3.履行义务失信被执行人的地区差异。截至 2016 年 8 月，对外发布曝光失信被执行人后，实际履行数占发布数的 10% 左右，高于去年同期的 4% 。对法院而言，该制度对"执行难"问题起到了缓解的作用，同时在推动案件执结上发挥的作用逐渐凸显。从各基层法院的情况看，东港区、开发区法院作为日照市驻地区法院，辖区城镇人口较多，实体经济较为活跃，从失信名单发布后实际履行情况看，城区法院的实际履行率略高。详见图表 7：

图表 7　基层法院失信被执行人名单制度实施情况表

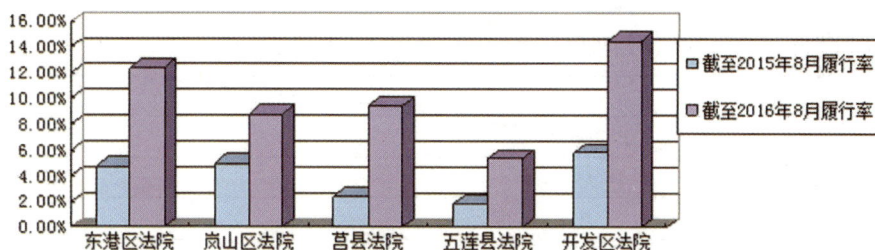

	公布数		屏蔽、撤销数		履行率	
	截至 2015 年 8 月	截至 2016 年 8 月	截至 2015 年 8 月	截至 2016 年 8 月	截至 2015 年 8 月	截至 2016 年 8 月
东港区法院	5457	9613	262	1195	4.8%	12.43%
岚山区法院	1840	2415	92	213	5%	8.82%
莒县法院	2726	3904	68	369	2.49%	9.45%
五莲县法院	1124	2174	21	117	1.86%	5.38%
开发区法院	876	1271	51	184	5.82%	14.48%
合　　计	12023	19377	494	2078	4.11%	10.72%

4.不同渠道发布失信被执行人信息的履行情况。在全市法院采用的发布失信被执行人信息的主要平台中，法院自由 LED 大屏、自制曝光公告等受传播范围的限制，效果不明显。受信息传播速度与范围的影响，通过全国法院失信被执行人名单信息公布与查询系统、本地报纸、本地广播电视、法院官方微博和微信公众号发布失信被执行人信息是主要选择。其中，通过电视、微信公众号等媒体发布相关信息促使失信被执行人履行义务的比例接近20%。详见图表 8：

图表8 不同渠道曝光后被执行人履行情况

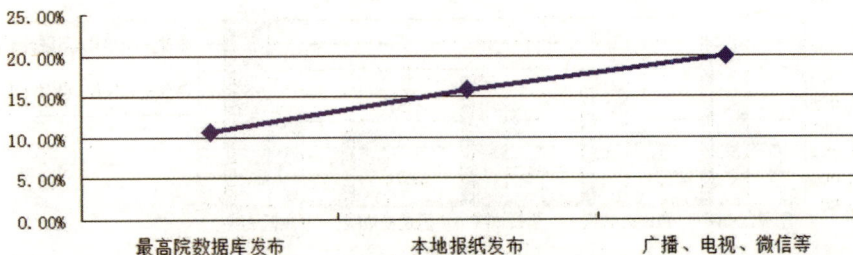

	通过全国法院失信被执行人名单信息公布与查询系统发布	通过本地媒体曝光数	通过电视台、微信、微博等媒体曝光数
曝光总数	19680	563	436
实际履行或者联系法院待履行案件数	2089	89	87
实际履行率	10.61%	15.81%	19.95%

二、取得的经验和启示

（一）长期坚持实施，是这项制度发挥作用的重要前提

制度实施之初，主动到法院履行义务的失信被执行人相对较少。3年来坚持实施，调动了各机关和社会公众参与的积极性，执行法官不再为查找被执行人下落东奔西跑，一些被执行人迫于压力主动履行法定义务，一定程度上缓解了"执行难"的问题。但是，实践也发现，对于一些农村的被执行人，以及离婚、赡养、邻里关系纠纷中的当事人，限制作用不大，要解决执行难的问题，必须配合其他措施。任何制度都不是万能的，失信被执行人名单制度不是解决"执行难"的速效丸，不可能立竿见影的，而需要长期坚持，逐步发挥作用。

（二）多方联动配合，是惩戒作用发挥的根本之道

失信被执行人名单制度，之所以能够发挥效果，关键在于各联动单位的

积极配合。以日照某石材公司与被执行人河南某建设集团公司建筑工程合同纠纷一案为例，案件标的额近五百万元，自 2012 年以来，执行人员先后八次往返于郑州日照之间，多次采取查询、扣押、冻结等执行措施，案件一直未能执结。2014 年，日照市开发区法院将河南某建设集团公司纳入失信被执行人，该公司在办理招投标、银行贷款方面受到限制，在行业内也受到负面评价，随后该公司主动联系法院并及时履行，案件得以顺利执结。"众人拾柴火焰高"，借助外力缓解"执行难"，大大降低了执行成本。下一步，应当继续拓宽信用惩戒范围，通过和有关部门、行业的有效合作，全面限制被执行人非生活或者经营必需的有关消费，对失信被执行人编织信用惩戒的"天罗地网"，促使其自动履行义务。

（三）多渠道精准宣传，是发挥威慑作用的重要环节

实践证明，单纯将被执行人信息纳入最高法院的信息库是远远不够的，宣传不到位，关注度不高，难以形成威慑效应，必须要注重多种方式曝光公开，营造浓厚舆论氛围，同时鼓励广大群众提供举报线索，形成强大法律威慑力。此外，还应注意分类施治，可以到被执行人所居住的村、组张贴不履行义务的名单，让其熟悉的亲朋好友知道其逃避执行情况，对失信被执行人施加心理压力，迫使其放弃规避执行。

（四）建章立制规范程序，是落实工作的基本要求

对于解决哪些被执行人纳入失信被执行人名单、通过什么程序、如何对失信被执行人惩戒，何种情况应当删除和屏蔽等，需要进一步规范。另外，实践中也经常发生当事人及其他利害关系人以公布信息错误为由向执行法院申请纠正的情形等。可见，这项工作需要通过制定规章制度，进一步规范执行干警的执法行为，确保工作科学发展。

（五）执行信息化，是必须紧紧扭住的科技手段

失信被执行人名单制度，体现了人民法院执行信息化和联动机制建设的成果。"全国法院失信被执行人名单信息查询"系统，是执行信息化的重要依托之一。失信被执行人名单制度的落实，需要全社会的广泛参与和相关制

度的不断完善，需要相关职能部门加强与法院信用信息的互通共享，迫切需要扭住执行信息化"牛鼻子"，利用现代化网络技术实现信息传输及信息共享，实现失信被执行人名单信息与有关部门信用信息的公开互动、资源共享和成果共用，推动执行工作，促进社会信用体系建设。

三、制度运行存在的问题和困难

（一）法律法规规定尚不健全

目前，在法律法规层面上，失信被执行人名单制度的规范还不完善，立法的口径没有统一，对被执行人的失信行为没有形成一套完整的法律评价体系。在《中华人民共和国民事诉讼法》中未有任何关于"失信""失信行为""失信被执行人""失信被执行人名单"的词语，仅规定对被执行人不履行法律文书确定的义务的，人民法院可以采取"在征信系统记录、通过媒体公布不履行义务信息以及法律规定的其他措施"。2013年最高人民法院《若干规定》首次明确提出了"失信被执行人名单"的概念，通过7个条文对失信被执行人名单公开的对象、程序、救济、内容、方式、删除程序作了简要规定。但是，从现实运行的情况看，《若干规定》条文过少，具体内容有待细化，存在失信被执行人认定标准模糊，公布信息的范畴不全面、不严谨，退出程序规定过于笼统，惩戒措施列举不够周延等问题，亟待最高法院出台意见进一步明确。

（二）宣传曝光力度有待进一步加大

对外宣传曝光层面，尽管中院和各区县法院普遍通过新闻发布会、报纸、广播、电视、网络、法院公告等方式，公布失信被执行人名单信息，但是社会公众层面，对该制度的知晓程度、参与程度仍然堪忧。实践中，宣传曝光的启动程序仍然是法院依职权启动多，依当事人申请仅为极少比例。另一方面，法院在曝光宣传方面，也还有一定困难，比如在一些大型商场、公共广场、报纸、电视等曝光失信被执行人需要大量经费，有的法院迫于经费等原因，未能形成全面有效曝光的合力。此外，在失信被执行人所在的社

日照市中级人民法院审判法庭

区、村居等地精准曝光、向市文明办等部门同步推送失信被执行人信息等工作有待进一步落实。

(三)基层单位联动惩戒效能不佳

对人民法院而言,该制度对"执行难"问题起到了缓解的作用,但是"执行难"并不能凭此制度根本化解。对失信被执行人名单制度而言,要想根本发挥作用,除了对外曝光形成威慑作用,更为重要的是社会上其他单位联合法院一道,对失信被执行人在信贷、出行、高消费等方面进行全面联动限制。实践当中,受制于信息化推送平台尚不健全等因素,有的单位不掌握失信被执行人信息。有的部门由于责任心不强、部门利益考虑、工作量加大等原因,联动惩戒的积极性不高,有的甚至对法院通报的信息和建议置之不理,个别操作人员存在消极懈怠应付的情绪。法院仅有惩戒建议权,对失信被执行人是否进行信用惩戒,职能部门有其职责考量,因此,实践中,个别职能部门对失信被执行人权利限制不足,联动惩戒作用发挥不够充分。

（四）存在重发布、轻保护等侵害被执行人权利的现象

越来越多的法院将失信被执行人的照片、住址、公民身份号码作为一项重要的公开内容，面向社会公布后，必然可能影响到被执行人的人格利益（包括姓名、肖像、名誉、隐私等方面的利益）。实践中，受制于信息管理系统建设尚不完善、执行人员操作不规范等因素，存在有的失信被执行人履行裁判义务后，仍能在失信被执行人系统查询到案件信息等情况存在。另外，在新媒体时代，信息复制转发快速便捷，有的第三方媒体及个人转发或者私自建立失信被执行人信息库，也造成了对公民信息权益的侵害等。如果对复制转发行为不予适当规范，可能会造成侵权现象发生。对于信息发布错误后，纠正启动主体和纠正形式等，也有待进一步完善。

（五）社会信用体系建设滞后

通过制度实施情况发现，实践中，真正迫于信誉受损而到法院主动履行义务的相对较少，社会层面上，全社会尚未整体形成"一处失信、处处受限"的浓厚氛围，社会公众对于诚信、信用的重视程度和认识还不够深刻。在征信体系建设方面，虽然全国法院失信被执行人数据库已经与人民银行征信系统实现了对接，但是因很多部门、领域建立的不同征信系统尚未实现互联共享，难以对失信被执行人给出真实的、全面的、完整的信用评价，限制了法院和职能部门对失信被执行人信用惩戒的措施和力度，难以对失信者形成有效的约束。

（六）工作理念有待进一步解放

与江苏、浙江等南方法院相比，与公安机关联动布控被执行人行踪、与高速公路管理部门联动解决车辆虚封问题、与阿里巴巴联动，拓展查人找物触角等方面，我们还有很多工作要做。在处理经济高速发展矛盾多元化与执行法律法规相对滞后的矛盾中，针对被执行人规避执行的手段不断翻新，如何积极谋划应对，不断创新执行方式，出实招破解执行难题，拓宽联动惩戒措施和思路，是我们需要进一步解决的问题。

四、完善失信被执行人名单制度建议

（一）加强诚信体系建设，实现执行征信与社会信用体系对接

失信被执行人名单制度是社会信用体系建设的重要方面，同时社会信用体系建设的程度又直接影响着失信被执行人名单制度的落实。宗旨即是"让失信的人付出代价，让守信的人能够得到鼓励"。

完善的信息系统可在更大程度和更广范围上提高人们的诚信水平，还可以有效降低甚至杜绝恶意逃债现象。2014 年 1 月，国务院常务会议通过的《社会信用体系建设规划纲要（2014 ~ 2020 年）》提出：制定全国统一的信用信息采集和分类管理标准，推动地方、行业信用信息系统建设及互联互通，构建信息共享机制。逐步取消"信息孤岛"，让失信行为无处藏身。在信息系统完善的同时必须确保信息收集者与使用者遵守信息保护原则：①合法、公正、程序透明；②限定用途；③适当、相关以及不涉及非使用目的的信息；④准确性；⑤信息的保留期；⑥职责与义务的确定。执行征信体系与社会信用体系的对接，使得法院可以借助信息技术、利用社会信用体系的有效资源，在第一时间、更广范围查找被执行人及其财产；社会信用体系通过吸纳法院的执行征信系统资源，可以完善自身的资源库。

（二）强化制度设计，严格贯彻失信被执行人名单制度规定

1. 厘清失信被执行人的认定标准，确立"应纳尽纳"原则。在失信行为认定标准上，应该以被执行人主观上拒绝履行而客观上具有履行能力，且行为上采取了一定的规避、抗拒等动作为要件。此处应该明确将因困难未履行义务但主观上积极配合法院协调的、或者由于正常经营而亏损导致无法履行能力的被执行人等，不列入失信被执行名单。确立"应纳尽纳"的原则。对于符合失信条件的被执行人，都应将其列入失信被执行人名单，杜绝出现因案外因素导致相关被执行人应当纳入而未予纳入的情况。严格"不纳入审批"制度，确立"纳入是标准，不纳入是例外"原则，对不能证明其是五保人员、低保对象或者明显没有履行能力的自然人，未申报财产或者申报不实

的法人或者其他组织，均应纳入失信被执行人名单，杜绝"选择性录入"。

2.明确失信被执行人制度的启动程序和启动方式。目前启动方式主要有两种：一是申请执行人依申请启动。《若干规定》认为被执行人存在失信行为的，可以向法院提出申请将该被执行人纳入失信被执行人名单，人民法院经审查后作出决定。二是法院依职权启动。法院认为被执行人存在《若干规定》列明的情形的，可以依职权将该被执行人纳入失信被执行人名单。失信被执行人的确定后果严重，法院应成立相应的专门组织或由专门人员对失信行为进行认定，对于被认定为失信被执行人的，则会被录入最高人民法院失信被执行人名单库，通过该名单库统一向社会公布。失信被执行人信息还可按照《若干规定》第6条规定，通报给相关单位。

3.明确失信被执行人名单制度的救济措施和途径。申请执行人对不公布的异议及救济。对于审核公布失信被执行人未通过的，应当向申请执行人说明理由，申请执行人对不公布的结果不服的，可以向法院提交异议申请书。法院在审核后认为异议不成立，予以驳回；若认为异议成立，则作出将被执行人纳入失信被执行人名单的决定书。被执行人对公布的异议及救济。如果被执行人对认定为失信被执行人有异议，可在一定期限内向法院提出异议，法院认真审查后给予答复，如果异议成立则取消认定，撤销公开信息或发布更正内容，如果异议不成立则驳回异议。

（三）强化联动机制，实现法院与其他单位的衔接配合

1.搭建信息融合平台，实现"一站式"查询。从目前执行实践看，应尽快实现法院的执行案件信息系统与相关部门信息系统的有效衔接。日照两级法院均设立了执行指挥中心，与国土、金融、税务、工商等协助执行单位，建立起"点对点"网络执行查控机制，通过实时网络化数据交换和系统批量处理，使得查控被执行人财产驶入快车道。为提高执行效率，课题组认为，可在进一步强化国土、工商、税务、金融、质检、公安、房管、车管等掌握财产信息和身份信息部门的协助义务基础上，搭建各种信息融合平台，借助互联网实现信息数据的共享。通过搭建信息平台，共享数据，可以开展

在线查询被执行人信息，同时建立起保密制度，提升信息融合下网络化查询的权威性。此种"一站式"查询的方式，是法院与相关部门协调配合针对被执行人财产查询与调查的有效手段。

2.构建联动制裁模式，实现"点对点"通报。通过搭建信息平台，实现将失信信息向相关部门的"点对点"通报，使相关部门接收到失信被执行人的相关信息，并由接收部门依照有关法律、法规等规定在招标投标、政府采购、行政审批、融资信贷、市场准入、证券投资、房产交易等方面对失信被执行人作出相应的惩戒。以债务人名录等方式向银行等金融机构通报失信被执行人名单，银行等金融机构将失信被执行人名单记入征信系统，对失信被执行人办理信用卡、存贷款、证券等金融业务进行限制，限制失信被执行人高消费；通过工商局限制失信被执行人进行工商登记，堵塞投资渠道；通过房管局限制失信被执行人购置房产等；通过车管所限制失信被执行人新购车辆等；向公司登记机关发出协助执行通知书，限制失信被执行人担任公司董事、监事等高级管理人员；通过公安机关配合快速查找失信被执行人财产与人身下落，对其采取限制高消费等措施；通过出入境管理部门，限制失信被执行人出境，有效防止其携款潜逃境外等。

3.明确联动未果责任，真正发挥惩戒作用。搭建信息平台、实现部门联动，旨在真正发挥失信被执行人名单制度的作用，关键在于有关部门的协助执行和联动措施。如果有关部门未尽到有关的义务和职责，则需明确相关部门的法定义务和拒不协助的法律责任，真正起到规范约束的作用。我国应从立法上明确协助执行人的实体责任，从而强化其义务意识；此外，有必要规定协助执行人拒绝履行协助执行义务或者故意妨碍执行，给当事人造成损失的，当事人可以向法院提起诉讼，请求其承担赔偿责任。

（四）继续依托宣传，多种方式强化舆论引导力度

目前公布失信被执行人名单主要是通过最高人民法院失信被执行人名单库统一向社会公布，此种方式较为单一。伴随着执行案件日益增多的现实，应采取围绕一条主线，注重多点开花式的模式，对失信被执行人施以心理压

力，督促其尽早履行义务。一条主线：各级人民法院公布失信被执行人名单应紧紧围绕最高人民法院失信被执行人名单库，并通过该名单库统一向社会公布。多个节点：一是宣传媒介的多元化。不仅可通过广播、报纸、电视、网络、法院公告栏等方式公布，还可以借助 LED 电子显示屏、通过法院开通的专门的微博、微信等平台公布失信被执行人名单。二是宣传方式的多样化。上级法院应设置多样化的曝光、宣传方式，自上而下推行，形成制度化、规范化、常态化的曝光和宣传平台，避免单个法院的"孤军奋战"。三是宣传对象的"重心向下"。由于《若干规定》只分别针对国家工作人员、国家机关或者国有企业，规定了通报其所在单位、上级单位或者主管部门，对于此类主体之外的没有规定，课题组认为可在被执行人生活区，包括村居、社区等地，张贴失信被执行人信息，在其亲朋好友、邻居等圈子对其形成强大的社会舆论压力。四是政府应协调有关单位、媒体等降低法院发布失信被执行人的费用，免费提供发布平台，如可允许法院在我市公共露天LED 大屏、大型商场广告栏等免费发布失信被执行人信息，此举既有利于失信被执行人迫于社会道德评价压力主动履行义务，又增强社会公众的法律

日照市中级人民法院召开"不忘初心、牢记使命"主体教育部署会议

观念和诚信意识。

（五）注重信息保护，健全对债务人的权益救济机制

在司法实践中，有的法院在公布失信被执行人信息时没有掌握好"度"，任何过度公开失信被执行人信息的行为对失信被执行人名单制度都是一种误读。课题组认为，对于《若干规定》中未列举公布的信息，因涉及失信被执行人隐私，应谨慎处理。

失信被执行人制度设计在于最大化满足一方当事人的合法权益，并保障被执行人所受的侵害最小。利用国家权力对被执行人的私权加以限制，并通过这种限制达到实现保障当事人合法权益的目的。一方面，要树立保护债权人的合法权益的理念；另一方面，平衡双方当事人之间的权利义务，不能在公开被执行人信息过程中过度侵害其合法权益，在惩戒的同时，应该给予其适当保护。法院决定将债务人列入失信被执行人名单前，应听取债务人的陈述，赋予其申辩的权利；对纳入失信被执行人名单不当的应当由法院予以纠正等。

（六）综合各项措施，形成破解"执行难"的有效合力

公开曝光失信被执行人、加强信用惩戒等措施，为解决执行难问题创造了有利条件。目前，要以两到三年基本解决执行难为契机，综合运用其他措施，进一步完善探索失信被执行人名单制度的效能。2016年5月4日上午，全市法院基本解决执行难工作动员会议在莒县召开，积极推广莒县法院执行警务化工作模式。市中院适时召开惩治失信被执行人情况新闻发布会，向社会媒体公开发布情况。建成执行指挥中心，为有效发挥查控、跟踪被执行人财产等提供保障。另外，对于拒不执行法院判决、裁定的被执行人，依法追究拒执罪，截至目前，已有9人被判处刑罚，有效打击了规避执行的被执行人。通过将失信被执行人名单制度与破解执行难联系起来，形成合力，为打赢基本解决执行难这场硬仗贡献力量，并推动全市法院执行工作再上新台阶。

（2015年全省法院重点调研课题合格等次。课题组成员：刘红军　张宝华　王宗忆　盛杰　张闰婷　刘斌）

关于金融纠纷案件情况的调研报告

日照市中级人民法院

核心提示：近年来，受国内外经济大环境影响，日照全市经济面临下行压力，金融纠纷案件不断增多。为全面了解全市法院面临的金融纠纷案件情况，维护金融秩序稳定，促进全市经济稳定发展，山东省日照中院先后到辖区 5 个区县法院、7 家金融机构、7 家重点企业进行了走访调研，对当前全市金融机构及企业的金融纠纷涉诉情况进行了调研，对面临的问题以及产生原因进行了认真分析，提出了防范和减少金融纠纷案件的对策建议。

一、涉诉金融纠纷调研基本情况

2015 年 1 月～9 月，全市法院共受理各类金融纠纷案件 2864 件，审结 2153 件，同比分别上升 17.54% 和 21.56%。案件类型主要集中于金融借款合同、小额借款合同、企业借款合同、储蓄合同等纠纷，尤其是金融借款和小额借款纠纷呈现快速增长趋势，在商事案件收案中占比超过 50%。此类案件主要呈现以下特点：

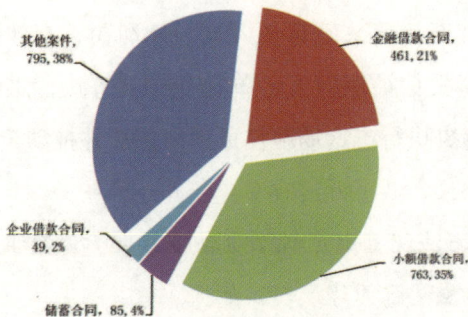

1．收案数量明显增加。1月～9月，全市法院新收金融纠纷案件2430件，同比增加29.53%；尤其是在立案登记制改革后，收案同比增加34.32%。日照中院1月～9月新收金融纠纷案件同比更是增加了189.64%，增幅较大。

2．案件审理难度加大。从事国际期货贸易的企业受经济下行压力影响更为严重，且涉诉纠纷案件标的额较大，案件法律关系相对比较复杂，加大了案件审理难度，而相对应的风险防控措施相对较少，办案法官心理上一时难以适应。

3．诉讼主体呈现多元化。以金融纠纷案件为例，诉讼主体不再局限于农村信用合作联社（农商行）、国有银行以及股份制商业银行，非传统金融借款主体如小额贷款公司、民间资本管理公司等涉诉案件逐渐增多。

4．涉诉资金的流向比较集中。借贷企业从银行等金融机构获取贷款后，主要将资金投资于高风险的国际期货贸易、房地产等领域，而这些领域市场波动较大，一旦出现经营风险，企业将会严重亏损，贷款偿还难度大，涉诉案件较多。

5．金融机构涉诉范围广。通过走访调研发现，目前全市范围内的金融机构都不同程度地出现大量不良贷款，且已进入诉讼程序，个别金融机构涉诉案件甚至已超过100件，贷款清收难度较大，面临的金融风险压力较大。

二、目前金融纠纷案件中存在的问题

1．被告送达难，严重影响诉讼效率。因被告数量多，住所地分散，地域跨度大，加之在贷款时所留住址不详或者贷款后迁移住址，或外出躲贷，致使法律文书送达难。有些案件在穷尽其他送达方式后只能公告送达，无形中延长了审理周期，降低了诉讼效率。部分被告在案件立案送达时签收相关法律文书，在开庭时拒不到庭，案件判决后拒收判决书或者案件判决后住所地、联系方式变更，法庭无法核实，裁判文书无法送达。

2．借款人恶意提出管辖权异议，拖延诉讼。有些债务人为躲避债务或拖延时间，即使借款合同中已明确约定管辖法院，或者依据法律规定受诉法院具有管辖权，仍恶意提出管辖权异议并且穷尽诉讼程序，进一步拉长了诉讼周期。

3．案件执行难，执行到位率低。很多银行贷款仅是信用担保，保证人或无保证能力，或诉前转移财产，借款人和保证人往往无财产可供执行。而且很多金融机构在放贷时对抵押物价值评估过于乐观，进入执行后的评估结果往往低于预估市场价值，且实际处置价值往往又低于评估价值。有些银行贷款虽然有足额的抵押，但抵押物往往被重复查封，处置难度加大，债务清收时限延长。有时债务人或抵押人不配合银行，给资产处置带来困难，资产处置周期拉长，造成抵押物价值缩水。

三、金融纠纷案件不断增多的原因分析

1．经济下行导致企业经营困难。近年来，在经济下行、社会总需求下降以及货币环境总体趋紧的大背景下，部分企业生产经营困难，资金链断裂，加之受国际市场影响，企业经营压力增大，企业主营收入和利润大幅下降甚至持续亏损，尤其是全市贸易企业较多，金融纠纷呈多发态势。

2．企业盲目扩张。部分企业在自身资金储备不足、市场调研不充分、经营管理模式粗放落后的情况下，受短期暴利驱使，大量依靠银行贷款贸然进入国际期货贸易等高利润、高风险的陌生领域。而随着国际国内经济形势变化，政府政策调整以及银行信贷额度下调，许多企业无法从银行获取足够资金支持，导致资金链断裂。

3．企业间互保联保方式弊多利少。一方面，为降低借贷资金风险，金融机构往往要求借款企业既提供其他公司担保，又要求公司法定代表人个人以及配偶担保，而这些企业本身多是关联企业，担保人多是近亲属，这种多担保反而成为空担保。另一方面，联保造成相关企业担保债权额放大，只要联保体中有不良企业存在，就会严重影响其他优质企业的正常经营，造成一

家借款、多家受损其至倒闭的局面。

4.金融机构贷前审查不严、贷后监督不力。部分金融机构因内部考核机制，一定时期内盲目追求信贷指标，忽视信贷质量，贷前对借款人还款能力、借款用途等审查流于形式，完全依赖于第三方的审计报告，而很多情况下第三方提供的审计报告掩盖了借款人真实经营情况及亏损状态。贷后金融机构对借款人、担保人缺少跟踪监督措施，不能及时跟踪发现借款人或担保人的资信变化，错过回收时机，继而形成群体性不良贷款。

5.隐形行政指令性贷款放大借贷风险。个别金融机构存在隐形行政指令性贷款，以及关系贷款、人情贷款。部分无法通过正常程序获得银行贷款或者获得额度较低的企业，通过该种方式借贷，金融机构仅进行形式性贷前审查，而且授信额度相对较高，由此隐藏的风险加大。同时，个别信贷人员责任心不强，为了追求业绩，不严格执行放贷程序规定，其至明目张胆、明码实价地向借款人要好处、要回扣，违法进行信贷活动。

6.借贷双方存在违约失信行为。一方面，金融机构违约失信。在企业经营状况向好的情况下，银行等金融机构争相放贷，一旦企业经营困难，则

全市法院决战决胜基本解决执行难誓师大会

要求企业偿还到期或未到期债务，并承诺企业还款后可以续贷。而企业为了继续得到银行授信贷款，不惜高息从小额贷款公司或其他社会融资渠道获得过桥资金，但金融机构违约失信，导致企业雪上加霜。另一方面，借款人主观恶意拖欠贷款，部分企业盲目投资扩张，对市场经济形势把握度差，一旦市场低迷，不积极应对，转而利用分立重组方式剥离有效资产或借改制之机逃废债务。

7. 对逃废银行债务等失信行为打击力度不够。当前，企业逃废银行债务、挪用银行贷款等情形大量存在。很多金融机构明知，但出于无证据证实而处置消极，办法不多。另外相关金融监管部门及司法机关对逃废债务、挪用银行贷款的行为缺乏有效的制裁措施，债务人逃废银行债务、挪用贷款后并未得到应有的处罚，其违约行为甚至犯罪行为成本过低，在社会上容易引起不良示范效应，不利于社会诚信体系的构建。

四、对策与建议

1. 法院方面。一要建立健全审判工作机制。成立专门的金融审判庭，实现涉金融机构和金融类案件的专门管辖与审理，切实发挥金融专项审判的集聚效应，提高审判效率；对批量涉同类型金融纠纷案件实行集中受理、快速立案、快速送达、当庭宣判，构筑高效、快捷、便利的"绿色诉讼通道"；充分利用诉前保全措施，及时对有关资产进行查封、冻结、扣押，防止债务人转移、隐匿财产，为案件调解、执行打下坚实基础。二要建立与金融部门信息共享系统。完善联席会议工作机制，通过司法建议的形式及时向有关政府机关、金融机构和部分企业提出加强管理、完善制度等方面的对策建议，以健全金融机构的信贷制度；及时向各金融机构提供失信被执行人信息，为金融机构提供借贷意向企业诉讼记录，形成联防机制，最大限度地降低信贷风险；对恶意欠贷、有履行能力而拒不履行的企业经营者以及涉嫌金融犯罪的，要依法严厉打击，增强法治威慑力。

2. 金融机构方面。一要加强贷款风险防控。要合理规划信贷规模和结

日照市中级人民法院召开知识产权新闻发布会

构，结合经济发展特点及自身实际，平稳开展各项业务；贷前认真做好各方面的审查，合理确定贷款额度；贷后做好跟踪监督管理，及时了解企业经营情况，防范借贷风险。二要谨慎采取压贷措施。为保证金融资产安全，采取适当的压贷措施是必要的，但一律压贷甚至违约，造成好的企业受影响并累及其他无辜企业，最终将危及金融安全。三要建立与市场挂钩的贷款利率机制。金融机构要主动适应市场需求，在目前经济下行周期，适当降低贷款利率，针对不同企业推出不同的利率标准，开发更多面向中小企业的贷款业务，建立与借款企业的良性互动关系。四要金融机构之间建立信用信息共享机制。发挥信息技术在银行管理中的作用，整合各银行信贷风险管理信息，各银行在向企业授信前，通过该信息共享机制及时了解查询企业经营状况、贷款状况等，强化贷前、贷中和贷后各个环节的风险检查与控制。五要加强对小微企业的扶持力度。在授信规模不受影响的情况下，加大对小微企业的资金扶持力度，促进小微企业发展，维护金融秩序的同时，维护社会稳定。

3.借贷企业方面。一要转变经营方式，增强抗风险能力。企业要在经营方式、经营技术上不断创新，推动产业、技术、产品、管理上新台阶，提高市场竞争力。二要建立现代企业制度。引进专门管理人才，加强对企业的经营管理，使企业管理由传统的家族模式、经验式管理模式逐步向科学化、规范化、公司化、法制化管理模式转变。三要建立科学经营机制。避免盲目投资扩张，特别是要避免企业资金进入民间借贷市场，在发生经营风险时，要积极应对，而不是忙着抽逃资金、转移财产，从而失信违约。

4.社会方面。一要加强对金融机构资产结构的监管。资产结构对企业收益、风险、流动性以及现金流量将产生直接影响，金融机构资产结构的优化是有效防范金融风险，化解金融借款纠纷案件的行之有效之举。加强金融监管部门对金融机构的业务活动及其风险状况进行现场检查和非现场监督的力度，完善金融机构监督管理信息系统，定期分析、评价银行金融机构的风险状况，促进资产结构的优化。二要建立和完善社会诚信体制。逐步建立起企业、个人诚信信息管理系统和惩戒机制，对拒不还贷者在经营、消费等诸多方面受到约束和限制，联合相关部门重拳打击逃废银行债务、抽逃资金的行为，严重的依法追究刑事责任，在社会上树立全民诚信观念。三要强化银企协作。双方应加强互信和沟通协作，对正在投资建设、开工生产、有发展前景的面临融资困难的生产型企业，银行应加大资金支持力度；对陷入担保圈，而本身正常经营、效益较好的企业，银行要继续支持；涉贷企业应积极配合银行，采取积极措施预防不良贷款发生，从而取得银行的信任。

（2015 年 11 月 12 日《人民法院报》。课题组成员：林彦芹　田玉斌　钱守吉　宋海红　张京常）

审判案件权重系数 "两步走" 评估法之探析（节选）

——以 S 省 R 市 L 区法院 2018 年审结的 492 件案件为样本

日照市岚山区人民法院　张　萌

引　言

审判绩效考评的目标是完善工作量化考核激励机制，统一考核尺度，确保考核的科学公正。审判绩效考评在推动法院司法改革，提高法院审判效率，促进司法公正，完善法院用人机制等方面发挥着积极作用。[①]由于不同审判岗位的案件类型不同、难易繁简程度不同，每位法官审理的案件案情多样化，绩效考评从以前的"以案件数量为中心"渐渐转向现在的"以审判实绩为中心"，[②]而审判案件权重系数的设置就是为了体现出个案在全部案件审理中的相对复杂程度，平衡不同类型案件之间的工作量差异。同时绩效考评结果关系到评先树优和年终奖励，法官的愿望就是他们审理案件所投入的工作量与案件权重复杂度的评估系数能成正比，所以一套公平公正的审判绩效考评方案与设置科学合理的审判案件权重系数息息相关，从而最大限度的发挥出绩效考评的正向激励作用。

[①] 扬州市江都区人民法院课题组："关于进一步优化审判绩效考核的调查与思考——基于扬州市江都区人民法院的实证调研"，载 http：//www.pkulaw.cn/fulltext_form.aspx？Gid=335631592，2018 年 6 月 29 日访问。

[②] 李冬华："法官审判绩效考核的路径探析——从'以案件数量为中心'到'以审判实绩为中心'"，载《山东审判》2017 年第 4 期。

一、现状考察：S省基层法院审判案件权重值评估模式

（一）简化评估：不同类型的案件相互折抵（略）

（二）量化评估：设定结案达标数量+超标加分（略）

（三）细化评估：根据案由赋分+根据案件类型赋分（略）

二、对比分析：三种案件权重系数评估模式均有待改进

（一）基层反馈：三种审判案件权重值评估模式的比对

1. 衡短论长：从考评效率和案件折抵的合理性方面分析。S省某A基层法院所采用的"不同类型案件相互折抵"模式的优势：在计算审判案件绩效考评分数时简便快捷，省时省力。劣势：单纯根据刑事、民事、商事、行政等案件类型进行权重值折抵，过于简化粗略，如刑事普通程序案件1件折抵民商事简易程序案件4件，这个折抵数值是否合理还有待商榷。S省某B基层法院所采用的"设定结案达标数量+超量加分"模式的优势：在计算审判案件绩效考评分数时简便快捷，省时省力，与某A基层法院的案件权重系数评估模式优势相同。这种模式下，在对超出任务量的案件数量进行统计加分时，不同审判团队加分不同，其实也是一种折抵，只不过这种折抵是用具体的分值代替了。劣势：不同审判团队的办案达标数量设定的是否合理，以及超出任务量之外的案件加分数值设置的是否合理都有待商榷。因为反馈意见中的有一部分法官认为粗略地折抵方式并不能反映出他们审理案件实际付出的工作量。S省某C基层法院采用"根据案由和案件类型赋分"的评估模式，设计初衷是由系统自动算出每一位法官结案所对应的权重分值，其优势是未简单按照刑事、民事、商事、行政等案件类型以及不同审判团队进行案件折抵，而是根据案由和案件类型进行具体赋分，权重值较为具体直观。然而由于受各方面条件限制，某C基层法院未能开发出案件权重系数评估系统，所以与前两种评估模式相比较而言，劣势也更为明显：在审判绩效考评时由人工计算法官

的办案量分值费时费力，同时由于缺乏权威性，某 C 基层法院的法官对此也提出了赋予案件的分值不合理等意见，同一个案由的案件又有难易程度之分，比如评估办法未考虑到有的案件存在涉诉信访、刑事被告人不认罪、多个被告人等情形，单纯按照案由和案件类型赋予案件分值不合理，与法官内心期望的分值相差甚远，不能反映出法官的实际工作量和业绩，也无法让法官心服口服。通过以上比对可以看出，这三种审判案件权重系数评估模式虽各有优势和劣势，但劣势仍较为明显，需要探索构建更为科学权威的审判案件权重系数评估模式。

2. 实绩兑现：案件权重之于绩效考评关乎物质与精神。绩效考评排名靠前带给法官的是物质与精神的双重奖励，是激励也是动力。《最高人民法院法官、审判辅助人员绩效考核及奖金分配指导意见（试行）》中要求"绩效考核奖金的发放，不与法官职务等级挂钩，主要依据责任轻重、办案质效、办案数量和办案难度等因素，体现工作实绩，向一线办案人员倾斜"。奖励性绩效考评奖金分为四档或者三档，所划分的档次总体呈现"两头尖、中间粗"的比例，调研发现 S 省各基层法院对奖金档次差额幅度设置不同，如有的法院奖金每一档次差额在一千五百元以上，最高档次和最低档次差额在六千元以上；有的法院奖金每一档次差额在几百元左右，最高档次和最低档次差额在二千元左右。由于奖励性绩效考评奖金依据绩效考评结果发放，在对于审判案件权重评估模式的问题上，法官们的反馈也不同。因为法院奖励性奖金档次差额越低，法官对本院绩效考评方案和案件权重评估模式的接受度越高，这种情形下案件权重评估模式并不会引起法官的重视。但是奖金发放的指导精神是体现向一线办案人员倾斜，防止出现平均主义，所以奖金档次差额不宜设置过低，否则有悖司法改革之意。所以，法院奖励性奖金档次差额越高，法官对绩效考评方案和审判案件权重评估模式公正合理性的需求就越高，这就需要构建更为科学权威的审判案件权重评估模式。

（二）顶层设计：希望最高法院研发案件权重系数评估系统

J 省高院开发了根据设定的案值系数和权重分配比例自动计算生成系

统，J省各中级、基层人民法院参照使用该系统，在全省法院范围内案件权重评估办法较为统一，由系统自动计算法官办案分值一目了然，法官反馈效果较好。上海市高院在广泛采集百万件案件数据和案件多项信息点的基础上，运用大数据分析技术调研论证完成"人民法院案件权重系数"专项课题，并已将该项成果应用于司法改革试点过程中法官实际工作量的评估测算，为合理测算、科学评价法官办案业绩提供依据。[①]笔者希望，从最高院的层面在现有审判业务管理系统的基础上增加案件权重系数评估这一项功能，因为最高院掌握全国所有法院的大数据内容，在研发该系统时凸显的高度、深度、广度等条件是中基层法院所不具备的，研发成果更能体现出案件权重评估模式的合理性和权威性。建议在研发案件权重系数评估系统时，将系统内的每一件结案案件明确所对应的权重值，每周、每月法官的办案数量由系统经过权重值计算自动转化成为办案量，可使每月的审判管理质效通报和年底审判绩效考评更为明确，也更能让法官信服。

三、路径探索：案件权重系数"两步走"评估法的构建

（一）首次评估：立案环节区分繁案、简案

1. 初步划分：提高专业化审理效率。立案是诉讼程序的开端，科学的分案机制对繁简分流至关重要。[②]根据《最高人民法院关于进一步推进案件繁简分流优化司法资源配置的若干意见》中关于简案快审、繁案精审的指导原则，为进一步推进案件繁简分流工作，本文建议将审判案件权重系数的首次评估与案件繁简分流相结合，实现立案环节对案件难易复杂性质的初步评估，同时建立繁案和简案审判团队，提高专业化审理效率。审判案件的首次权重系数评估是针对立案环节案件繁简分流进行设置，分流以后，系统可将

---

①卫建萍、谢钧："上海完成案件权重系数课题并成功应用"，载《人民法院报》2015年5月9日，第1版。
②胡仕浩、刘树德、罗灿："《关于进一步推进案件繁简分流优化司法资源配置的若干意见》的理解与适用"，载《人民司法》（应用）2016年第28期。

简单案件权重值设置为 1 ，复杂案件权重值设置为 3 。一开始划分为简案
的，后来在审理过程中发现是案情复杂转为繁案，则其权重值转化为 3 。
下文将结合 S 省 R 市 L 区人民法院 2018 年审结的 492 件数据样本探索分
析繁案、简案首次评估所确定的权重值的相对合理性。

2. 划分规则：区分标准和回流原则。其一，以人工筛选为主，智能筛
选为辅。可以探索试用系统自动抓取构成简单案件的要素，系统根据简案构
成要素和关键点进行繁简划分，由系统智能评估该案是繁案还是简案。但
"法律的生命不在于逻辑，而在于经验"，电子系统虽具智能化但对案情具
体情况的判断还是需要有经验的法官或法官助理进一步把关，并不能纯粹依
靠智能系统完全区分。构成简单案件的要素——从争议大小、标的额、程序
性事项划分：民商事案件当事人对事实没有争议或者争议较小的；当事人权
利义务关系较为明确的；当事人争议仅涉及程序性事项不涉及实体权益的案
件；①案件标的额较小。刑事被告人认罪认罚的简易程序案件。从案由区
分：买卖、承揽合同关系产生的货款纠纷；租赁和居间合同中涉及费用追索
的纠纷；债权债务关系明确的民间借贷纠纷、金融借款合同纠纷；小额劳动
争议纠纷、工伤赔偿纠纷、交通事故赔偿纠纷；采暖费、物业费纠纷；相邻
关系纠纷；所有权确认纠纷；股东知情权纠纷等案件。②以上民商事纠纷中
简单案件较为常见，可将系统设置为结合以上案由和争议大小、标的额、程
序性事项等方面进行简单案件的判断与区分。其二，严控案件回流防止降低
效率。因繁案团队法官大都不愿意办理从简案团队转来的"夹生饭"案件，
案件繁简分流以后应严格控制案件回流，避免案件回流降低审理效率。首次
评估判断为简单案件，审理过程中发现案情复杂需要转为繁案，因严格控制
案件回流，转为繁案后案件仍由原承办人审理，在实践中有可能会出现为了

---

① 北京二中院课题组："构建案件繁简分流机制研究"，载 http://www.pkulaw.cn/fulltext
_form.aspx？Gid=4780544bccd3d261ade630f2e95a85a9bdfb，2018 年 6 月 29 日访问。
② 北京二中院课题组："构建案件繁简分流机制研究"，载 http://www.pkulaw.cn/fulltext
_form.aspx？Gid=4780544bccd3d261ade630f2e95a85a9bdfb， 2018 年 6 月 29 日访问。

增加自己案件的权重分值或者变相增加审限，简案能结案的也转为繁案以提高权重分值。为此，由简案转为繁案需在系统中填写转为繁案的原因及相关案件材料列表，申请经过分管院长审批同意以后方可转为繁案。同时可以在审判绩效考评中明确规定法官平均结案审限越短得分越高。但是如果简单团队审理了过多的繁案也无法体现和发挥其快办简案的特点和优势，所以在简案转化为繁案以后可以设定一定的比例移送给繁案团队。如简案团队的案件移送给繁案团队的比例不超过 20%。

（二）二次评估：法官审案投入工作量的多角度体现

由于案件在审理过程中的具体情况也不尽相同，仅通过立案繁简分流来评估案件权重系数不够精准，所以需要结合审理过程中的五项要素进行二次评估。二次评估又划分为测算案件固定权重值和设置浮动权重系数。[1]系统将首次评估和二次评估以后的案件权重值相加自动算出平均值，即案件的最终权重值。

1. 权重固定值：审判五要素搭建"手掌型"结构测算方式。案件权重固定值的计算主要围绕法官在审判过程中的核心工作展开（阅卷——庭审——制作裁判文书），卷宗页数直接反映出阅卷量，[2]庭审时间、庭审笔录字数、裁判文书字数直接反映出庭审、制作裁判文书所耗费的时间和精力，多角度体现了法官审理案件所投入的工作量。上海市高院的案件权重系数测算采取的是"2+4"模式，即以案由和审理程序两项为基础，以庭审时间、庭审笔录字数、审理天数、法律文书字数四项要素为计算依据，通过比较不同类型案件审理中这四项要素与全部案件审理中四项要素的占比程度，来区分不同类型案件的适用系数，[3]并且将这四项要素所占的比例均设

---

[1]上海市高级人民法院课题组："案件权重系数研究与运用"，载《全国法院优秀司法统计分析文集第十次获奖作品（一）》，法律出版社 2017 年版，第 155 页。

[2]张澎、姜金良：《法官员额制的测算与配置——以民事案件权重值模型为中心》，载贺荣主编：《尊重司法规律与刑事法律适用研究(上)》，人民法院出版社 2016 年版，第 233 页。

[3]卫建萍、谢钧："上海完成案件权重系数课题并成功应用"，载《人民法院报》2015 年 5 月 9 日，第 1 版。

为 25% 。上海高院在计算各类一审案件权重固定系数时，是计算的每个案由案件适用的基本权重系数，以计算刑事二级、民事三级、行政案由案件的基本权重系数为例，计算公式：刑事二级、民事三级、行政案由案件的权重系数=$\sum$（ A1/B1 ）×0.25+（ A2/B2 ）×0.25+（ A3/B3 ）×0.25+（ A4/B4 ）×0.25 。 A 为单个案由四项要素： A1 为案均庭审时间， A2 为案均笔录字数， A3 为案均审理天数， A4 为案均裁判文书字数。 B 为全部一审案件四项要素： B1 为案均庭审时间， B2 为案均笔录字数， B3 为案均审理天数， B4 为案均裁判文书字数。[①]

本文认为，上述四项要素中，庭审时间和庭审笔录字数体现法官在庭审过程中所投入的工作量，也反映出案件的复杂度；裁判文书是法官智慧的结晶，最终体现审理结果，也是案件权重重要的衡量指标之一；审理天数在一定程度上能反映审理过程的复杂性，但是也不排除会有为了提高权重系数拖延案件审限的情形，笔者认为以案件适用的

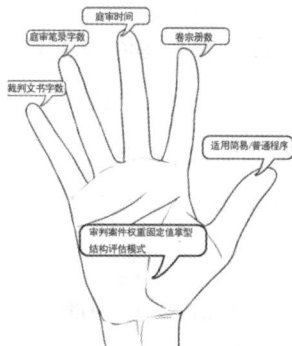

图 1

是简易还是普通程序也可以体现案件的复杂度。而卷宗册数体现法官的阅卷量，刑事法官在庭审前期的准备工作中需阅读侦查卷宗，有的侦查卷宗多达十多本甚至几十本，耗费大量的时间和精力，因此卷宗册数应纳入衡量案件权重固定值的核心要素当中。

所以，在借鉴上海高院关于案件权重系数设置的基础上，笔者认为可以用简易程序/普通程序、卷宗册数、庭审时间、庭审笔录字数、裁判文书字数来作为计算权重固定值的五项核心要素，通过具体案件审理中这五项要素与全部案件审理中这五项要素的占比程度来计算案件的权重固定值，将卷宗

---

①上海市高级人民法院课题组：“案件权重系数研究与运用”，载《全国法院优秀司法统计分析文集第十次获奖作品（一）》法律出版社 2017 年版，第 154 页。

册数、庭审时间、庭审笔录字数、裁判文书字数这四项要素所占的比例均设为 20%，将简易程序案件在公式中所占比例设为 10%，普通程序案件在公式中所占比例设为 20%。

本文认为，上海市高院的案件权重系数"2+4"的评估模式只计算到单个案由，没有细化到每一个具体的案件。因为案件的案由为同一个，但具体审理过程中案件的情形可能会千差万别，有简有繁，有易有难，法官在审理案由相同的案件时所付出的工作量也不相同，所以依据案由评估案件权重值的做法还是不够具体，有待完善。例如，L 区法院刑事法官曾审结一件聚众斗殴、敲诈勒索、寻衅滋事、诈骗、强迫交易、组织、领导、参加黑社会性质组织罪案件，该案 19 名被告人，公诉机关移交的案卷材料和证据 34 卷，庭审笔录 69 454 字，判决书长达 72 页，判决书字数多达 51 121 字。如果相同案由的案件权重系数相同，那么上述案件的权重值与法官审理该案时所付出的工作量相差悬殊，此评估模式也不会被法官所认同。因此，权重固定值的计算应结合每一个案件的五项核心要素进行测算。计算公式：案件权重固定值=∑适用简易程序×0.1+（a/A）×0.2+（b/B）×0.2+（c/C）×0.2+（d/D）×0.2。案件权重固定值=∑适用普通程序×0.2+（a/A）×0.2+（b/B）×0.2+（c/C）×0.2+（d/D）×0.2。其中，a 为该案件的卷宗册数，b 为该案件的庭审时间，c 为该案件的庭审笔录字数，d 为该案件的裁判文书字数。A 为全部一审案件的平均卷宗册数，B 为全部一审案件的平均庭审时间，C 为全部一审案件的平均庭审笔录字数，D 为全部一审案件的平均裁判文书字数。

由于系统无法自动提取而靠人工统计全部一审案件的卷宗册数、庭审时间、庭审笔录字数（包括庭前会议笔录、调解笔录）和裁判文书字数较为复杂，本文仅选取了 S 省 R 市 L 区法院 2018 年 1 月～3 月份审结的 492 件案件作为样本进行探索分析，其中刑事案件 75 件、民事案件 266 件（其中婚姻家庭继承纠纷 70 件、机动车交通事故责任纠纷 52 件）、商事案件 146 件、行政案件 5 件，未包括速裁团队审结的案件。以上 492 件平均卷宗册数为 2.5

册，平均庭审时间为 52 分钟，平均庭审笔录字数为 2340 字，平均裁判文书字数为 1601 字，适用简易程序的案件有 389 件，简易程序适用率为 79%。

（1）以审判五项要素为核心的权重固定值测算。本文依托这 492 件样本案件，从七个审判团队各抽取 3 件案件进行权重固定值的测算分析。

表 1：七个审判团队样本案件的权重固定值测算

审判团队	序号	案由	适用程序	卷宗册数	庭审时间（分钟）	庭审笔录字数	裁判文书字数	权重固定值
刑事	1	故意伤害	简易	3	10	2245	1223	0.72
	2	聚众斗殴	普通	6	40	9274	4001	2.12
	3	聚众斗殴	普通	7	90	8633	12154	3.37
民事	4	民间借贷	简易	2	42	2611	2146	0.91
	5	建设工程施工合同	简易	2	60	3100	705	0.84
	6	劳动合同	简易	2	100	2917	1151	1.03
商事	7	买卖合同	简易	2	64	4287	1557	1.07
	8	租赁合同	简易	2	91	4072	3192	1.36
	9	公路货物运输合同	简易	2	10	1576	907	0.54
家事	10	抚养	普通	2	140	3119	2150	1.44
	11	离婚	简易	2	78	1927	1033	0.85
	12	离婚	简易	2	85	2662	1107	0.96
道交事故	13	机动车交通事故责任	简易	2	40	1400	945	0.65
道交事故	14	机动车交通事故责任	简易	2	20	3282	2611	1.03
	15	机动车交通事故责任	简易	3	30	3333	2874	1.1
人民法庭	16	侵权责任	简易	2	60	3590	2930	1.1
	17	侵权责任	简易	2	30	1466	1112	0.65
	18	建设工程施工合同	简易	3	120	8054	4254	2.02
行政	19	撤销婚姻登记	普通	2	130	6076	3832	1.86
	20	医疗行政处罚	普通	3	84	4132	4331	1.65
	21	工伤行政确认	普通	3	72	3904	3995	1.55

表 1 抽取的 21 件样本案件中，普通程序案件 6 件，简易程序案件 15 件，权重固定值高于 1 的有 13 件，权重固定值高于 1.5 的有 6 件，其中有 2 件刑事案件权重固定值均高于 2，反映出法官在审理这两件案件时花费的时间精力最多。民事、商事案件以调解、撤诉方式结案的，除特殊情况下的复杂案件，调解书字数一般在 1000 字～1500 字左右，撤诉裁定字数一般在 300 字～600 字左右，按照上述公式计算调解、撤诉案件的权重固定值均低于判决案件的权重固定值，表 1 当中的 21 件案件有 5 件属于调解结案，其权重固定值在 0.6～1.1 之间，权重固定值并不高。但是法官在调解、撤诉案件上花费的时间精力甚至多于判决案件，所以在绩效考评的办案效果部分，针对调解、撤诉案件相应加分，也能体现考评对调解、撤诉这两种结案方式的激励作用。

同一个审判团队、同一个案由的案件，因具体案情不同，审判五项要素不同，权重固定值也不同。如道路交通事故审判团队审理的案件案由均为机动车交通事故责任纠纷，团队中 95% 以上的案件适用简易程序，但每个案件的卷宗册数、庭审时间、庭审笔录字数、裁判文书字数大不相同，权重固定值相差悬殊，所以案件的权重固定值具体到每一个案件较为合理。经向道交事故审判团队的法官了解，他们更倾向于采纳权重固定值可以计算到每一件案件的评估模式，不建议使用赋予同一案由的案件相同权重值的方法，因为这五项审判核心要素如同"手掌型"结构能更直观的体现法官的工作量。

（2）简单批量案件等不参与权重固定值测算。因速裁、诉前财产保全、不予受理、管辖权异议、特别程序案件、行政非诉审查案件等存在一定特殊性，其案件性质与审理一般案件不同，与正常审理的案件缺乏可比性，[1]所以这些案件的权重固定值不需要通过公式测算，直接定相应的权

---

①上海市高级人民法院课题组："案件权重系数研究与运用"，载《全国法院优秀司法统计分析文集第十次获奖作品（一）》，法律出版社 2017 年版，第 155 页。

重值即可。如诉前财产保全案件权重值0.2、速裁案件权重值0.6、特别程序案件权重值0.5等，当然这些简单批量案件权重固定值的确定也要平衡好与其他案件权重固定值的关系，不能畸高畸低。

2.权重浮动值：或然性事项是补充。在不同案件办理过程中会遇到不同的要素而增加案件审理的工作量，且这些因素不是每件案件审理中普遍存在的。[1]这些或然性事项也会增加法官办理案件的工作量，所以需要浮动系数来补充和完善。适用浮动系数的案件：①刑事附带民事诉讼案件浮动系数：+1；②行政附带赔偿案件浮动系数：+1；③诉中保全浮动系数：+0.2；④被告提起反诉浮动系数：+0.3；⑤案件涉及审计、鉴定、评估浮动系数：+0.2；⑥涉诉信访案件浮动系数：+5；⑦破产案件浮动系数：+10；⑧案由不属于"与破产有关的纠纷"类，但与破产有关案件的浮动系数：+1。（见图2）

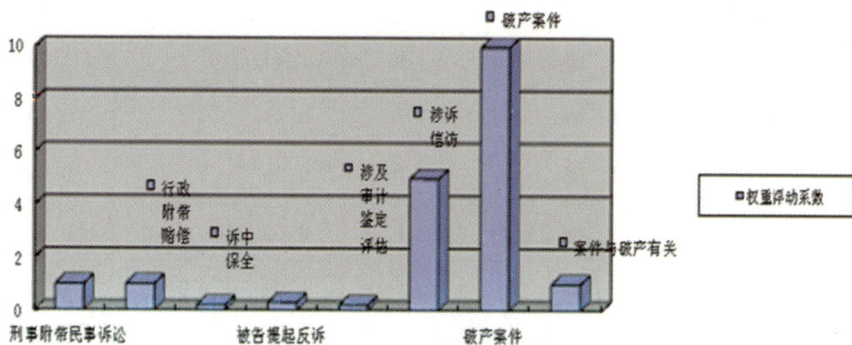

图2

3.最终权重值：权重值"两步走"评估模式探索分析。

（1）首次评估与二次评估的汇总测算。此处仍以表一中的21件案件作为样本，将权重系数"两步走"评估法的测算过程体现如下。

---

[1] 上海市高级人民法院课题组："案件权重系数研究与运用"，载《全国法院优秀司法统计分析文集第十次获奖作品（一）》，法律出版社2017年版，第156页。

表2：案件权重系数"两步走"评估法的样本体现

审判团队	序号	案　由	首次评估	二次评估		最终权重值
				权重固定值	权重浮动值	
刑　事	1	故意伤害	1	0.72		0.86
	2	聚众斗殴	3	2.12		2.56
	3	聚众斗殴	3	3.37		3.19
民　事	4	民间借贷	1	0.91		0.96
	5	建设工程施工合同	3	0.84		1.92
	6	劳动合同	1	1.03		1.01
商　事	7	买卖合同	1	1.07		1.04
	8	租赁合同	1	1.36	0.2	1.28
	9	公路货物运输合同	1	0.54		0.77
家　事	10	抚　养	1	1.44		1.22
	11	离　婚	1	0.85		0.93
	12	离　婚	1	0.96		0.98
道交事故	13	机动车交通事故责任	1	0.65		0.83
	14	机动车交通事故责任	1	1.03	0.2	1.12
	15	机动车交通事故责任	1	1.1		1.05
人民法庭	16	侵权责任	1	1.1		1.05
	17	侵权责任	1	0.65		0.83
	18	建设工程施工合同	3	2.02		2.51
行　政	19	撤销婚姻登记	3	1.86		2.43
	20	医疗行政处罚	3	1.65		2.33
	21	工伤行政确认	3	1.55		2.28

通过表 2 可以看出，这 21 件案件中有 4 件案件的最终权重值低于 0.9，有 6 件案件的最终权重值超过 2，有 11 件案件的最终权重值属于中间数值，体现出约半数案件的复杂程度相类似，极为复杂案件占全部案件的 1/3 左右，与这 21 件样本案件中区分的 7 件繁案相呼应，繁案占 21 件案件的 33.3%，呈现出繁案与简案大致为三七分成的比例。经向 L 区法院的各审判团队了解，90% 以上的审判团队对案件权重系数"两步走"评估法持肯定意见，尤其是那些审理过极为复杂案件的法官赞成采用这种评估模式。

（2）办案数到办案量的转化和应用。以 492 件样本案件为依托，从不同审判团队的五位法官所审结的案件中各抽取 10 件案件进行办案量的转化和对比分析。

表 3："两步走"评估法的探索应用

所在团队	法官	办案数	办案数转化为办案工作量
刑 事	甲	10	14.46
民 事	乙	10	11.67
家 事	丙	10	10.29
道交事故	丁	10	11.23
人民法庭	戊	10	11.04

表 3 显示，刑事法官甲的办案数转化为办案工作量最多，从形式上看，民商事法官的办案强度没有刑事法官大，实际上民商事案件调解、撤诉投入的工作量也很多，所以在绩效考评办案效果这一部分对调解、撤诉案件单独加分，而刑事案件没有调解、撤诉加分，所以此处刑事法官办案工作量排名靠前也是理所应当的。

（三）救济途径：特殊情形下的异议申请权

纵然经过两次权重系数评估，第二次权重系数评估在权重固定值之外也设置了浮动系数，但还是会有考虑不到的情况出现导致案件的权重有失偏颇，因为案件权重之于绩效考评关乎法官的物质奖励与荣誉，所以为了公平起见还是需要给法官增设一个可申请重新评价案件权重值的救济途径。法官认为案件的疑难复杂性与系统评估的权重分值相差悬殊，可填写《疑难复杂案件权重分值修改申请表》，陈述案件权重分值与实际情形不相符合的原因，以及应当赋予的权重分值及其正当合理性，然后交法官考评委员会审批，审批通过以后更改案件的权重分值。由于绩效考评和案件权重评估模式需要保证其权威性和秩序性，因此申请重新评估案件权重值的机会不能被滥用，需要设置一定的比例，可设为每位法官提交更改权重值的案件数不超过该法官办案数的 10%。

结　语

法官审理案件需要做到公平公正，作为法官审判绩效考评重要衡量指标之一的案件权重系数评估方法也同样需要做到公平公正。本文写作的初衷在于使法官审理案件所投入的工作量与案件权重评估系数成正相关关系，只有让法官对审判案件权重评估方法做到心服口服，才能最大限度地激发法官的工作效率和积极性。本文以 S 省 R 市 L 区人民法院 2018 年审结的 492 件案件为依托，对审判五要素搭建的"手掌型"权重固定值测算方式和"两步走"案件权重系数评估模式进行探索分析，试图构建更为科学合理的案件权重系数评估模式，但本文的探索认识有一定的局限性，仅供抛砖引玉之用，不当之处请批评指正。

（本文获 2018 年全国法院第三十届学术讨论会二等奖）

日照市社会稳定情况调研报告

日照市人民检察院

接到省院办公室《关于做好社会稳定调研工作的通知》后，市院办公室联合有关部门，按照通知要求的几个方面，在普遍调研的基础上，结合日照市的实际，有重点的开展了专题调研活动，现将有关情况汇报如下。

一、当前面临的突出社会矛盾及其特点和成因

通过调研，从控申部门接访反应的情况来看，我市当前面临的突出社会矛盾主要是，随着农村经济结构战略调整的不断深入和城镇化步伐的加快，农村中一些新矛盾和新问题大量出现。尤其以土地批租、宅基地划分、计划生育、惠农政策等问题为主要内容的涉农信访较为突出，由此而引发的一些社会矛盾和问题，在一定程度上影响社会稳定。以莒县院为例，2009 年以来，莒县检察院共受理来信、来访、网络、电话的控告、举报线索 199 件，其中涉农案件 87 件，占控告、举报总数的 43.7%。涉农控告、举报的信访案件涉及内容较多，主要有以下几大类：反映农村干部贪污、侵占行为的 68 件，占涉农案件的 78.2%；涉及土地的 34 件，占涉农案件的 39.1%；违反计划生育政策收受贿赂、包庇超生户的 25 件，占涉农案件的 28.7%；反映违反惠农政策的 17 件，占涉农案件的 19.5%；反映农村干部破坏选举、暴力执政及生活作风等其他违法犯罪行为的 32 件，占涉农案件的 36.1%。从控告、举报的方式来看，大多为实名、多头、多级举报，且 5 人以上集体访、重复访占有较大比例，87 件涉农案件中，实名举报的案件 63 件，占 72.4%，集体访 28 件，占 32%。涉农矛盾问题主要有以下特点：

深入村居开展入户调查

1.土地问题是核心。上述涉及土地信访案件共 34 件，占 39.1%。反映的主要问题有：少数农村村级基层组织经济基础薄弱，在没有其他经济来源情况下，为维持正常的村集体开支，在农业结构调整中，极个别村干部违规打"擦边球"，不按土地管理规定和村镇规划随意高价乱批宅基地、谋取私利，村民给钱送点好处就随意划宅基，更有个别村干部照顾亲属、朋友一部分土地，而普通村民人均分配只几分地，村民种地都要花钱买，由于农村土地管理不规范情况，使农民的利益受到侵害，影响了干群关系。

2.贪污、侵占比例较大。涉及此类内容的信访案件 68 件，占 78.2%。反映的主要问题有：部分村干部利用手中的权利，在宅基地办理、道路、水利工程建设等方面损公肥私；另外，随着近年来土地和矿产资源开发步伐的加快，部分地理位置较好以及矿产资源丰富的村庄通过土地的征用、租赁和矿山、荒山的拍卖、承包等方式获得的收入少则近百万，多则上千万元，由于村级财务不够公开等存在的漏洞和缺乏有效的监管措施，使这部分集体资金成了少数村干部的钱袋子。

3．涉及计划生育政策问题较多。莒县是个有 110 多万人口的农业大县，计划生育工作大部涉及农村，农村计划生育工作任务繁重、控制人口增长的压力较大，同时也给少数计生干部带来了相关的权利和利益，为其捞取不义之财制造了可乘之机。反映此类问题的信访案件共 25 件，占 28.7%。主要是，超生户为了达到超生的目的不惜重金贿赂，少数计生工作人员趁机收受贿赂，只要村民给钱就为其隐瞒漏报、利用手中的权利为其充当保护伞，导致一些村民超生，破坏了当地的计划生育工作。

4．违反惠农政策问题较突出。共 17 件，占 19.5%。反映是，对国家的惠农补贴资金发放不规范。如某村，因修路集资款没有收齐，未经本人同意把种植补贴提出来交了修路集资，引起村民上访；克扣各种惠农资金，挪作它用，还有的村虚报种粮食植亩数骗取国家种植补贴作为村里的经费等。如某村郭某多次上访反映本村会计利用职务之便，向镇财政所虚报其父等小麦种植面积共计 73 亩，骗取国家小麦补贴款植补 5000 多元，该信访案件经检察机关举报中心初核后，由检察机关以贪污罪对当事人做了处理，举报人郭某对检察机关的工作表示满意，未再因此上访。

分析引发这些涉农矛盾的原因，主要有以下四点：

1．村务公开不到位。一些农村基层村务政务不公开或虽公开但不透明，少数村干部"暗箱操作"村务政务不公开，影响公平公正，使得村民对土地、矿山、荒山、宅基地的出卖和承包等的收入资金、使用分配等心存怀疑，容易引发矛盾。

2．监督管理存有漏洞。有些村财务制度不健全，个别村级财务管理较为混乱，村干部权力过于集中，自写、自批、白条入账、乱支乱花，自收自支随意性大。又缺少有效的内外部监督制约机制，民主理财制度形同虚设，根本起不到监督、制约作用。有的村账目不纳入"双代管"管理，设立"小金库"，造成了群众对村干部意见很大，由此引发上访告状现象的不断发生。

3．"村官"素质良莠不齐。一方面表现出少数村干部没有正确的权力观和利益观，原则性不强，考虑本人及亲属利益的多，族性思想较强，引起村民不满，产生对立情绪；另一方面有的村干部素质不高，群众工作能力差，工作作风简单粗暴，导致干群关系紧张。

4. 农民自身主客观因素。一方面农民法制意识和维权意识的不断增强，在一些问题无法在基层及时有效解决后，就希望通过信访上访引起相关部门重视，得到满意答复；另一方面一些农民失地后，在生活水平、资金分配、待遇方面的不如意以及心理上形成的落差等因素引起的上访也占有比例。在信访活动时只讲权利、不讲义务，只知道控告他人，"信访活动也是人多势重"，言语、信件内容不真实，或者越级上访。有的为了权利之争相互上访，把信访当作"整人"一种工具。

二、围绕预防和化解社会矛盾开展工作情况

近年来，日照市检察机关坚持执法为民司法理念，扎实做好涉检信访工作，切实做到了上访问题解决在当地，信访案件息诉在基层，取得了明显成效，全市检察机关连续七年无涉检赴京进京上访案件，市院控申处连续两届被最高人民检察院表彰为全国检察机关文明接待室，连续8年被市信访部门评为先进单位。

（一）提升理念，筑牢案件质量防线，形成大信访格局

一是转变执法理念。当前，涉法涉诉信访一直占信访总量较大比例，涉法涉诉信访积案也占大头，依法妥善处理涉法涉诉信访问题，事关群众的切身利益，事关社会和谐发展稳定的大局。日照市院党组审时度势，把化解矛盾纠纷，维护社会稳定列为检察机关一项重要政治任务紧紧抓住不放，始终把涉检信访工作放到全局工作中统筹谋划。市院巩盛昌检察长多次强调指出：涉检信访是全市检察工作的"风向标"，是衡量检察工作的"标杆"，我们的检察工作人民群众满意不满意，要从涉检信访工作中体现出来。这就从为谁执法的高度进一步统一全市检察干警思想，切实增强执法为民意识；这就要求我们检察干警在工作中，不仅仅是依法履行检察职责，更重要的是要进一步延伸工作触角，深入细致解决问题，达到"群众满意"的标准。在

办理各类案件的过程中，我们注重人性化执法，将释理说法工作寓于办案过程中，在维护法律尊严和维护当事人合法权益方面走出了一条新路。如东港区院在贯彻执行"宽严相济刑事和解政策"试点工作时，针对不批捕案件和不起诉案件中被害人不理解申诉增多的新情况，我们把当事人的权益实现作为实行刑事和解的前提，严格贯彻事后回访制度，听取当事人的意见反馈，密切关注案件处置的实际效果，坚决杜绝在办案环节出现信访隐患的可能。二是提升执法质量。检察机关的各项职能都有化解社会矛盾纠纷的功能，但也都有可能引起个别群众的信访，涉检信访呈现出复杂性、多样性、非理性等特征，要化解好涉检信访，必须改进执法方式，提升执法质量，严格掌握形成涉检信访的第一个环节。努力达到办案力度、质量、效率、效果相统一。全市检察业务部门达成共识，把不出现、少出现涉检访作为衡量检察机关办案水平和成效的重要尺度，促进规范执法，从源头上预防和解决涉检信访问题。如在办理自侦案件的过程中，从最容易发生信访隐患的扣押款物环节入手，履行法律程序一丝不苟，注意区分犯罪嫌疑人非法所得与合法财产的关系，均得到犯罪嫌疑人及其亲属的主动配合。

（二）规范处访，严把首次信访环节，夯实信访工作基础

实践证明，把矛盾化解在初信初访的首次办理环节上，把信访问题解决在基层，可以及时维护群众利益，减少群众讼累，防止重复信访，形成信访积案；可以树立起检察机关良好执法形象，避免办案部门负累，形成良性循环，创造良好执法环境。一是热情接访。上访群众大都遭受过常人没有遭受过的伤害和不幸，他们反映的问题大都与执法部门执法过失或处理信访不当有关，不少人原本就是弱势群体。凡群众来访，我们均要求接访人员热情接待，依法处置。对其中的无理信访，做到耐心释法析理，说服教育，稳定情绪，坚持做到"法到位，情到位"，拉近检群关系，增强群众对检察机关法律监督的信任感，及时找出群众信访症结所在，有的放矢疏导不良情绪，达到息诉罢访的效果。二是依法处理。建立分类分级化解制度。根据涉检信访事项的不同性质定期梳理和分类，在分类的基础上，对涉检信访事项的紧急

召开全市检察长会议

程度进行科学研判，排出处理和化解时间表，对症下药，有序消解各类涉检信访矛盾和纠纷。对于疑难复杂和重大的久诉不息和无理缠访闹访案件，建立"检察长包案制度"，由"一把手"检察长负责全程跟踪督办，规定限期息诉罢访。三是以案释法。在案件办结后不只简单地答复和反馈处理结果，更注重向当事人释法说理，主动说明办案所适用的法律依据及相关规定，并对当事人提出的疑问及时作出合理解释，并对纠缠不休、意图无理取闹的当事人进行耐心细致地教育劝导，达到法、理、情并重的效果。四是回访疏导。建立回访疏导制度。通过对信访当事人定期回访，认真听取他们的意见和建议，依法及时帮助协调和解决他们的合理诉求和实际困难，有效防止结案后出现反弹，确保案结事了。

（三）关注民生，优化信访接待环节，畅通利民信访渠道

接待渠道是否畅通和接待方式是否妥当，直接影响整个涉检信访案件后续处理的成效。为有效疏通信访渠道，消解社会矛盾纠纷，我们从人本法律观出发，把群众的期盼和愿望作为检察工作的"风向标"，全市检察机关面对新情况新问题，因地制宜，在市院和区县院先后推出了"民生检察服务热

线""来访人选择接访人""来访只需第一次"等服务民生的来访制度措施，切实为群众提供优质专项服务，把问题有效解决在基层。一是畅通民生检察服务热线"96699"。热线是日照市检察机关面向社会开展法律服务的一个重要"窗口"，是为群众提供的方便快捷一站式服务热线，所有找检察机关的事都要承接，任何事情在这里都要有答案、有结果。自 2008 年 6 月热线开通以来，截至 2013 年 4 月，全市检察机关受理群众举报控告 8721 件，解答法律咨询 5878 件，为弱势群众解决困难 157 件，查处案件 76 件，挽回经济损失 1186 万元。热线工作人员面对群众的问题和困惑不是简单机械的就事说事、就案说案，而是进行法律知识和行政法规宣传和疏导教育，以案释法，寓情于理，理顺群众的误解和不满情绪，说服引导群众冷静对待，依法解决问题，及时化解纠纷，消除隐患，有力促进了社会稳定。二是实行"来访人选择接访人"制度。即由分管检察长和纪检监察及各业务部门主要负责人作为接访人，来访群众可以自由选择接访人接访。这是五莲县院为方便来访群众，有效提高接访质量而率先实行服务措施，并在全市得到积极推广，曾得到省院原检察长国家森的充分肯定，该制度彻底打消了来访群众怕办人情案，怕推诿扯皮的疑虑，赢得了群众普遍信任和欢迎，取得积极社会效果。三是开展的"来访只需第一次"承诺机制。即上访人第一次来院反映问题时，工作人员对不能明确答复的，商定答复时间，做出答复意见，无需信访人第二次来检察院。四是开展"信访联络员"制度。在各村居聘请检察信访联络员，及时预防化解矛盾。通过全方位多层次的优化信访接待环节，畅通利民信访渠道，积极化解矛盾纠纷，减少不良情绪的持续积累，做到发生一件，化解一件，把信访隐患消弭于"未然"，起到了深层次预防作用，在全市检察机关形成了"畅通、有序、务实、高效"的信访工作新秩序。

（四）强化源头治理措施，建立涉检预警长效机制

目前，社会仍处于人民内部矛盾凸显期，执法环境日趋复杂，群众对公正执法的要求越来越高，信访总量呈上升趋势，为此，日照市检察院积极探索建立健全长效机制，从源头上预防和减少涉检信访的发生。一是案前风险

评估制度。要求全市检察机关对所办案件作出决定前，都要进行信访风险评估，明确各部门办案责任和处理程序，提前化解不稳定因素，做好涉检信访工作。二是开展专项治理活动。通过开展涉检信访积案化解等专项活动，经常性地开展对违法办案、越权办案，违法查封、扣押、冻结款物，该返还不返还、该赔偿不赔偿，举报线索查处不及时等问题的重点清理排查，提前防控不稳定因素。三是开展"办案零上访"活动。求全市检察机关办案不能引起上访，力争办案无上访。以维护社会稳定，构建和谐司法为目标，着力建立健全信访工作长效机制，形成以体现人文关怀，多层次防控，增强息诉稳控效果，源头治理为基础的大信访格局，达到从源头上预防和减少新的矛盾发生，最大限度地促进社会和谐稳定。

三、探索建立社会稳定风险评估机制开展情况

按照省院和市委的安排部署，我市重点探索了执法办案风险评估预警机制，这种机制是指检察机关业务部门和案件承办人员在执法办案过程中，对检察执法行为是否存在引发不稳定因素、激化社会矛盾等执法办案风险，进行分析研判、论证评估；对有可能发生执法办案风险的案件，提出处理意见，积极采取应对措施，及时向有关部门发出预警通报，主动做好释法说理、心理疏导、司法救助、教育稳控、协调联络等风险防范和矛盾化解工作，有效预防和减少执法办案风险发生。

（一）主要做法

1. 明确评估预警范围。执法行为不规范、处理方法不妥当、释法说理不到位、部门之间沟通不顺畅、矛盾纠纷化解不及时是引发执法办案风险的重要原因。在深入调研分析基础上，市院党组决定将检察机关全部业务部门和办案人员的执法办案行为，全部纳入评估预警工作机制范围，把侦监（监督公安立案、批捕职能）、公诉（审查起诉、公诉职能）、反贪（反贪污贿赂职务犯罪职能）、反渎（反渎职侵权职能）、监所（劳教、看守所、监狱检察监督职能）、民行（民事、行政生效裁判检察监督）、控申（涉检信

访、刑事申诉赔偿检察监督）、技术部门法医鉴定八部门，所有履行检察职能的办案部门纳入范围，形成执法办案检察环节社会矛盾纠纷的全方位评估预警。明确控申部门为这项工作的牵头部门，负责组织协调督促检查。

2．创新评估预警制度。由控申部门根据群是涉检信访工作实际，统一制定下发了《涉检信访评估预警实施方案》《检察业务部门预警工作规定》《检察业务部门预警工作规定》《预警等级及填报规定》《涉检信访评估预警工作考核监督管理办法》五项规章制度和《涉检信访评估预警电子预警表》，将涉检信访预警分为一般（黄色）、重要（橙色）、紧急（红色）三个等级，创新实行电子预警表，将预警的所有过程和内容，全部设计在五份表格中，通过检察局域网实行网上流转，互通信息，早打招呼，简便快捷，高效实用，实现了范围内各部门之间的信息共享和网络化运转。

3．强化评估预警措施。实行办案业务部门和牵头控申部门之间的双向互动，无论在哪个环节发现风险，随时相互预警，形成防范合力。对办理的所有案件，执法办案人员从收案起，实行每案必评估，风险早预警，及时掌握信息，把问题解决在首办环节、内部和萌芽状态。把涉检信访评估预警作为检委会讨论案件必经程序，确保了案件情况与信访可能性同步分析论证，案件处理方案与信访处置方案同步研究制定，案件处理工作与信访稳控工作同步启动落实，结案工作与息访息诉同步圆满完成，保障在疑难复杂案件的处理上更加慎重、稳妥。同时，为增强责任，保障落实，将政治部、检务督察等部门一起纳入预警机构，把开展涉检信访评估预警情况纳入检务督察和年度考核内容，由政治部、检务督察、预警领导小组办公室共同检查考核验收。

（二）取得的基本经验

1．领导重视，全面推行。对执法办案风险坚持全面评估、重点评估与分级评估相结合，提高了风险评估的准确性；坚持分析调查、制定预案和风险防控相衔接，增强了风险预警的针对性；坚持分类处置、延伸处置、综合处置多措并举，增强了处置的实效性，实现了执法"零过错"、办案"零缺陷"、涉检"零上访"，取得了显著成效。

检察长接访为群众解决难题

2.密切配合，形成合力。市院先后下发了《评估预警工作经验交流会会议纪要》《评估预警工作文书》等文件，为工作开展提供了制度保障。在具体工作中，两级院各相关业务部门认真分析可能产生社会风险的各种原因，加强协调配合，形成了统一领导、各负其责、齐抓共管的工作格局。侦监、公诉、反贪、反渎、民行等部门充分发挥主体作用，根据规定建立了相关的配套制度，在作出处理决定或采取强制措施前，全面评估论证引发风险的可能性，并将释法说理、化解矛盾贯穿于执法办案始终，努力消除当事人之间、当事人与司法机关的误解和冲突。控申部门在工作中发挥枢纽作用，着眼于早发现、早处置、早息诉，积极配合其他业务部门进行风险评估论证，及时提出化解矛盾隐患的意见和建议；对业务部门发出预警的案件通过台帐、档案进行管理，跟踪问效；发生上访的，牵头组织处置预案的落实，积极开展社会矛盾化解工作。

3.完善规范，创新发展。全市检察机关已基本建立起风险评估工作责任分工、程序规范、考核督办等制度体系，以及一案一评、三级评估、三色预警、四步流程的工作机制。两级院结合实际，制定了相应的办法，扩大评估范围，细化预警级别，增强了制度的可操作性。

4.明确责任，督导落实。根据"谁承办、谁负责"的原则，全省三级院均明确了分管领导、部门负责人和案件承办人的相应责任。市院将评估预警工作纳入科学发展绩效考核暂行办法，明确奖惩标准，每年进行集中考核评估，把考核结果与绩效考核、"文明接待室"等评比挂钩，对引发社会风险、造成不良后果的，追究相关责任。2012年11月，市院控申、检务督察、纪检监察业务骨干组织考评组，对市县两级院进行了专项大检查，推动了这项工作的落实。实行检察长督办令制度，规定凡是纳入预警范围的案件当事人赴省、进京上访的，向相关基层院检察长通报情况、发出督办令。对赴省进京上访，由基层院检察长与上访人见面、做工作，直至息诉罢访；再次出现上访的，责令基层院检察长到市院说明情况，拿出息诉方案，限期解决。

（三）取得的主要成效

2008年以来，日照检察机关全面推行涉检信访风险评估预警工作机制，在两级院普遍构建起执法办案与化解矛盾相结合的工作格局。全市检察人员牢固树立了"将化解矛盾贯穿于执法办案始终"的理念，"执法办案是政绩、化解矛盾也是政绩"的观念得到一致认同。在规范执法办案的同时，及时化解矛盾纠纷，促进了社会和谐稳定。自2008年以来，全市执法办案引发的矛盾纠纷逐年减少，2011年和2012年仅受理12件，其中2012年涉检访占受理总数的1.5%。

1.构建了全覆盖、全方位、全员化信访大格局，形成了防范涉检信访的合力。涉检信访评估预警工作，涉及各个业务部门和部分综合部门，关系大局稳定。两级检察院党组高度重视，分别成立了以检察长为组长、副检察长为副组长、各业务部门负责人为成员的领导小组，在控申部门下设办公室，切实加强对涉检信访评估预警工作的组织领导。两级检察院党组经常听取工作汇报，从人财物等方面给予重点倾斜，积极帮助解决工作中遇到的困难和问题。分管检察长作为牵头组织人，进一步明确各部门在涉检信访源头治理中的责任，依托民生检察服务热线等载体，采取通报工作情况、召开联席会议等方式，加强上下两级检察院、机关内部各部门之间的协调配合，构建起上下联动、左右联合、齐抓共管、运转高效的信访工作大格局，有力地推动了评估预警工作在全市同步推进、平衡发展。今年以来，全市检察机关对办理的所有批准（不批准）逮捕、提起（不提起）公诉、自侦立案、民行抗诉、法医鉴定案结，全部根据案情对信访情况做出了评估，对有信访风险的216件，制定处置预案，移送控申部门备案。

2. 从源头上化解了社会矛盾，连续六年保持了涉检赴省进京零上访记录。业务部门在办案过程中，认为可能引发涉检信访的，及时向控申部门发出通报，协商拟定处置预案，严格依法审查案件的同时，加强释法说理，将信访隐患消灭在办案环节。通过业务部门与控申部门之间的协调配合，建立起一条完整的评估、预警、备案、处置流程，做到环环紧密相扣，段段责任明确，件件跟踪落实，及时、准确、完整地进行信访评估预警，充分发挥了预警制度的作用。如2010年5月市检察院受理苏某信访案后，了解得知其丈夫被张某打伤，法院却一审判处张某无罪。苏某对法院判决非常不满，多次上访。控申部门立即将有关情况向公诉部门进行了反馈，联合制定了处置预案：一是认真审查案件事实和证据，依法向市中级法院提出刑事抗诉；二是耐心解疑释惑，疏导来访人情绪，做好息诉和稳控工作；三是积极与法院沟通，合力调解民事赔偿事宜。最终二审法院依法改判被告人张某管制，苏某表示服判息诉，不再上访。自2008年以来，全市检察机关涉检信访呈明显下降趋势，其中2010年比2009年下降了44%，连续七年保持了涉检赴省进京零上访记录。

3. 促进了执法规范化，提高了办案质量和水平。通过推行涉检信访评估预警机制，从执法办案源头深入查找容易引发信访问题的案件类型和办案环节，集中查摆引起群众不满的执法不严、不规范等问题，逐个环节落实责任、制定措施、积极整改，有力地增强了办案人员的风险防范意识和规范执法理念，促进了依法、规范、文明执法，办案质量和水平有了显著提升，检察机关的执法公信力和社会形象进一步提升。如我们在办理李某交通肇事案时，积极运用调解手段，促成李某与被害方达成和解，依法对李某做出不批捕决定，并帮助被害方获得经济赔偿。经过我们苦口婆心的沟通交流、释法说理工作，李某认罪悔过，被害方谅解满意，实现了案结、事了、人和，双方都给检察院送来了感谢锦旗，《大众日报》以《一起和解案、双方送锦旗》为题做了报道。

（四）存在问题及建议

在案件风险评估办法实施的过程中，我们发现评估案件的风险是一个技术性问题，需要在实践中不断总结和完善。不同的案件，因当事人不同，评估的模式也不尽相同，如何更好地将案件风险评估办法实施好，我们认为关键是建立执法办案风险意识，正确把握评估好几个原则。

1. 以事实为依据的原则。事实是指案件事实，检察人员在开展工作前，应认真研究案情，把握矛盾的焦点、争议的激烈程度和矛盾的性质等，尽可能将案件事实了然于胸，从而有针对性地制定出预防风险的措施。

2. 防范最大风险的原则。在对案件风险进行评估时，应当以可能发生的最大风险作为评估原则，充分分析各种风险系数，从最坏的角度出发，认真而严谨地对待案件。认识案件风险的严重程度，用最细致的工作做好每一步，这是防范风险发生的最好态度。

3. 以事前评估为主的原则。在把握事实的基础上，首先应进行风险评估，将可能发生的风险种类一一排列，并针对每种风险制定出相应的防范措施或预案，为案件顺利办理做好各种准备。

4. 发挥主动性和灵活应变的原则。因为案件风险的出现具有突然性的特点，需要检察人员充分发挥主观能动性，不断分析案件处理过程中可能出现的各种情况，准确判断是否可能出现风险，并对可能出现的风险作出必要准备，并根据事态的发展而不断调整策略，灵活化解各种风险。

（日照市检察院 2013 年 4 月 25 日写给省院办公室的报告）

我市农村基层组织人员职务犯罪情况分析

日照市人民检察院　葛　敏

2012 年 1 月～2016 年 1 月，日照市检察机关共立查各类职务犯罪案件 308 件 365 人，其中贪污贿赂案件 235 件 273 人，涉及农村基层组织人员职务犯罪案件 79 件 109 人，分别占办案总数的 26% 和 30%。2012 年查办农村基层组织人员职务犯罪案件 13 件 18 人，2013 年查办该类案件 15 件 25 人，2014 年查办该类案件 22 件 26 人，2015 年～2016 年 1 月查办该类案件 29 件 40 人，呈逐年上升态势。结合上述情况，全市检察机关近期组织开展了关于农村基层组织人员职务犯罪专题调研活动，深刻剖析该领域职务犯罪的特点和高发的原因，提出对策性意见建议。

一、我市农村基层组织人员职务犯罪的特点

通过对我市查处的农村基层组织人员职务犯罪案件进行分析，发现具有以下规律和特点：

1. 犯罪主体明确，村支部书记职务犯罪高发。全市检察机关立查的 79 件 109 人农村基层组织人员职务犯罪案件中，村支书有 67 人，占总人数的 61.4%；村会计、出纳、保管有 23 人，占总人数的 21.1%，其他村干部如村主任、村专职计生主任、村委委员和村生产领导小组组长有 19 人，占总人数的 17.4%。这些掌握着村内决策权和资金支配权的"三类人"，往往利用自身的职务便利，或相互勾结，共同作案，或拉拢乡镇干部和其他国家机关工作人员，共同腐败，成为了农村基层组织人员职务犯罪的高发人群。

2．犯罪性质单一，贪污、受贿为主要罪名。从我市查办的 79 件 109 人涉农惠农领域农村基层组织人员职务犯罪案件看，基本为贪欲型犯罪，从案件的定性看贪污犯罪案件 55 件 79 人，占案件总数的 70% 和总人数的 72%；受贿犯罪案件 28 件 30 人，占案件总数的 35% 和总人数的 28 %；挪用公款犯罪案件 5 件 5 人；职务侵占犯罪案件 3 件 8 人。涉案人员利用职务之便和监管漏洞，或虚报骗取，或掌握本村村民身份手续冒领，甚至直接非法占有各项资金，贪污、挪用国家下拨的惠农补贴款项、救助款以及拆迁补偿款；或者在协助人民政府从事公务过程中，利用职权，收受贿赂，以权谋私。

3．涉案领域集中，手段简单直接。随着社会主义新农村建设和农村扶贫开发力度的加大，建房、修路等基础建设用地大幅度增长，土地征用、危房改造、农渔业专项补贴等项目给农村带来了大量资金，但由于缺乏必要的监督制约，涉农惠农领域成为了"村官"职务犯罪的高发区。该类案件主要涉及到危房拆迁改造、农田水利基础设施建设、惠农救济补贴和集体资金管理等方面，其主要作案手段归纳起来有以下几种：一是收入不入账，直接占有。在查处的贪污挪用公款案件中，基本上采取收入不入账、重复支出、重复报销的手段，直接揣入个人腰包。二是虚假列支，冒领公款。利用职务便利，虚列、虚增符合条件的人员，瞒报开支，冒领各种补贴款。三是挪用公款，损公肥私。对将上级拨付给村集体或村企业的款项挪归本人、亲友使用。四是利用职权，索要钱财。在土地开发转让、审批村民建房、用地，村级企业承包、上报惠农资金以及计划生育管理等工作中，利用职务之便收受贿赂。

4．群体性趋势明显，窝案串案多。2012 年至今，查办的农村基层组织人员职务犯罪案件中，窝串案 25 件 56 人，分别占该类案件总数的 32% 和 51%，往往通过查办一案一人牵出一片多人，共同犯罪情况突出，窝串案比例较高。通过查办该类案件发现，涉案人员内外勾结，上下联手，互贪互惠的利益小团体屡见不鲜，他们往往利用自身的职务便利，

到社区开展职务犯罪讲座

互相勾结，共同作案。有的是村支书、村主任和村委会其他成员集体贪污公款，有的是村干部和财务人员一起策划采取财务技巧来支取钱款或摆平账目，有的还牵涉到乡镇主管干部，明目张胆地从事犯罪活动，共同腐败。

5.犯罪危害严重，社会影响恶劣。由于农村基层组织人员工作面向农村和城镇社区，直接与基层群众打交道，他们的违法犯罪往往触及群众的切身利益，群众深恶痛绝。农村基层组织人员的贪污、受贿、职务侵占、挪用公款等发生在涉农惠民领域的腐败犯罪行为，严重影响和制约了农村集体经济的发展，破坏了国家法令和政策在农村的实施，使群众对党和政府的信任度下降，容易引发集体上访，造成干群关系紧张，激发社会矛盾。莒县检察院对近3年受理的信访案件进行统计分析，发现举报农村基层组织人员职务犯罪的案件占受理信访案件总数的比例高达49.1%，严重破坏社会的公平正义以及和谐稳定，影响社会长治久安。

二、当前我市农村基层组织人员职务犯罪的原因分析

在当前国家不断加强社会主义新农村建设的形势下，农村基层组织人员职务犯罪日益呈现常态化、密集化、隐蔽化的趋势。深刻剖析其原因，除农村基层组织人员自身素质不高、法律意识淡薄等原因外，相关配套管理制度执行不严格、不到位也是主要原因。

1. 惠农资金申报发放存在漏洞，核查制度落实不到位。由于国家惠农资金项目比较多，目前在资金发放管理上，大多采取区县级主管部门牵头，乡镇为主，村为基础，各尽其责的做法。各项基础数据基本上都是由村级组织负责调查摸底，最后由乡镇汇总上报发放。实际操作过程中，受基层组织人员编制紧缺与工作对象多、情况千差万别的矛盾影响，主管部门之间配合不到位，乡镇积极性不够高、主动意识不够强，村委会又不能够做到完全认真履职，部分村干部甚至心存私心，加大了这项工作的压力。乡镇或区县级主管部门对村里的一些具体情况不够清楚，还不够掌握，无法一一核实，又对村委会及具体经办人员的管理监督不到位，导致申报核查制度无法有效落实，基础数据不准确，该调查的未调查，该核准的没核准，虚报数字、套取资金的现象频发，犯罪分子长期隐蔽作案。

2. 村级财务管理混乱，公示制度执行不严格。政府对农村基础设施建设投入的增加以及涉农惠民政策的落实，土地征用补偿款和各种惠农补贴成为农村集体经济收入的主要来源。这些款项往往额度较大，在实际操作中又存在非常规性、临时性以及使用管理的非规范性，成为了农村基层组织人员非法牟利的主要目标。现实中村级财务管理不够规范，有制度却不落实，收支审批不严格，透明度不够，民主理财流于形式，这样就滋生了农村基层组织人员职务犯罪的温床。有的收支无制约，村干部支出、审批一人说了算，自批自报。有的账目不健全，不按规定建账，报账做帐不及时，白条子下账、假票据入账，村干部乱花钱，直至贪污侵占公款。有的村财务人员业务水平低，账务处理随意性大，缺乏法纪观念。

3. 村民自治意识欠缺，监督制约机制不健全。部分农村基层组织人员对村民自治的认识观念亟待转变，村级组织执行管理事务时缺乏有效的法律制度支持，少数农村的规章制度和工作程序不完善，权力仍集中在村支书、村主任等个别或少数人手中，群众不敢也不知监督，民主管理制度形同虚设，没有发挥其应有的作用。个别村干部独断专行，"一言堂"现象还依然存在；有的村委会成员与现任村干部之间关系密切，甚至是亲戚关系；有的村干部分工不清，职责不明，造成人、财、物权主要集中在村支书、村主任手上，其他干部不敢或不愿意提意见。从农村基层组织内部看，规章制度、工作程序不健全，或者有制度不执行；从外部看，民主监督制约不到位、不及时，这都使不法分子有了可趁之机。

4.部分农村基层干部政策水平偏低，法律意识和宗旨意识淡薄。有些基层干部不注意学习领会党和国家的方针政策，对政策理解不深不透，执行政策不坚决，不自觉，群众认可度低。有的基层干部贯彻落实各项政策，不能与本地实际相结合，不能创造性的开展工作，囿于小团体和自身利益，把手中的权力看做是捞取实惠的资本、享乐的依托，由公仆蜕变为"老爷"。有些基层干部法律意识淡薄，以权压法，以言代法，不能依法理政，依法治村，有时还激化矛盾，任期内滥用权力，为政不廉，降低了基层党组织和村干部在群众中的威信。有的基层干部工作作风漂浮，方法简单粗暴，民主意识差，搞一言堂、家长制，缺少正常的民主气氛。有的以权谋私，偏亲向友，有的贪图享受，腐化堕落，在利益诱惑下，价值观、人生观和世界观发生扭曲，不惜铤而走险。

三、预防农村基层组织人员职务犯罪对策建议

农村基层组织是党在农村工作的基础，是贯彻落实党的方针政策、推进农村改革发展的战斗堡垒，是领导农民群众建设社会主义新农村的核心力量。预防和减少农村基层组织人员职务犯罪的发生，遏制民生领域职务犯罪现象新的滋生和蔓延，是当前反腐倡廉一项艰巨而繁重的任务。通过对我市近年来农村基层组织人员职务犯罪案件特点和规律的分析研判，我们认为进一步构建完善的预防策略，主要做好以下几个方面的工作：

1.强化三条措施，健全惠农资金补贴发放核查制度，确保专款专用。一是进一步健全规范惠农资金补贴发放工作制度，建议对所有惠农补

贴和资金项目进行整合归并，避免重复交叉。严格办理流程，完善申报发放核查相关制度，从评选、公示、发放等方面把关，坚决杜绝走后门、托关系、假冒领等恶意骗取、套取惠农资金补贴等违法行为的发生，确保惠农政策落实到人，落实到户，公平公正。二是进一步强化监督管理和责任考核，建立自上而下和自下而上的双向监督机制。加强惠农资金补贴的检查，将重点专项检查与经常性检查相结合，提高行政效率和资金使用绩效，改变过去"重补贴轻监管"的状况。强化责任考核与追究，实行以制度管人，规范运作，确保民生资金真正落到实处。审计部门要把惠农专项资金纳入审计和检查的重点，严查资金发放和管理环节中的"跑、冒、滴、漏"问题。三是进一步加强对惠农资金补贴信息的公示和反馈，以村组为基础，试行惠农补贴层层公开的制度，畅通自下而上的咨询举报渠道，限时解决群众反应的问题，让国家惠农资金补贴在阳光下得以兑现。

2.落实三项制度，完善村级民主管理制度，加强内外部监督制约。一是严格落实村委集体负责制。加强对两委成员的监督，包村干部、社区驻村"两委"成员是否切实发挥作用，对重大村务活动是否讨论、过程是

职务犯罪庭审现场

否规范、结果是否公开、财务制度是否落实到位等方面展开重点监督，并对监督结果追究责任。二是严格落实村级财务管理制度。落实"村级民主理财，政府监督管理，社会公开监督"规范的管理制度，大项支出必须经村委班子集体研究、集体审核，堵塞漏洞。落实农村财务审计制度，特别是加强对城中村改造、惠农建设项目、土地出让、农林渔专项补贴发放等的监督管理，通过检查、抽查、跟踪监督等手段，对项目进展和有关财务收支进行监督管理，杜绝以权谋私或滥用职权进行贪污受贿等违法行为。三是严格落实村务公开制度，让农民及时了解知悉国家惠农强农政策，了解村级财务收入和支出的依据、项目、金额，增强村务的透明度和公信度。

3.做到三个注重，加强队伍建设，引导村干部树立正确的权力观。一是注重完善农村基层干部选拔任用机制，把好村干部入口关。要高度重视、有效组织村"两委"换届选举工作，不符合法律规定的人坚决不能参选，真正把品行正、能力强、素质高的人才选任到村干部队伍。检察机关应立足职能，依法监督审查选民代表及任职资格，对已掌握和发现的涉嫌职务犯罪的参选、备选人员以及不符合参选、候选人资格条件的人员，配合纪检、组织部门和选举机构调查核实，防止"带病参选""带病提拔""带病上岗"。对现任村民委员会成员中，因犯罪被法院宣布追究刑事责任的，应及时建议有关部门终止其职务。二是注重加强思想警示教育，结合当前开展的"两学一做"学习教育活动，推动思想政治建设常态化、制度化，教育引导广大党员切实用习近平总书记系列重要讲话精神武装头脑、指导实践，用党章党规规范言行。积极发挥廉政警示教育基地的作用，结合近年来查办的农村职务犯罪典型案例，通过法制讲座、图片展览、旁听庭审等形式，教育引导农村基层干部正确认识行使手中的权力，提高为群众服务的自觉性，夯实廉洁自律的思想基础，自觉抵制各种不正之风和腐朽思想的侵蚀。三是注重健全农村基层干部监督激励机制，建立村干部每年向党员和村民汇报工作制度，自觉接受群众民主评议。实行审计监督制度，每年对村党支部书记和村委会主任审议。在不增加农民负担的情况下，适当提高农村基层干部的待遇，对实绩突出，贡献较大的尤其是在新农村建设中完成急难新任务方面工作出色的，予以奖励。

4.突出三个层面，坚持标本兼治，强化惩治和预防职务犯罪工作。一是坚决依法查处农村基层组织人员职务犯罪行为。对侵害农民利益、影响农村稳定和农业发展的职务犯罪案件，尤其是利用管理或经办救灾、扶贫、移民、土地征用补偿等专项资金过程中发生的贪污、受贿、挪用公款等职务犯罪案件，要严厉打击。同时，要重点查处和打击在基层"两委"选举过程中的"六类"破坏选举的犯罪案件，在地方党委、人大统一领导和监督指导下，加强与公安、法院等部门的联系和配合，适时提前介入，充分发挥检察机关的法律监督作用，为基层两委换届工作营造良好的外部环境。二是逐步建立社会化职务犯罪预防网络。健全完善预防联络员、预防志愿者、预防文化传播点等社会化预防新机制，大力推进预防职务犯罪进村到户活动，营造"廉荣贪耻"的乡村廉政文化氛围。加强与涉农扶贫职能部门协调联动，建立健全信息共享和情况通报机制，打造财政专项扶贫资金项目信息监管共享平台。结合近年来查办的农村基层组织人员职务犯罪案件，积极开展专项预防调查、典型案件分析工作。深入排查涉农领域制度隐患和职务犯罪风险点，研究提出建章立制、加强风险防控的预防建议，为党委政府建言献策，促进工作管理制度完善和体制机制创新。三是畅通群众信访渠道，建立信访接待长效工作机制。认真做好群众来信来访工作，向社会公布办公地址和工作电话，提供咨询服务，对涉农信访的举报线索及材料，及时审查，谨慎分流，针对具体情况妥善处理线索，及时安抚群众情绪，有效解决群众诉求，将基层矛盾化解在萌芽状态。要充分发挥"民生热线"及派驻检察室、派出所、司法所等相关基层单位的职能作用，根据党委政府工作的安排和需要，采取巡回走访的方式定期下站点巡访，及时掌握发生在基层农村的新情况、新问题，及早报告，提前处置。积极发挥市纪委和市委政法委的领导协调作用，建立完善信访部门与公安局、法院、检察院、司法局"涉农信访案件沟通"机制，全面掌握涉农信访案件动态，建立应急处置工作机制，加强对突发事件的防范和处置。

（刊登于山东省检察院 2016 年《检察调研与指导》第 3 期。该报告被日照市委、市政府评选为 2016 年度全市优秀调研成果一等奖，列为 2016 年全市"十三五"时期重点难点课题调研报告）

关于 2016 年度职务犯罪综合分析
和预防对策的报告

日照市人民检察院

2016 年，全市检察机关在市委和省检察院的领导下，认真学习贯彻党的十八大和十八届三中、四中、五中、六中全会精神，坚持"标本兼治、综合治理、惩防并举、注重预防"的方针，紧紧围绕全市工作大局，突出重点，强化措施，依法查办了一批职务犯罪案件，积极开展了一系列预防活动，为从源头上预防和减少职务犯罪案件的发生、促进全市惩治和预防腐败体系建设、优化全市经济社会发展环境发挥了积极作用。现将 2016 年全市检察机关查办和预防职务犯罪情况报告如下。

一、全市查办和预防职务犯罪工作基本情况

2016 年，全市检察机关认真贯彻中央、省委、市委关于反腐倡廉的决策部署，坚持"老虎""苍蝇"一起打，按照"稳中求进、突出重点、文明规范、确保安全"的工作思路，突出查办党委政府关注、群众反映强烈、影响社会稳定、阻碍经济发展的职务犯罪案件，继续保持了惩治腐败的强劲势头。全年共立案侦查各类职务犯罪嫌疑人 77 人。其中贪污贿赂案件 57 人，渎职侵权案件 20 人。按罪名分布，贪污案 21 人，受贿案 22 人，行贿案 8 人，挪用公款案 4 人，利用影响力受贿案、介绍贿赂案各 1 人；滥用职权案 13 人，玩忽职守案 7 人。侦查终结并移送审查起诉 70 人，提起公诉 66 人，法院已作有罪判决 94 人（含积案），全部为有罪判决。其中被判处 3 年以上刑罚 17 人，被判处 10 年以上刑罚 1 人。办案中坚持宽严相

济的刑事政策，既严肃查处犯罪，又努力维护正常的生产经营和社会管理秩序，通过办案服务大局的效果得到凸显。对涉案企业慎用查封、扣押、冻结企业财产等措施，时刻注重维护涉案企业的正常经营秩序；在查处教育系统系列贪污贿赂犯罪案件时，对学校负责人慎用拘捕措施，尽量减少对学校教学和管理工作的影响，保证了全市中、高考有条不紊进行。查办职务犯罪工作呈现力度、质量、效率和效果整体提升的良好态势。

在加大办案力度的同时，全市检察机关牢牢把握习近平总书记"预防职务犯罪出生产力"的重要论断，紧紧围绕改革发展稳定大局和市委、市政府"突破园区、聚力招引"决策部署开展查办和预防职务犯罪工作，与市委扶贫办会签集中整治和加强预防扶贫领域职务犯罪专项工作方案，针对"十大精准扶贫行动"开展专项整治和预防职务犯罪工作；与市国资委会签《关于在市属国有企业共同开展预防职务犯罪工作的意见》，在全市国有企业开展预防职务犯罪工作；积极开展"检察官联系大项目"活动，先后在日照机场等20项重大投资项目中开展同步预防；向党委、人大、政府提交年度报告、专项报告7份，向相关单位提出建章立制、堵塞漏洞的检察建议12件，有5份调研报告或检察建议得到市、县主要领导批示；积极开展送法进乡镇、进农村、进工地、进机关活动，上法制课、开展法律宣传128场（次），受教育人数超过10 000人；拓宽行贿犯罪档案查询应用领域，受理查询8039次，建议取消了7个单位和个人的市场准入资格；与2个部门建立预防协作机制，有效促进了社会化预防格局的形成。

二、当前职务犯罪的基本特点

分析2016年查办的职务犯罪案件，有以下特点：

1. 大、要案居高不下。查办的案件中，科级以上领导干部17人，占涉案总人数的22.1%，其中县处级干部3人。查办国家机关工作人员21人，占27.3%，其中行政机关19人、司法机关2人。贪污受贿20万元以上、挪用公款200万元以上的11件。渎职犯罪案件中造成150万元以上损失的

办案人员讨论案件

8件，造成500万元以上损失的3件。依法查办了东港区副区长李建富（副处级）受贿案，东港区政府副主席、区教育局长王文军（副处级）受贿案，日照市商务局副局长、日照市进出口公司破产组组长李仲全（副处级）涉嫌玩忽职守、受贿案，岚山港务有限公司葛平源挪用公款3750万元案，日照出入境检验检疫局副科长刘海峰滥用职权致使13 921.4吨转基因大豆和1037.266吨转基因玉米酒糟粕非法流入市场案，莒县蓝色经济区建设领导小组办公室副主任尹德华滥用职权致使山东省2014年区域战略推进专项资金被骗取人民币800万元案等。

2.教育领域贿赂案件多发。查办教育系统和相关部门的职务犯罪案件27人，贿赂犯罪案件就有25人，占93%。其中，受贿19人，行贿5人，介绍贿赂1人。涉案人员利用手中权力，大肆进行权钱交易。一是案件涉及面广。涉及政府分管领导、市区教育主管部门、市县图书发行机构、市直和4个区县11所小学、初中、高中，多家经营教辅材料、学生校服、学校基础工程建设的公司企业。二是犯罪主体以领导干部为主，占全部教育系统职务犯罪的 85% 。其中，分管教育的副区长、教育局局长各 1 人，市县教育局科长、副科长 4 人；小学、初中、高中校长、副校长 12 人（其中校长 7 人）；新华书店经理、副经理、科长 5 人。如东港区政协副主席、教育局长王文军利用职权，在辖区教师调动、内部人员调整、教育工程建设过程中，收受贿赂 240 余万元。三是教辅采购、校服订制、工程建设、学生招录等环节案件多发。如外地书商刘拥军为开拓教辅销售市场，从 2011 年至 2015 年，向日照实验高中副校长刘贤忠、日照第五中学副校长高鹏、莒县一中副校长杨志刚、市新华书店教材科科长卜现武、莒县新华书店副经理秦云玲等人行贿 90 余万元，涉案人员多，作案时间长，犯罪数额大，形成了行业潜规则。

3. 侵占国家惠农扶贫专项资金案件持续多发。近年来，涉及惠农扶贫专项资金的贪污受贿、渎职犯罪一直是发案最多的领域。2016 年查办社会主义新农村建设、民政社保、水利卫生、征地拆迁、低保农补、危房改造等领域职务犯罪案件 36 人，占立案总数的 46.8% 。而 2014 年、2015 年查处该类案件分别为 65 人、66 人，占立案总数的 73.9% 、76% 。这些犯罪发生在群众身边，涉及千家万户的切身利益，严重干扰党和政府保障民生政策的贯彻落实，损害党和政府形象。案件呈现以下几个特点：一是基层站所工作人员多。2016 年共查办 8 人，涉及财政所、国土所、渔政站、人社所、经管站、企业发展服务中心等 8 个乡镇站所。二是农村支部书记、村主任、村会计等村居"两委"多。共查处 21 人，其中 11 人涉嫌贪污国家基本建设征地拆迁款，7 人涉嫌伪造资料骗取国家对农村的危房改造专项资金，2 人涉嫌贪污国家渔业燃油补贴。三是基层经济管理人员多。共查处 6 人，涉及区县发改委、经信局、住建局、供销社、中小企业服务中心等部门。

4. 窝案、串案增多，群体性腐败严重。行政管理的多环节、多层次特征，使得每一个环节都容易发生钱权交易，形成相互牵连、一案多罪、一罪多人的串案窝案。主要表现为不同单位之间、关键岗位人员之间、领导与下属之间沆瀣一气，形成利益共同体。2016年，全市检察机关立查窝案串案67人，占立案总数的87%，其中渎职犯罪案件全部为窝案、串案。如在教育系统，全市检察机关上下联动，通过市教育局工作人员董庆元受贿案，查办了校服经销商李维俊行贿案，又从李维俊行贿案扩展，查办了教育局工作人员、学校校长6人受贿串案；通过书籍经销商刘拥军行贿线索，在新华书店查办5人受贿、挪用公款窝案，在学校查办8人受贿串案；五莲县检察院继2015年查处8人贪污国家危房改造补偿款案件之后，2016年又在该系统查处了6人。莒县检察院查处骗取国家拆迁补偿款的贪污受贿案4人，岚山检察院分别在日照市和岚山检疫检验局查处受贿、滥用职权案2人。

5．渎职与受贿犯罪交织，给国家造成巨大损失。国家机关工作人员滥用职权、玩忽职守，给国家和人民利益造成严重损害，其危害甚至比贪污受贿更为严重。据统计，2016年全市检察机关侦查终结的贪污受贿个案犯罪数额平均是15万元，而渎职犯罪的个案损失平均是150余万元，是前者的十倍。其中立案查处国家机关和申请补贴企业、个人相互勾结骗取财政专项

马啸受贿案庭审现场

补助资金案件 9 件，涉案金额 1900 余万元，平均个案损失 200 余万元。更有一些犯罪嫌疑人，为一己之利，不惜出卖国家利益，给经济社会造成严重危害。全年立查滥用职权、玩忽职守等渎职犯罪案件 20 人中，同时涉嫌贪污、受贿犯罪的有 18 人，占该类案件总数的 90%，较 2015 年增加 45%。涉案人员在收受贿赂后，就滥用职权或玩忽职守为行贿人谋取不当利益。如日照出入境检验检疫局副科长刘海峰利用负责出入境动植物检验检疫、进出口粮食企业监管等职务便利，非法收受日照兴裕嘉贸易有限公司总经理庄新生所送的现金和购物卡 11.4 万元，违反监管规定，擅自允许该公司将 13 921.4 吨转基因大豆非法卖给不具备加工资质的企业，并违规将该批次大豆进行了核销，致使上述转基因大豆脱离监管流入市场，造成恶劣社会影响。

三、职务犯罪的原因分析

任何犯罪的发生，都存在行为人主观因素以及环境、制度等客观因素等多方面的原因，职务犯罪更不例外。分析 2016 年立案查处的职务犯罪，其致罪因素主要可以归纳为以下几点：

1. 理想信念的缺失是职务犯罪的根本动因。"物必自腐，而后生虫"，世界观的蜕变、思想上的滑坡必然导致行为上的腐化。近几年所查的职务犯罪嫌疑人，在自我剖析犯罪原因时，都把"世界观偏执、价值观扭曲、人生观迷惘"等思想政治因素作为第一位的原因。据 2016 年的办案数据统计，36 岁～45 岁的行为人占贪污受贿总数的约 52.6%，而 36 岁～55 岁占贪污受贿总数的约 88%。这个群体处于政治事业稳步发展的职业黄金时期，又是权力和利益最容易发生冲突的时期。这些人大都有一个发奋读书、吃苦耐劳的学习史，有一个创造业绩、有所建树的创业史。但随着权力、地位的提升，政治素质却没有跟着提高，思想偏离正确轨道，抵制不过不良风气的侵蚀，任由私欲膨胀，对事业的追求变成了对物质、金钱的追求，最终滑入腐败犯罪的深渊。

2. 权力监督制约机制薄弱。一是监督机制存在缺陷。表现为权力内容和运行程序设置不够科学,监督者与实施者一体化,各监督部门缺乏有效的协作运行机制等。如骗取国家专项资金案件多发,就存在补贴项目资金的申报、审核、验收、检查监督等工作为同一部门或同一人负责的情形,"运动员"和"裁判员"为一体,致使监督形同虚设。二是民主监督的力度不够。权力运行的公开性、时效性不足,对于权力事项重形式公开轻实质公开、重内部公开轻社会公开,或者对权力内容、对象选择性公开,人民群众对权力的知情权、监督权缺乏实现手段。如危房改造补贴,只有村支部书记等少数人知情。另外,对关键岗位、关键人员,尤其是"一把手"的监督不到位。从查处的 77 人的职务来看,单位正副职领导、科室负责人 56 人,占 72.7%,其中单位"一把手" 29 人,占 37.7%。三是纪律监督的弱化。上级机关行政监督流于形式、司法机关打击不力、审计监督不到位等,都给职务犯罪留下隐患。有的单位发现干部违法违纪的问题,为了单位形象和个人前途,或者考虑人情关系,往往内部消化,不能产生应有的威慑力。

3. 贪欲和侥幸使行为人变得有恃无恐。贪婪是贪污贿赂等职务犯罪的共同心理,是走上犯罪道路的主要思想基础。他们为了钱财,可以不择手段,铤而走险,肆意收受贿赂、挪用侵吞公款。如市教育局勤俭办工作人员董庆元利用职务便利,为他人谋取校服生产订制、学校食堂承包及厨具购置等方面的利益,于 2013 年到 2016 年的四年间,共收受 12 人 38 次贿赂计 40 余万元。更有甚者,董庆元还以校服质量不合格、定价不合理、需要帮助公关等为由,向校服加工企业索要大额财物,并为本部门领导多次捎带贿赂款。他们对于违法违纪甚至职务犯罪,明知不可为,但利令智昏,总认为能侥幸逃脱。有的认为新旧体制转换,制度还不完善,有空子可钻;有的认为自己行为隐蔽,手段高明,谁也发现不了;有的认为现在违法犯罪的多,查处的少,自己不可能撞在枪口上;有的自认为有地位、有本事、有背景,没有人会怀疑,没有人敢查。但最终没有人能逃脱法律制裁。

4. 行为人的法律意识淡薄。从受贿人的角度,他们多数是"知法犯法"。据统计,行为人中受过高等教育(大专以上学历)的人占 60%,这些人对职务犯罪及其后果应该具有基本的认识，但他们在敛财时全然将道德和法律观念抛之脑后，完全不考虑行为的严重后果。而行贿人往往选择传统节日期间登门拜访，以人情往来为幌子消除受贿人的抵制情绪，混淆情与法的界限。有的行为人到案后以"不知道是受贿，系过节走访"为借口为自己的行贿受贿行为开脱和辩解，自欺欺人、自我安慰。如东港区原副区长李建富涉嫌受贿的 100 余万元，多数是在春节、仲秋节期间收受的。很多行贿受贿行为，以人情往来为借口，长期进行感情投资。查办的案件中，涉案人员作案次数多，多为 5 次以上，有的上百次，作案持续时间长则十几年，短则二三年，行贿、受贿双方形成较为稳定的利益共同体。

四、预防对策及建议

党的十八届六中全会、习近平总书记在中央纪委七次全会上的重要讲话和中央印发的《建立健全惩治和预防腐败体系 2013 — 2017 年工作规划》，都对加强反腐倡廉建设作出了具体部署，要求以猛药去疴、重典治乱的决心，以刮骨疗毒、壮士断腕的勇气，坚决把党风廉政建设和反腐败斗争进行到底。为此建议：

1. 继续推动构建党委领导下的社会化预防职务犯罪的大格局。一是进一步完善党委领导下的预防工作机制。要积极推动建立和完善社会化预防职务犯罪网络，真正把预防职务犯罪工作融入到党委领导下的反腐败总体格局中去。各相关单位按照惩治和预防腐败体系的要求，明确责任，推动全市预防腐败大格局的进一步完善。二是加大反腐倡廉公共宣传力度。广播、电视、报刊、网络媒体等要发挥反腐倡廉公共宣传平台的作用，通过开辟专栏、播放廉政短片、公益广告等不断丰富反腐倡廉公共宣传形式，扩大受教育面，推动风清气正社会风气的形成。三是深化廉政教育，筑牢拒腐防变的思想防线。特别要做好"干部提拔上任前、重大工程开工前、节庆活动前、村两委换届前、党校开班前"对党员干部的警示教育，使之成为一种长效预防机制。检察机关要进一步树立大局意识、责任意识和服务意识，当好党委在预防工作方面的参谋助手和法律顾问。要加强与有关部门、单位的联系，在重点行业和领域大力开展系统预防，促进具有行业和领域特色的预防工作格局的形成。

2. 坚持以零容忍态度惩治腐败，保持对腐败的高压态势。严肃查办不收敛不收手、问题严重、群众反映强烈的领导干部贪污贿赂案件，突出查办贪污贿赂大案要案、国家机关工作人员贪污贿赂案件；严肃查办妨害国家经济发展战略实施、影响改革举措落实、危害政府投资和国有资产安全的贪污贿赂案件；严肃查办换届选举中拉票贿选、买官卖官、权钱交易等案件；严肃查办发生在群众身边的涉农惠农、教育医疗、社会保障、征地拆迁等脱贫、民生领域职务犯罪案件；严肃查办收受贿赂为"村霸"和宗族恶势力充当"保护伞"的职务犯罪。继续深入开展集中整治和加强预防扶贫领域职务犯罪专项工作；深入开展惠农扶贫、工程建设、生态环保、医疗卫生、食品药品安全、交通基础设施等领域专项侦查行动，依法严惩"去产能、去库存、去杠杆、降成本、补短板"中危害新产业新业态的职务犯罪，以惩治腐败的新成效取信于民。

3. 切实加强对财政专项资金的监督。要加强财政专项资金申报、审批、使用、验收全过程的监督。一是引入外部监督和制衡机制，财政补贴资金的发放、使用情况要定期抄报同级纪检、审计和检察机关，增加外部监督力度，克服信息壁垒和杜绝内外"两本账"的情况。二是强化行政机关在项目审批、验收等方面实质审查的责任，建立权力明确、责任清晰、权责相当的运行机制。建立项目审核、验收、资金使用监管等环节由不同部门、不同领导负责的制度，杜绝"运动员"和"裁判员"一体的现象；关键岗位人员定期轮岗，切实防止权力过于集中而形成不正当利益群体。三是加强各部门联合执法检查。财政等政府职能部门和审计、纪检监察和检察机关应立足本职职能，加强资金拨付前的审核和使用中的监督检查，严格按照批准项目的名称、内容和规模实施，不得擅自变更。四是进一步完善信息公开制度，依法全程、全面公开财政补贴信息。财政等政府相关职能部门要定期公布财政补贴的数量、对象、用途和实效，切实改变重申报轻实效的倾向。要充分保障群众的知情权，通过网络、广播电视报纸等媒体对财政补贴政策广泛宣传、公示，使人民群众普遍知悉。

4.围绕全市经济社会发展大局，广泛开展专项预防。一是深入推进扶贫开发领域专项预防工作。加强与财政、民政、农业、林业、水利、农机、畜牧等部门的联系沟通，健全完善扶贫开发领域社会化预防工作格局，更好服务精准扶贫政策落实落地。检察机关要协助扶贫开发领域有关部门健全完善扶贫开发资金管理体制机制，为党委政府精准扶贫建言献策，促进源头治理。二是围绕"突破园区、聚力发展"战略，筛选重大投资项目开展专项预防。通过设立预防警示牌、设置举报箱、公布举报电话，加强对重大项目设计规划、招标投标、工程施工、资金拨付、质量验收等关键环节的监督检查。全面推行行贿犯罪档案网上查询系统，加大对查询结果的运用监督力度。三是深入推进国有企业专项预防工作。通过健全警示教育长效机制、开展调查研究、加强廉政风险防控机制建设、行贿档案查询、查办案件等手段，深化我市国有企业、尤其是国有投资企业的预防职务犯罪工作。

（2017年2月21日）

关于开展"一村（社区）一法律顾问"工作情况与报告

日照市司法局

一、基本工作情况

近年来，我市根据省委、省政府关于在全省开展"一村（社区）一法律顾问"工作的重大决策部署，采取先行先试、全面推开的方式，紧扣目标任务，精心组织，扎实推进，切实打通司法惠民"最后一公里"，"一村（社区）一法律顾问"工作取得突破性成效。全市将 538 名法律顾问分配到 3029 个村（社区），法律顾问实现全覆盖。截至目前，全市法律顾问共接待各类服务对象 15 320 人次，举办法治讲座 2539 场次，代写法律文书 3185 件，解答法律咨询 16 870 次，办理法律援助 183 件，成功调解各类矛盾纠纷 3789 件，填写法律顾问进驻村（社区）基本情况调查问卷 15 237 份，工作取得显著成效。

1. 强化组织领导，凝聚工作合力。以市委、市政府两办名义印发《关于开展"一村（社区）一法律顾问"工作的实施意见》，市司法局与市财政局联合印发了《"一村（社区）一法律顾问"工作补助经费管理暂行办法》《政府购买公共法律服务办法》，出台了《贯彻落实〈关于开展"一村（社区）一法律顾问"工作的实施意见〉的工作方案》。各区县迅速进行动员部署，推动以区县"两办"名义出台具体的实施意见，印发《"一村（社区）一法律顾问"工作实施方案》《"一村（社区）一法律顾问"补助经费使用办法》《"一村（社区）一法律顾问"人员分配（双向选择）的实施方案》

岚山区驻村法律顾问举办法治讲座

《法律顾问工作考核办法》等配套文件，为推动工作全面落地提供了政策支持。市司法局成立了以局主要领导为组长的"一村（社区）一法律顾问"工作推进领导小组，领导小组下设办公室，具体负责"一村（社区）一法律顾问"工作的组织协调及日常工作。召开全市"一村（社区）一法律顾问"工作现场观摩推进会议，通过现场观摩、情况交流等形式，进一步深化思想认识，全面推进"一村（社区）一法律顾问"各项工作落实到位。

2.健全完善机制，夯实服务阵地。把"一村（社区）一法律顾问"工作纳入全市公共法律服务体系建设之中，与其他公共法律服务项目统一部署，统一安排，统一管理，统一考评，互相衔接，融为一体，使"一村（社区）一法律顾问"工作成为公共法律服务体系的有机组成部分。坚持用制度管人管事，推进工作规范化、常态化、长效化，建立健全法律顾问管理制度、重大事项报告制度、信息公开制度等，有效促进法律服务质效提升。以法律顾问工作规范为重点，在全市统一完善了法律顾问合同、法律顾问工作流程、法律顾问工作台账、法律顾问工作日志、法律顾问工作档案制作标准等各项工作制度和规范标准，做到合同、流程、台账、日志、档案"五规范"。区县司法局对"一村（社区）一法律顾问"工作相关文件及制度统一规范后汇编成册发放到法律顾问和所在村（社区），重要工作制度在法律顾问所在村（社区）统一制作了上墙版面。在全市所有村居（社区）普遍建立司法行政工作室，将法律顾问工作职责、联系方式、坐班时间等信息全部公示公开，夯实了法律顾问工作阵地。

3.创新服务模式，提供精准服务。建立"互联网+法律顾问"制度，线上、线下同步推进，将"一村（社区）一法律顾问"工作纳入全市司法行政信息化建设的大平台统筹谋划。在岚山区试点运行"一村（社区）一法律顾问"工作信息系统，利用互联网技术，与传统的法律服务模式相结合，方便群众线上、线下同步申请法律服务，同时从宏观上实时掌握辖区内"一村（社区）一法律顾问"工作开展情况，为法律顾问工作情况的分类分析、群众法律咨询、法律顾问工作的考核等提供了信息化保障。建立市、县（区）、镇（街道）、村（社区）四级微信群，群众可以通过扫描二维码或通过添加村（社区）法律顾问的微信号加入群聊寻求法律帮助，搭建起为群众提供法律服务的"前沿阵地"。通过运用微博、微信、QQ等新媒体手段，发布政策文件，介绍工作动态，展示工作成果，宣传先进典型，实现法律顾问工作情况的信息化管理和在线服务。

4.落实经费保障，激发工作活力。建立经费保障机制，落实《"一村（社区）一法律顾问"工作补助经费管理暂行办法》规定，2017年法律顾问补助经费按照每村（社区）每年3000元标准，由省、市、县财政分别按照20%、30%、50%的比例全部落实到位，极大调动了法律顾问的工作积极性。去年以来，市局组成督导检查组，先后两次对各区县"一村（社区）一法律顾问"补助经费落实情况进行督导检查和调研，确保目标任务的完成。

5.强化督查考核，确保质效双升。加强对村（社区）法律顾问服务质量的管理，制定"一村（社区）一法律顾问"工作配档表和推进方案，建立

岚山区村（社区）法律顾问召开每周例会

"周调度、月推进、季通报"制度，做到"一周一跟进，月月有进展"。出台《"一村（社区）一法律顾问"工作考核办法》，乡镇（街道）司法所每半年检查村（社区）法律顾问工作不少于 1 次，通过实地查看、台账检查、听取村（社区）组织和群众意见等形式，及时发现工作中存在的问题和不足。建立法律顾问"红黑榜"制度，对检查和评估结果，在本辖区范围内及时公布，切实推行法律顾问补助与考核挂钩，推动"一村（社区）一法律顾问"工作真正在基层落地生根，取得实效。

二、存在的问题

我市"一村（社区）一法律顾问"工作开展以来，虽然取得了一定的成效，但在推进工作中也还存在一些困难和问题。

1. 法律服务资源分配不合理。各区县普遍存在法律服务人员分布不合理，而行政区划量大面广，在分配资源时，虽然本着双向自愿的原则，首先由法律服务人员和行政村自愿双向选择，但是大多数还是靠司法行政机关分配，这种分配很难能够做到双方均处于自愿，这很大程度上制约着双方的工作开展深度和广度以及工作的积极主动性，已经成为制约这项工作开展亟需解决的首要问题。

2.经费落实不及时。各区县在"一村（社区）一法律顾问"补助经费落实上存在相互等待观望思想，尽管省、市早就下发了"一村（社区）一法律顾问"经费保障的文件，但区县在经费保障方面存在落实难的问题。

3.宣传渠道不顺畅。法治宣传大都通过村庄的大喇叭吆喝几句，形式单一，内容单调，针对性不强，村（社区）干部对法律顾问开展法律宣传异常反感，尤其对涉及拆迁、土地流转、企业承包和选举等与群众密切相关的法律法规，从思想上错误地认为村民知法多了不好管理，影响村（社区）的稳定，影响到书记的连任和利益的分配，极大阻碍了顾问作用的正常发挥。

三、几点建议

1.充分发挥党委政府主导作用。"一村（社区）一法律顾问"工作是由政府购买、服务群众的惠民工程，是精准普法的重要形式，政府出钱购买法律服务是必须的。提倡政府主导，但推动该项工作落实的是司法行政机关，因此要想得到各级党委政府重视和支持，必须经常性向党委政府汇报工作，同时要发挥好司法行政部门职能作用，切实当好党委政府的参谋助手，只有时刻站在党委政府的中心大局来谋划我们的司法行政工作，才能赢得党委政府的关心和支持，才能推动我们司法行政工作的顺利开展。

2.健全完善监督机制。完善对村（社区）法律顾问的考核办法，制定考核评估实施方案，建立实地考评和群众电话满意度回访两套评估体系，每年对村（社区）法律顾问工作进行评估，根据评估结果，对村（社区）法律顾问进行奖惩，该表彰的予以表彰，该撤换的撤换，该惩戒的予以惩戒。切实推行法律顾问补助与考核挂钩，形成"补助看考核，考核看档案，档案看内容，内容看实效"的考核工作链。

3.依据实际调整补助机制。按照《"一村（社区）一法律顾问"工作补助经费管理暂行办法》规定，法律顾问补助经费按照每村（社区）每年3000元标准发放，但在实际工作中，法律顾问所服务的区域距离不同，提供的服务内容也有所差异，单一的补贴标准无法弥补法律顾问服务边远区域和提供差异化法律服务的费用。建议省厅做好顶层设计，调整补贴机制，根据实际情况确定法律顾问服务费补贴，以此调动法律顾问工作积极性。

4. 健全完善培训机制。"一村（社区）一法律顾问"工作直接面对基层群众，办理的大都是细微琐事，单凭一腔热情和法律知识不一定能处理好群众问题，法律顾问要根据各村（社区）不同情况，摸清吃透村情民意；司法行政机关要根据工作实际，有针对性的定期培训法律顾问，使法律顾问服务懂民情、知民意、接地气。建议省、市、县三级建立起法律顾问培训制度，每年集中一定时间通过省市下派专家授课方式，提升法律顾问素质能力和水平。

5. 扩大社会宣传。进一步扩大宣传力度，除通过广播、电视、报纸、互联网等媒体进行广泛宣传外，还要通过村民代表大会、驻村干部走访等形式进行宣传，切实营造全社会共同支持参与"一村（社区）一法律顾问"工作的良好氛围。建议省、市两级建立起"一村（社区）一法律顾问"工作宣传机制，通过开设专栏、电视专访等形式，助推"一村（社区）一法律顾问"工作顺利开展。

（2018年6月8日全省"一村一法律顾问"座谈会材料）

第十章 新闻报道

一、特稿

创新机制助推扫黑除恶向纵深发展

日照市委常委、政法委书记 耿学伟

自扫黑除恶专项斗争开展以来，山东省日照市深入学习贯彻习近平总书记重要指示批示精神和中央、山东省委部署要求，进一步把准政治方向、坚定政治信心、强化政治担当、压实政治责任，创新落实"一三五七"工作机制，助推扫黑除恶专项斗争向纵深发展。

牢树"一盘棋"思想，增强专项斗争整体合力

市委、市政府把专项斗争摆在全局工作的突出位置，"逢会必讲、逢查必督"。市委书记亲自挂帅担任领导小组组长，对专项斗争亲自部署、亲自过问、亲自督导，先后13次作出批示，14次召开市委常委会议研究部署各阶段重点任务。市纪委监委、市委组织部、市委政法委和市直政法机关等

2018 年，破获东港区"张氏兄弟"黑社会性质组织案

31 个专项斗争领导小组成员单位主要领导全程跟踪，全员参与，一体化作战。市扫黑除恶专项斗争领导小组及办公室先后 23 次召开有关会议，及时传达上级指示精神、安排部署工作任务、会商研判重点案件。组成督导组先后到基层督导 8 次、巡查暗访 12 次，助推专项斗争落地落实。构建市、县、乡、村四级书记齐抓扫黑除恶工作格局，逐级开展约谈、逐级压实责任，实现了 6 个区县、55 个乡镇、1730 个村居（社区）、76 个基层派出所全覆盖。坚持把扫黑除恶与加强基层组织建设相结合，对 305 个软弱涣散村党组织建立问题台账，组织专班集中整治，对存在黑恶势力的 6 个行政村选派第一书记驻村整顿，处理问题村干部 13 人。

坚持"三个导向"，提升专项斗争工作效能

坚持问题、目标、战果三个导向，坚定信心决心，抓好统筹谋划，真正做到有黑必扫、有恶必除、有伞必打、有乱必治。一是坚持问题导向。深入学习贯彻全国扫黑办历次会议精神，对照指出的"三大阶段性特征""六大

阶段性瓶颈""六种苗头性问题"等阶段性特征及问题,采取专题调研、实地督导、参观见学等方式,下大力纠治认识不足、措施不实、标准不高、力度不大、发展不平衡等突出问题,在发现问题、研究问题、解决问题中提质增效。二是坚持目标导向。紧紧围绕深挖根治总体目标,开展常态化专题调研,形成"深挖根治""打伞破网"中存在的突出问题及对策等专题报告,为高质量完成目标任务提供保障。三是坚持战果导向。坚持"以战果论能力、以战果论水平、以战果论作风、以战果论英雄"的导向,压茬开展黑恶线索案件"回头看"、线索核查"百日会战"、反腐打伞"攻坚战"、重点行业领域整治"破袭战"等专项行动,以雷霆之势"扫黑帮、打黑伞、挖黑财、断黑网、刨黑根"。截至目前,共打掉各类黑恶势力团伙 69 个,其中黑社会性质组织 5 个,涉恶犯罪集团 28 个,涉恶犯罪团伙 36 个,刑拘犯罪嫌疑人 460 人,破获刑事案件 764 起,查封、冻结、扣押涉案资产 8.4 亿元。

突出"五个聚焦",推进专项斗争向纵深发展

突出专案攻坚、统筹调度、行业监管、线索核查、舆论引导五个聚焦,不断掀起扫黑除恶强大攻势。一是聚焦专案攻坚,提升专项斗争震慑力。对建市以来最大的一起黑社会性质组织犯罪案进行一审公开审理,首犯被判处无期徒刑,剥夺政治权利终身,并处没收个人全部财产。二是聚焦统筹调度,提升专项斗争凝聚力。按照抓两头带中间的思路,对工作进展缓慢的区县,采取通报、约谈等措施,加大直接督办力度。对工作相对滞后的区县,加大督促帮扶力度。三是聚焦行业监管,提升专项斗争执行力。紧盯重点行业、重点领域,在全市开展了为期半年的整治"海霸""港霸""钢霸""建霸"专项行动。对失职渎职、监管不严、查处不力的行业主管部门,依规依纪依法严肃处理。四是聚焦线索核查,提升专项斗争推动力。深入推进线索核查"百日会战"专项行动,对中央督办线索中查否的,派出专项督导组进行全面评查,从各类受理的举报线索中侦办涉黑涉恶犯罪团伙 14 个。

五是聚集舆论引导，提升专项斗争感召力。组织开展扫黑除恶专项宣传、"走进高校"主题宣讲、"万人签名"等系列活动，每月公布一批典型案例，每季度召开一次新闻发布会，助推专项斗争广泛知晓、人人参与。

健全"七项机制"，提升专项斗争履职能力

健全完善跟踪督导、专案会商、信息共享、机构运行、考核通报、请示报告、奖惩等七项机制，推动专项斗争往深里走、往实处做。一是跟踪督导机制。由市级领导带队督导，采取清单管理、专案盯办、专项督查、随机抽查等方式，推动整改工作高质高效。二是专案会商机制。加强对重点案件定性、案件侦办方向、执法程序、政策法规等疑难问题的会商研判，挂图作战、列单销号、建账督办。三是信息共享机制。及时整合各级转办案件线索核查信息，将经过核实的涉及腐败和"保护伞"线索移送纪检监察机关查处。截至目前，共查结党员干部涉黑涉恶腐败、充当"保护伞"问题59起80人，给予党纪政务处分68人，移送司法机关8人。四是机构运行机制。集全委之智、举全委之力抓扫黑除恶工作，市委政法委全员参与、鼎立支持，将市扫黑办人员调整充实至18人，强化实践锻炼、岗位练兵。五是考核通报机制。切实发挥考核指挥棒作用，研究制订全市扫黑除恶专项斗争考核评价实施方案，对全市专项斗争的进度、质量、效果进行全面考核评估。对各区县、市直部门单位履职尽责、问题整改、线索核查等情况实行每周一调度、每月一通报，让红脸、出汗成为常态。六是请示报告机制。充分发挥专项斗争领导小组及办公室作用，抓统筹、抓协调、抓调度，加强请示报告，积极争取党委政府支持。七是奖惩机制。加大有奖举报力度，奖励线索举报人21人，现金56.4万元。把专项斗争成效作为各级各部门领导班子和领导干部综合考核评价的重要内容，对因重视程度不够、工作推动不力、案件办理不及时影响工作成效的，及时进行问责。

（2019年10月24日《法制日报》）

二、消息

五莲县完善"四项机制"
推动扫黑除恶专项斗争向纵深发展

"打早打小、露头就打、有恶必除、除恶务尽",这既是五莲县扫黑除恶的总方针,也是对广大群众作出的庄严承诺。自开展专项斗争以来,按照中央、省扫黑除恶部署要求,五莲县把十六字方针作为开展专项斗争的根本遵循,以舆论宣传为引领,以群众举报、拉网摸排、配合联动为保障,有力推动了扫黑除恶专项斗争向纵深发展,截至目前,已打掉涉恶团伙6个,群众安全感满意度达 98.35%,无刑事警情日累计 149 天。

建立宣传发动机制。建立完善教育考核办法,以学生、青年、妇女等群体和村居、企业、学校、公园、小区、商场等场所为重点,开展"铺天盖地深入人心"的宣传发动,真正打一场扫黑除恶的"人民战争",目前,开展万人签名活动 2 次,发放宣传资料 22 万余份,悬挂标语横幅 5500 余条,建立主题宣传公园 2 处,推送群众短信问卷 4100 条,89 辆城乡公交车和 100 辆出租车全部变成流动宣传车。

建立群众举报激励机制。出台举报奖励办法,提高奖励标准,县财政对奖励资金给予全额保障。充分运用电话、信件、微博、微信和"大回访"平台等多种方式,广泛收集黑恶犯罪线索,并加强与上级部门的交流互通。截至目前,共收集群众举报和上级转办线索 88 条,其中有效线索 67 条。

五莲县深入开展扫黑除恶专项斗争宣传活动

建立重点行业领域摸排机制。定期组织政法机关和国土、住建、交通、水利等重点行业部门，深入石材矿山、农村三资等易滋生霸痞恶势力的重点行业和领域，搜集各类霸痞恶势力犯罪线索和倾向性情报信息，发现问题全部实行"五必查"，符合侦办标准的立即立案查处。截至目前，203 个废料渣土堆全部"零阻力"收回。

建立部门联动工作机制。纪委监察机关、政法机关、扫黑除恶领导小组成员单位对案件线索进行联合核查，并根据需要引入审计、税务、工商等部门力量，确保把每一条线索核准核实。政法各部门统一执法思想、执法尺度和证据标准，提高打击合力和打击精度，确保把每一起案件都办成"铁案"。目前 67 条有效线索已核查完毕。

（2018 年 10 月 30 日《大众日报》）

日照"道交一体化处理"促多方共赢

"自 6 月起，日照市区道路交通事故调解处理可实现网上提交调解申请、委托鉴定、调解处理、司法确认、起诉立案、一键理赔。"日照市中级人民法院副院长陈令春说。

近年来，随着车辆井喷式增长，道路交通事故纠纷案件越来越多，山东省日照市中级人民法院积极开展道交纠纷"网上数据一体化处理"改革试点工作，与交警、保险、鉴定等多部门密切配合，构建起全省首个交通事故一体化处理平台，实现了纠纷全流程在线处置，做到一网办案、快速处理，让当事人"走进一个门，办结所有事"。

整合资源，让数据多跑路，让群众少跑腿

据统计，2016 年、2017 年日照法院审结交通事故纠纷案件数量分别达到 3966 件、4295 件。为解决道路交通事故，当事人需多次往返于公安交警、法院、调解组织、保险公司之间，事故处理手续繁多，耗时费力。

为司法服务"打通最后一公里"，切实提升社会综合治理水平和群众满意度，日照中院积极协调公安局、保险业协会、司法局、卫生局等机构，全力打造道路交通事故纠纷"网上数据一体化处理"中心，整合公安交警、司法行政、法院、保险、卫生等各部门的力量，构建了集事故责任认定、车辆检验、伤残鉴定、法律咨询、保险核损、人民调解、行业调解、司法调解、司法确认等功能为一体的各职能部门联合办公模式。

日照中院借助市交警支队专门开发的道路交通事故纠纷处理服务平台，

将法院审判管理信息系统与该平台无缝对接，所有数据均可在网络平台实时共享，打破了交警、法院、鉴定机构、保险理赔等所属部门的行业信息壁垒，重塑事故调处线上、线下流程，实现网上提交调解申请、在线委托鉴定、在线调解处理、在线司法确认、在线起诉立案、在线一键理赔等功能。

这种解决方式，当事人通过一个窗口登录即可在线查询、办理与损害赔偿调解有关的业务，使传统意义的"一站式"走向了"一体化"，变物理空间的聚合为各部门后台数据的深度融合，形成了高效、公正、阳光、透明的道路交通事故处理体系，实现了完整意义上的全流程线上办理。

精准对接，统一裁判尺度，全程"阳光"下运行

为保障网上数据一体化处理机制高效运行，在日照市委政法委领导的大力支持下，市综治办、中级法院、公安、司法行政、卫计委、仲裁、保险七部门联合下发《关于开展"道交一体化处理"工作进一步完善矛盾纠纷多元化解工作机制的实施意见》，健全组织领导，明确工作职责。

同时，针对实践中裁判标准不统一、赔偿规则不透明、当事人对调解信任度不高等问题，日照中院经充分调研，起草制定了《日照市机动车交通事故责任纠纷赔偿标准参考意见》28条，统一了损害赔偿项目、赔偿标准、证据标准，并会商公安、司法行政及保险协会等单位联合印发。

据了解，自6月1日起，案件不论在交警调解、人民调解、仲裁调解、保险调解、法院诉前调解，还是进入诉讼程序，都将参照执行该标准，真正实现类案同判、同案同价。并且，当事人可根据服务平台嵌入的"赔偿计算器"提前计算研判赔偿数额，获得心理预期，为推进一体化调解、多元解纷奠定了坚实基础。

服务平台推行"六项自主选择"，将涉及双方利益的事故处理民警、处理时间、调处方式、法律服务方式、鉴定评估、车辆维修六类事项交由当事人自主选择，让事故处理全程在"阳光"下运行。为多元化解矛盾纠纷，推出交警调解、人民调解、保险调解、仲裁调解、法庭调解等多元调解模式，

法院干警现场为市民普法答疑

实现了事故处理与矛盾化解全程衔接，群众满意度显著提高。

由于法院审判管理系统与道交一体化平台联网对接，实时共享交警部门上传的事故认定书、调解笔录、证据材料等，并将法院掌握的司法鉴定人名册、价格评估机构纳入服务平台，通过鉴定程序前置，一次鉴定、全程使用，大大提高了后续调解、仲裁及审判工作效率。法院还开发网上立案、网上司法确认等系统模块，将法院审判管理系统与保险公司理赔系统对接，实现了责任认定、调解、鉴定、确认、诉讼、理赔等环节全程在线、全程留痕、公开透明。

多方共赢，干警工作减负，结案效率倍增

道路交通大数据一体化处理服务中心建立后，对当事人而言，极大地提高了解决纠纷效率。通过一体化中心处理的交通事故纠纷，如为轻微事故，当日即可办结，一般事故平均15日办结。相比之前，从事故发生到案结事了，通过一审、二审、执行等程序，短则半年、长则数年。

此外，保险行业调解、行政调解与司法调解的诉调对接"零费用"优势，亦为当事人节约了律师代理费、诉讼费等处理成本支出，减轻了当事人的经济负担。尤其事故致人伤残的受害人，医疗救治费、误工费、营养费等费用支出不堪重负，经济压力较大，甚至无钱住院，一体化处理模式节约了经济成本，缩短了理赔时间，缓解了精神压力，提升了群众直观的司法体验。

道交一体化处理平台运行后，各种调解力量快速介入，与司法程序无缝衔接，使类案同判的司法尺度渐趋一致，行业调解、行政调解和法院裁判采用统一的调判标准，提高了诉前调解的社会效果和法律效果，大量纠纷诉前得到有效化解，仅有极少数疑难复杂、重大敏感案件需要开庭审理，大大节约了司法资源。

实行一体化处理模式后，大数据共享打破内外网壁垒，全业务网上办理，信息不公开、不对等、不透明的问题迎刃而解。网上数据一体化处理达到便捷、公正、统一，使得司法程序完全公开透明。同时，每一个流程和节点当事人都实时可查，所有操作和数据修改都全程留痕，实时监督。

"全方位智能服务的道路交通大数据一体化处理服务中心，实现不同部门之间的数据流通共享、不同主体分界面一体化处理功能，为当事人道路交通事故纠纷的异地处理、快速获赔提供了制度和技术上的保障，满足了群众多元化的司法需求。"日照中院院长高益民总结说。

（2018 年 8 月 6 日《人民法院报》）

山东莒县法院院庭长带头办案提高审判质效

"希望你今后不再违法犯罪，像你在法庭上陈述的那样，正常工作生活，好好赡养老母亲。"山东省莒县人民法院院长席刚在公开审理了被告人杜某犯盗窃罪一案后，寄语被告人杜某。

杜某低垂着头，连声说着"谢谢"。"这已经是杜某第五次因犯盗窃罪、诈骗罪接受审判了。在司法实践中，对于这种累犯，仅仅以冰冷的法律去惩治他们，很难触动他们的心灵，还要充分发挥道德感化作用，让他们真正认识到行为错误，真心悔过。"席刚说。

近年来，随着群众法治意识提升，莒县法院收案数量也持续攀升。对此，莒县法院全面推行院庭长带头办案制度，明确院庭长对长期未结诉讼案件的管理权限和管理流程，督促院庭长多办案、快办案、办好案，充分发挥模范带头作用，带动全院审判管理工作高质量发展。今年以来，莒县法院院庭长带头办案5401起，占全部员额法官办案数的47.3%。

"法院审判工作并非单纯的开庭、送达、判决，每个案件背后都渗透着复杂的风险关系，要综合规划才能快速化解矛盾、解决问题。"正是秉持这种司法理念，长岭法庭负责人赵成军一揽子化解了涉15名农民工劳务纠纷案件，5.7万余元农民工工资当庭过付。截至11月17日，赵成军共收案487件，结案428件，成为莒县法院结案数量最多的法官之一。

院庭长带头办案，不仅要求数量，更要有质量，还要在急难险重任务面前勇当先锋。3月13日，民一庭负责人张兴奎在中国庭审公开网直播了一起医疗损害责任纠纷案。该案原告到医院分娩，不幸发生产后大出血，成了

"植物人"。为了调解好医患双方的矛盾，张兴奎认真阅卷，走访相关当事人，到有关部门核实医疗范围、资质等情况。最终，双方都对法院判决结果表示满意。

莒县法院还建立了随机分案为主、人工分案为辅的案件分配机制，由电脑随机确定案件的承办法官，并按照刑事、民事、商事、行政类案件类型自动与各团队法官相匹配，入额院领导按照分管部门列入相应团队分案。一些重大、敏感、疑难、复杂、新类型等案件，在随机分案的基础上先行在院长、分管院领导间分案。此外，莒县法院还打破年终考评的固有模式，变"每年一考"为"每季度一考"，能够合理规划案件办理进度，有效推动均衡结案，提高审判质效。

（2019 年 11 月 21 日《人民日报》）

莒县检察院巧借轻微刑事案件调解修复社会关系

"我和张某一个村，被他打了，心头上就跟有个疙瘩似的，但是莒县检察院检察官耐心做工作，邀请外部监督员跟我说理，张某又主动给我赔付了损失，最终达成了和解。" 5月27日，在莒县检察院内受害人郭某说。

"打人是我不对，理该承担责任，真没想到能得到老郭的谅解，更没想到检察院会对我宽大处理。"张某说。

据了解，张某和郭某本是和睦相处的邻居，因为琐事引发争吵，大打出手，郭某受轻伤，双方反目成仇。经过几名外部监督员站在客观中立者的立场释法说理，双方最终握手言和。

近年来，莒县检察院立足检察职能，把化解矛盾纠纷贯穿执法办案始终，强化轻微刑事案件办理工作，以刑事和解促进矛盾纠纷化解，有效促进了社会关系修复。

2014年以来，莒县检察院共对322名犯罪情节轻微的初犯、偶犯、未成年犯作出不捕不诉决定，刑事和解120件，帮助被害人落实赔偿款300余万元。

大量轻微刑事案件和解的背后有"规范而又温情"的措施。该院出台《关于办理轻微刑事案件的实施意见》，规范轻微刑事案件适用范围、办案程序以及刑事和解的适用范围和程序，通过开展刑事和解积极化解矛盾。

着眼制度保障，莒县检察院制定出台《关于拟不起诉轻微刑事案件引入外部监督机制的实施方案》，成立由人民监督员、特约检察员、人大代表、政协委员、法学专家等组成的外部监督员库，充分利用外部监督员客观中立的地位，用通俗易懂的语言和更易被当事人接受的方式讲清法理，将执法办

聘任外部监督员

案过程深化为向群众释法说理、修复社会关系的过程。

"通过第三方发声，检察机关的处理决定既能为受害方所接受，又能消除群众对检察机关'办关系案'的误解。"莒县检察院检察长王伟说，"对法定范围内的轻微刑事案件通过启动外部监督程序作出不起诉决定，既彰显了'违法必究'的法律威严，也体现了'宽严相济'的法治温度。"

莒县检察院通过让那些主观恶性小、社会危害小、认错态度好、补救措施积极的人，重新改过自新，也使得因案件产生的矛盾纠纷得到进一步妥善化解。

（2017年6月6日《大众日报》）

日照创"合成化"警务体系 破警力不足难题

■警力不足是长期困扰公安工作的一大难题，已成为制约发挥职能的障碍之一

■警力推向街面巡逻只是第一步，打防结合的"五张防控网"才能标本兼治

如何破解难题：从"独角戏"到"大合唱"

11月23日，在山东省日照市黄海一路与海滨三路的路口，记者看到有一名交警在执勤，便以东西被盗为名向其报案，这名警号为160472的交警立即接待了记者，并询问相关情况，因不是第一发案现场，这位交警遂让记者上车与他一起去附近的派出所报案。此时，记者只好如实相告，这其实只是一次暗访，了解一下相关情况。这名警察叫王雪飞，他告诉记者，在日照市，只要老百姓报案无论交警还是其他警察，都会接受群众报案，绝不推诿。

警力不足是长期以来困扰公安工作的一大难题，警力紧缺是制约公安机关发挥职能的障碍之一。日照市位于山东省东南部，常住人口283万。近年来，随着旅游业的发展，外来人口激增，仅每年外地来日照旅游的人数就达2000万人，治安、刑事案件多发，但全市警力仅2000余名，比例仅为万分之六左右，远低于全国平均水平，警力严重不足。

"警力不足的问题不是一时可以解决的，但维护社会治安稳定的职责一刻也不能放松"，日照市公安局局长槐国栋表示。2007年初，日照市公安

开展"法律宣传进校园"活动

局党委研究决定，通过警务创新，创建"合成化"现代警务体系，提高警务效能，破解警力不足难题。

"合成化"现代警务模式从以下两个层面进行操作：在民警层面，实行"一警多能、综合执法、归口办理"，机关民警在做好本职工作的同时，利用夜间、节假日等工余时间参加治安巡逻防控，既充实街面警力又使机关民警在实战中得到锻炼提高；基层民警在日常工作中，集治安巡逻、交通管理、出租房屋检查、流动人口检查等于一体，做到巡逻到哪里、治安管控措施就落实到哪里，提高了基层民警工作效能。在警种层面，实行"多警种联动、合成作战"，特别是在打击"两抢一盗"等多发性犯罪、交通秩序整治、打击非法传销等方面，由过去的派出所和刑警、交警、经侦等部门分别唱"独角戏"，转变为全警参与的"大合唱"。

"面对违法犯罪分子和突出治安问题，我们不再是单辆巡逻警车、某个派出所或一个警种，而是一个全市公安机关全警参与、一呼百应、快速联动的强大警务体系。"槐国栋形象地道出了这种变化。

如何优化完善：从"一条线"到"五张网"

"合成化"现代警务体系，产生于实践中，并在实践中得到不断完善。

按照"合成化"现代警务体系的部署，日照市公安局坚持一线布警，把警力推向街面。2007 年以来，日照市公安局抽调办公室、政治部、计财装备处等非实战单位的 45 岁以下民警组建特别行动队，利用夜间、节假日等工余时间参加治安巡逻防控。截至今年 11 月下旬，特别行动队共抓获各类违法犯罪人员 340 名，破获各类案件 600 余起。各区县公安机关也分别组织机关民警成立了便衣行动队，进行治安巡逻，与派出所、交警中队等一线警力协同作战，建成了公开和便衣巡逻防控网。

槐国栋告诉记者，在把警力推向街面过程中发现，巡逻中抓获犯罪嫌疑人的后续处理跟不上，影响了治安巡逻防控的效果。不仅如此，上街巡逻也只是治标，犯罪嫌疑人的其他活动仍然处于监管空白中，因此有必要构筑各个层面的网络。

2007 年 7 月，市公安局在公开和便衣巡逻防控网的基础上，又建立了易发案人群场所管控网、"查堵结合"的卡点堵控网、人防物防技防"三防合一"的单位村居防范网和科技防控网。这样，标本兼治、打防结合的"五张防控网"便建立起来。

在采访中，出租车司机王培华告诉记者，以前街上难免会有打架斗殴的，他们在拉活中也经常碰到。现在治安情况好多了，即使是晚上也很少碰到打架的，街上巡逻警察比原来多，晚上开出租车比较踏实。他还告诉记者，社会治安好了后，出租车司机受益最大，再也不用担心被拦车抢劫了，打车不付钱的情况也不见了。

如何长效运转：多元化保障、监督措施到位

好的制度如何保证长效运转，在槐国栋看来，得有完善的保障措施和监

督制约机制。

孙运兵，日照市公安局国保支队侦查大队队长。两年前，他是日照市东港区大学城派出所所长，由于所内有警车上街没有开警灯和没有正式干警带班上街巡逻被两次通报批评，根据规定，他这个所长被就地免职，调离派出所到刑警队，成了一名普通干警。截至今年3月，孙运兵一共破获重大案件、现行案件300多起，多次被通报表扬。今年3月，根据市局的考核制度，他重新获得提拔，被任命为日照市公安局国保支队侦查大队队长。

为了保障"合成化"现代警务体系的正常运转，并且持久高效，日照市公安局严格绩效考核、奖惩兑现。治安巡逻、侦查破案、流动暂住人口管理、信访接办等日常警务工作纳入了"台账化"管理，实行"排行榜"制度，并且每日一统计，每周一通报，激励先进，鞭策后进。对民警在巡逻中抓获现行、破获案件等13种情形，视情况予以通报表彰，并与年度考核、立功受奖、晋职晋级、经济待遇直接挂钩。凡被通报批评一次的民警，一年内不得提拔使用，被通报批评两次的民警，待岗培训一年，科所队中有两次被市局通报批评的，主要负责人就地免职。

2007年到今年10月，先后有34个基层单位、1408人次民警、636人次巡防队员被日照市公安局通报表扬，新提拔的46名基层单位负责人全部是表现突出或受表彰最多的民警。同时，有48个单位和39人次因违反警令、禁令被通报批评，13名基层单位负责人被免职。

有这样一组数据说明"合成化"警务体系创建以来的明显效果：2007年，整个日照市刑事警情同比下降10.1%，"两抢"等违法犯罪同比下降40%以上；2008年又同比分别下降18.7%和33.8%；今年1-10月在2008年的基础上又同比分别下降16.6%和16.8%。在2009年山东全省公安机关群众满意度调查中，日照市公安局位居全省第一。

（2009年12月16日《人民日报》）

日照山海天交警
用智慧警务守护景区交通安全

今年以来，山东省日照市公安局交警支队山海天旅游度假区大队利用智慧警务创新工作方式，严厉查处假牌、套牌、报废车及酒驾、醉驾等严重交通违法行为，取得良好成效。

山海天旅游度假区拥有数十个民俗旅游村，吸引着全国各地旅客观光旅游，外地车辆大量涌入区内，形成一定的交通安全问题。为解决这一问题，山海天交警部门向科技要警力，积极推进智慧警务建设应用工作，组建合成作战指挥中心，成立查处违法缉查队。利用公安交通指挥平台、道路监控卡口及移动警务终端，对旅游景区进行全面布控，在车流、人流中快速锁定假牌、套牌、报废车辆及酒驾、醉驾嫌疑人，分析、掌握嫌疑车辆及嫌疑人的信息。获取相关信息后，缉查队精准布控打击查处。

据统计，7月份以来，山海天交警部门在景区周边查处各类交通违法行为 35000 余起，其中酒驾 192 起，假牌、套牌机动车 68 台，有效净化了道路交通环境，预防和减少了事故的发生。

（2019 年 9 月 18 日　中国警察网）

党建领航　日照市公安局筑牢忠诚警魂

今年以来，山东省日照市公安局机关党建工作以党的十九大精神和习近平新时代中国特色社会主义思想为指导，以锻造新时代日照公安铁军为目标，通过深入实施"党建领航"工程，教育引导广大公安民警牢固树立"四个意识"、坚定"四个自信"，坚决做到"两个维护"，筑牢忠诚警魂，实现党建带动队建、促进作风转变，推动公安工作持续发展。

一、下好"先手棋"，从全局层面上推动党建带队建工程实施

习近平总书记在中央和国家机关党的建设工作会议上的重要讲话，为新时代加强中央和国家机关党的建设指明了方向，市公安局党委高度重视，副市长、党委书记、局长张培林同志多次主持召开会议研究贯彻落实意见。在广泛深入调研的基础上，结合实际部署开展"党建领航"工程，作为落实党建带队建工作的具体实践，从顶层设计、系统性推动、工程化打造的高度来实施。一是成立工作专班。市局成立"党建领航"办公室，统筹协调市局机关和各分县局党建带队建工作。通过抓好机关党建工作带动基层党建工作，在各分县局成立相应的工作专班，明确专人负责，形成上下一体、齐抓共管的良好局面。加强党务工作人员培养，举办专题培训班 3 期，培训党务骨干 120 人。二是细化创建标准。制定出台实施方案和《党建工作目标责任制》，确定了"党委、党委书记、支部、支部书记、党员"五张责任清单。将党建带队建工作细分为 73 项具体任务目标，逐一明确责任单位、落实措施、完成时限，实行挂图作战、挂牌督战。系统梳理党支部各项工作规范，编印《党务工作手册》，作为党务常用工具书和干部培训教材，进一步规范

公安特警在任务现场开展向党旗宣誓活动

了基层党建工作。三是加强调度督导。市局党委定期调度机关党建落实情况，今年先后 2 次听取专门工作情况汇报，市局主要领导 6 次作出批示进行安排部署。把党建带队建工作作为政治督察的重要内容，纳入年终目标管理绩效考核，组织政工、督察、机关党委等警种部门，深入基层支部开展调研、指导工作 40 余次，帮助解决问题和困难 12 项，推动工作落实。

二、打好"组合拳"，从丰富形式上推动党建带队建工程实施

打破传统"就党建抓党建"模式，牢固树立"一盘棋"思想，切实将党建、队建连为一体，由过去的"单打独斗"转变成"并肩作战"。一是加强理想信念教育，塑造忠诚警魂。把学习习近平新时代中国特色社会主义思想作为当前的首要政治任务，组织党委理论中心组学习 7 次、各级党组织集体学习 200 余次，进一步加深理解和把握。二是抓住关键时间节点，开展系列活动。围绕"五四"运动 100 周年、习近平总书记"5·19"重要讲话两周年，组织经典诵读活动、主题征文、"快闪"等活动，被"学习强国"学习平台等转发。在山东省庆祝中华人民共和国成立 70 周年"党史国史知识竞赛"中，市公安局在日照参赛团体排行榜上遥遥领先，全市公安系统多个分局也榜上有名。围绕建党 98 周年，制定"党建活动月"实施方案，在 7 月份统一组织开展上党课、专题研讨、主题演讲、知识竞赛、警

歌演唱比赛等为主要内容的"十个一"系列活动。围绕打造"四个铁一般"和"四个聚焦"的要求，在全市公安机关部署开展以"四练四会"为主要内容的比武竞赛活动，进一步凝聚了队伍精气神。三是强化宣传发动，营造良好氛围。充分利用报刊、广播、电视、网络、手机等平台，及时宣传报道党建带队建工作动态和好的经验做法，进一步扩大社会知晓率。

三、树好"特色牌"，从品牌塑造上推动党建带队建工程实施

局党委把抓好党建阵地建设作为重点突破内容，全力打造符合时代要求、具有日照公安特色的"党建领航"品牌。一是利用内部资源，打造市局公安特色党建阵地。重点打造了党建文化展馆和廉政教育基地两大党性教育阵地，展馆以习近平新时代中国特色社会主义思想为引领，以"不忘初心、牢记使命"为主旨，展出面积共 1000 余平方米，展示展板 800 余幅、历史实物 73 件。从今年"七一"至今，已有来自市直各单位、市公安局所属单位党组织及兄弟地市其他单位的 70 余批次、1800 余名党员到此参观学习。二是利用系统资源，推出公安机关机关党建"八个一"工作法。"一种思想"即习近平新时代中国特色社会主义思想统揽全局，"一项工程"即党建领航工程筑牢警魂，"一个品牌"即党建品牌创建引领方向，"一个标杆"即党支部标准化规范化提升引领目标，"一个阵地"即党建阵地建设提供平台，"一套标准"即党建工作标准要求提档升级，"一份关怀"即战时党组织爱警护警送到一线，"一项活动"即党建群团活动凝聚警心。精准打造一批主题突出、内涵丰富、特色鲜明、符合新时代要求、符合本警种部门特点的支部党建品牌特色。三是利用网上资源，打造智慧党建品牌。创新"互联网+党建"工作模式，建成集政治学习、党员管理、党员论坛、党建考核和日常信息发布于一体的"党建领航"网站，打造网上"党员之家"。充分利用学习强国 APP、在线考试系统、微信公众号、抖音号，通过开设"微课堂"、创作大赛和支部随手拍等多种方式开展学习和宣传工作，收到良好效果。

（2019 年 11 月 30 日人民网—法治频道）

日照市多措并举推进法律援助民生工程

日照市法律援助中心积极创新工作方式，强化服务举措，注重援助实效，切实维护困难群众合法权益，2015年，全市共计办理法律援助案件2157件，接受群众咨询解答8000多人次，开展法律援助宣传活动10场次，发放宣传资料5000余份，便民服务卡2000余张，为群众挽回经济损失6000余万元，受援群众满意率达99%以上。

1. 实施法律援助"村村通"工程。充分发挥法律援助服务保障民生、维护社会公平正义的职能作用，积极推动法律援助进村入户，实现"家喻户晓"，最大限度地满足农村困难群众对法律援助的需求，努力实现逢援必援"零距离"、应援尽援"零门槛"、有援快援"零等待"、能援优援"零投诉"的"四零"目标。在村居显要位置粉刷法律援助宣传标语、联系方式等，使法律援助便民服务触角延伸到最基层。全力实施"法律援助村村通"工程，实现法律援助村居站点全覆盖。

2. 完善法律援助网络体系，实现法律援助站点全覆盖。市、县（区）两级法律援助机构依托工会、共青团、残联、妇联、老龄委、消协、民政、人事劳动冲裁、看守所等部门等建立法律援助联络站、工作站38个；在社会信誉度高、热心公益事业的律师事务所设立法律援助受理点22个；在全市54个乡镇、街道依托司法所挂牌设立立法律援助联络站、工作站；在全市1729个村居设立法律援助工作联系点，在每个自然村选聘村居两委干部、调解员、大学生村官等担任村居法律援助联络员，形成了覆盖市、县、乡镇（街道）、社区、村的法律援助网络体系。同时，及时充实调整法律援助联络员、志愿者、法援明白人三支队伍，为困难群众和老弱病残等特殊群体就近获得法律帮助提供法律援助人才支撑。

3.便利化服务受援特定群体。根据新修订的《山东省法律援助条例》，取消法律援助事项范围，凡符合经济困难标准的低收入、特殊困难人群都可申请法律援助。定期组织律师和基层法律服务工作者、志愿者深入村居，开展形式多样的法律援助宣传和咨询活动，扩大法律援助知晓率。在积极关注农民工、残疾人、零就业家庭、未成年人等重点对象的基础上，开辟免审查通道，对行动不便的残疾人提供登门服务，对情况紧急或即将超过仲裁、诉讼时效的法律援助案件，实行先受理，后补办手续的办法，保障受援人合法权益得到及时有效的维护。

4.量化考核援助案件。年初将全年法律援助工作任务分解到全市各法律服务机构，明确要求每名律师、法律服务工作者年度法律援助任务，并纳入各法律服务机构和人员的年终考核内容，通过对法律援助结案案卷的"会见笔录制作、证据运用、庭审笔录、法律文书制作"等14项指标的评查，有效促进了法律援助承办人进一步强化服务意识、社会责任。

5.强化质量监督机制。进一步完善跟踪检查、重点抽查、旁听巡查、回访督查等机制，不断提高法律援助案件定期评查、随机抽查、回访调查幅度与频率，从案前沟通、案中监督、案后案卷评查三方面对法律援助案件质量进行全程监督。

（2016年1月15日中国法律援助网）

莒县司法局夏庄司法所庄乾山所长为矛盾双方进行调解

日照市司法局"五抓"并举
推进司法鉴定工作创新发展

今年以来，全市司法鉴定工作紧紧围绕中心，突出重点，积极作为，创新监管措施，全面提升司法鉴定质量和社会公信力，推动了全市司法鉴定行业持续健康发展。

1. 抓行业监管，全力落实"双严"管理。按照司法部和省厅整改要求，切实加强行业监管，指导各司法鉴定机构和司法鉴定人全面检查和整改。市局成立了由分管领导为组长，司法鉴定协会会长、司法鉴定管理科长为副组长的整改工作领导小组，制定了工作方案，对照整改内容，摸清底数，列出清单，建立问题台账。各司法鉴定机构也分别制定实施细则，召开动员会议，精心组织、周密部署，形成了浓厚的整改氛围。同时，以整改契机，对全市8家鉴定机构资质条件、办公场所、仪器设备、技术能力、内部管理、文书档案、执业情况等进行了全面监督检查，开展了能力验证、第三方能力评估、文书质量评查等活动，加强检查评估结果运用，提高鉴定人执业能力。

2. 抓作用发挥，提升服务中心大局能力。全市司法鉴定行业积极发挥职能作用，主动服务中心大局。一是积极融入法律服务体系建设。结合我市司法行政工作实际，对司法鉴定工作进行谋划。通过加强行业诚信监管，完善投诉处理机制、推进标准化和品牌化建设等措施，更好地融入到法律服务公共体系建设中去。二是服务保障新旧动能转换。把保障新旧动能转换重大工程作为重要任务，强化思想建设，及时转变理念，积极培育行业品牌，为新旧动能转换重大工程建设提供优质高效的法律服务。5月16日，市司法

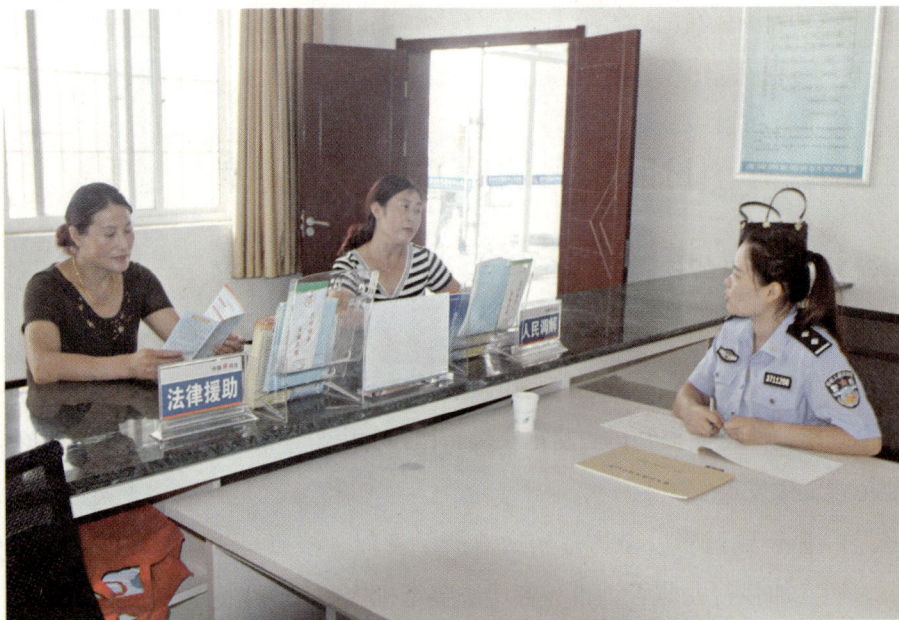

司法所工作人员为来访群众解答法律、司法鉴定等相关问题

局、市司法鉴定协会联合举办司法鉴定服务新旧动能公益论坛，邀请专家进行授课，切实提高了司法鉴定服务新旧动能转换的主动性。三是开展司法鉴定法律援助，助力法治扶贫。全市司法鉴定行业聚焦法治扶贫，努力为困难群众提供更加精准、优质、高效的司法鉴定援助，不断满足人民群众的鉴定需求。前三季度，共办理法律援助案件 12 件，为贫困当事人减免鉴定费等费用达 12 万。

3. 抓队伍素质，扎实开展教育实践活动。为树立公正科学诚信鉴定的良好形象，今年 2 月，市司法局、市司法鉴定协会下发通知，在全市司法鉴定行业部署开展"崇科学、担道义、行良知——做新时代司法鉴定人"主题教育实践活动。市协会统一制作了学习笔记本，各司法鉴定机构制定了学习教育计划，设立了学习专栏，司法鉴定人采取集中学习和个人自学相结合的方式，撰写学习心得体会 60 多篇，并积极参加征文比赛和鉴定质量竞赛。同时，把主题教育实践活动作为年度司法鉴定工作百分制考核的重要内容，市局及市协会组成督导组进行了督导检查，充分利用好主题教育实践活动的成果，激励全市司法鉴定机构和司法鉴定人做新时代合格司法鉴定人。

4.抓规范试点，大力推进标准化建设。积极推进司法鉴定机构标准化和品牌化建设工作，引导、支持司法鉴定机构向规模化、专业化、品牌化方向发展。9月5日~6日，市局、市司法鉴定协会组织各鉴定机构负责人一行11人，赴济宁、泰安两地对2家司法鉴定标准化建设试点机构进行观摩学习。通过学习，找到了我市司法鉴定机构规范化与标准化建设的不足和努力的方向。初步制订了我市司法鉴定机构的规范化、标准化发展计划，目前日照浩德司法鉴定所申报的全省标准化建设申请已通过，正处于实施启动阶段。

5.抓协会党建，不断完善组织制度。4月份，成立了日照市司法鉴定协会行业党总支，加强了党对司法鉴定行业的领导，先后召开了四次协会党总支会议，完善了司法行政与行业协会"两结合"的管理体制和党总支有关制度，不断健全协会组织机构和工作机制。同时，根据我市司法鉴定机构的现状，在司法鉴定机构成立临时党小组，制定了临时党小组学习工作制度，发挥党员在各司法鉴定机构的模范作用，实现了党建在司法鉴定行业的全覆盖。

（2018 年 12 月 3 日大众网）

三、新闻通讯

岚山"四场战役"护"平安海区"

一次性拆除 42 艘涉渔船只，强力拆除阻碍船只进出港口的 14 万亩非法养殖区……岚山"平安海区"建设，从一张张扫黑除恶成绩单上清晰可见。

临海靠港的岚山拥有 2624.67 平方公里海洋国土，有着鲁南沿海最为优越的建港条件。两年来，为从根子上解决海上安全问题，岚山区以雷霆之

岚山海区实景

势推开"平安海区"专项整治，七部门联合下达了禁止海上"私搭乱建"的通告，依法在港区全面启动了港口航运区内的无证养殖拆迁工作，着力打击"海霸、港霸、钢霸、建霸"等违法现象。

为打赢这场硬仗，岚山区制订了"四场战役"时间表、任务图。在"声势战"中，通过多种途径和手段，形成黑恶势力"人人喊打"的舆论环境。在"攻坚战"中，纪检监察机关对已查处的涉黑涉恶、"村霸"案件线索逐一筛查，全面梳理。专项斗争以来共查结问题线索19起，处理党员干部28人，打掉"保护伞"5人。在"破袭战"中，以重点领域、重点行业为着力点，开展综合治理、重点整治。此外，层层巩固胜利成果，开展"阵地战"，实现从"治标"到"治本"。

"平安海区"的创建，为岚山发展"向海经济"扫除了障碍。今年以来，岚山区完成港口货物吞吐量15007万吨，同比增长6.3%。

（2019年12月17日《大众日报》）

日照：沐浴在法治阳光下

　　山东日照，东接青岛，西接临沂，北与潍坊接壤，南与江苏搭界，是鲁南临港产业经济集聚区、山东发展蓝色经济的重要增长极。如果说城市基础设施是一个地方跨越发展的必备硬件的话，那么，法律与政策就是不可或缺的软环境。作为一个新兴的沿海港口城市，随着大量资金流、物资流、人才流的涌入，对一个地方的法治环境、产权收益保障、人权保护等，都提出了全新的挑战和考验。"如何提升日照的法治、文明意识，使这个城市走上经济发展的快车道，如何使群众在法治的轨道下安居乐业，如何使这个风光秀美的城市更加富于秩序和理性，对于法院来说，是一个责无旁贷的课题。"

警民一家亲

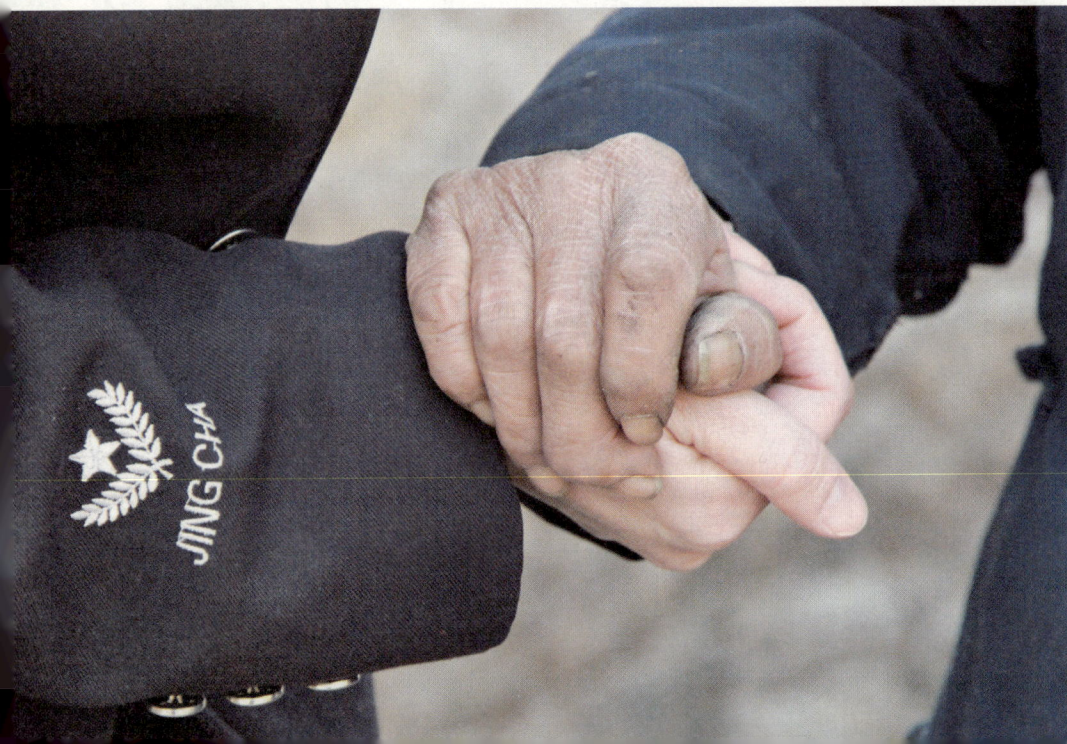

日照市中级人民法院院长程乐群说。

营造良好的经济社会发展环境

"有些行政机关对诉讼存有偏见，认为与普通老百姓对簿公堂有失身份，更害怕败诉丢面子，不应诉、不答辩、不出庭的现象较为突出。"五莲县人民法院行政庭庭长王明波谈到前些年的行政审判工作时，有感而发。

针对此问题，日照市委、市政府高瞻远瞩，及时采纳日照中院的建议，利用行政诉讼这一检验行政执法水平的平台，把行政诉讼纳入对各区县、市直各部门的绩效考核体系，通过建立考核激励机制，督促行政机关不断提高依法行政水平。

考核的计分标准是：区、县政府和市直机关在行政诉讼中被法院判决败诉的，每败诉一案扣 10 分；对于主要负责人应出庭而未出庭的，每次扣 5 分；对于拒不执行人民法院生效裁判的，每出现一案扣 10 分；对于行政机关败诉案件中的违法行政行为，依据《山东省行政执法错案追究办法》和《日照市行政机关工作人员行政过错责任追究暂行办法（试行）》的规定，追究相关人员的责任。

同时，对各级行政机关日常行政执法中的服务态度、服务效率、服务质量等指标通过征求群众意见的方式，进行汇总分析，作为行政诉讼绩效考核的重要依据。

"一个明显的特征就是加快了政府职能转变。"通过实施行政诉讼绩效考核，各级行政机关的执政为民、责任政府、公共管理等现代民主施政理念得到进一步树立和深化，有力地促进了政府职能转变和法治政府、亲民政府建设。

近年来，日照市对现有行政审批项目进行了四轮清理，共精简审批项目600 余项，精简率近 50%，废止、修订规范性文件 54 件，使日照市成为与周边地区相比行政审批事项较少的市。同时，市政府每年还推出十几项为民办实事重点工程，进一步密切了政府与群众的关系。

近年来，日照市先后获得了"联合国人居奖""中国投资环境百佳城市""全国社会治安综合治理优秀市""中国人居环境奖"等一系列荣誉称号。在这其中，还有一张亮丽的"城市名片"——首届"中国法治政府奖"。去年 1 月 15 日，在北京国家会议中心举行的终审评选暨颁奖典礼上，日照市获得首届"中国法治政府奖"，是全国唯一获奖的地级市政府。无疑，日照市两级法院对这一殊荣的获得，做出了积极的贡献。正因为良好的法治环境和法治文明，日照正被越来越多的投资者看好，成为新兴的投资热土和最具吸引力并富有鲜明特色的"宜居城市"。

通过定分止争的司法实践，缓和利益冲突，营造适合经济快速发展的和谐司法环境，是时代赋予人民法院的重要职责。

2010 年，日照钢铁控股集团公司与澳大利亚两公司因矿石交易产生纠纷，澳方仲裁机构裁定中方公司支付损害赔偿金 1.14 亿美元，澳方公司向日照中院申请承认和执行仲裁裁决，同时中方公司也对澳方公司提起产品质量诉讼。

该院积极协调双方和解，最终促成案件"一揽子"解决，双方握手言和，维护了国家利益和国内企业合法权益。山东省高级人民法院院长周玉华作出重要批示："这个案件办得好，可编写成案例，供今后参考。"市委书记杨军、市长李同道也都给予了充分肯定。

日照中院紧紧围绕市委港口立市、工业强市、科教兴市、生态建市的四大战略等工作重点，先后制定出台了《关于为全市经济社会"立足新起点实现新跨越"服务的意见》《关于为蓝色经济区和大项目建设提供司法保障的意见》等 10 余个规范性文件，为经济发展当好法律参谋，协调化解纠纷。

新市区中心商务区建设旧房拆迁工程，因几户居民无理阻挠无法进行。受理该行政非诉案件的东港区人民法院 30 多名法官齐集工地，分头做说服工作，案件终于依法妥善执行完毕。

"感谢市区法院的同志们。"今年 6 月 4 日，日照市长李同道对法院工作作出批示，给予充分肯定。

全市法院妥善审理金融借款、大宗商品交易、理财产品等案件，防范金融风险；妥善审理因楼市价格震荡引发的房屋买卖纠纷，促进房地产市场健康发展；准确把握破产案件受理条件，恰当运用破产重整与和解制度，促进产业结构加快调整；依法稳妥审理因经济结构调整、资源开发、环境污染引发的矛盾纠纷，促进循环经济发展和节约型社会建设。

同时，还加大了对走私、偷税、非法传销等破坏市场经济秩序犯罪的打击力度，严格执行"少杀、慎杀"和宽严相济的刑事政策，年审结刑事案件近1300余件，再犯罪率不到1%，促进了社会长治久安。

抓"源头治理"消弭矛盾纠纷

人民群众对司法的认同取决于司法为民的深度和广度。法院只有心系群众，为人民司法，替群众分忧，才能在群众中树立起公信力。日照市两级法院各展所长，进行了积极的司法为民创新。

看到五莲县法院高泽法庭对老弱病残、农忙季节诉讼不便的当事人免费

法院干警指导人民调解

实行车接车送或上门开庭，一位 80 多岁的老大爷高兴地说："你们真是抬着'衙门'下乡审案啊，我活了这么大年纪，以前可从没见过这种事。"五莲县法院推出了"打造社会纠纷解决新平台"，按照建立多元化纠纷解决机制的新理念、新要求，对包括涉农案件在内的全部社会纠纷如何妥善化解而建立的新型纠纷解决模式，得到群众的欢迎和赞誉。

今年以来，莒县人民法院立足于从源头上预防和化解矛盾纠纷，主动延伸司法服务社会功能，以 10 处人民法庭为主体，在辖区镇、村扎实开展"打桩结网、防线再造"工程。法官深入村庄，用法律手段帮扶基层组织提高预防纠纷、化解矛盾、依法治村的能力，从而取得了矛盾纠纷减少、基层组织建设得到加强、司法功能得以强化等综合效果。

"打桩结网、防线再造"工程实施以来，该院 10 处法庭干警已进驻 128 个村，培训村委会负责人 356 人， 128 "桩"共解答群众咨询 1000 余人次，化解矛盾纠纷 208 起。

"莒县法院的做法太好了，谢谢你们！老百姓欢迎这样的法官。" 3 月 29 日，一名网名为"红脸可乐"的网友在莒州论坛上发出了一封感谢帖。

原来，"红脸可乐"的哥哥因为 300 元土地承包问题和村民发生纠纷，哥哥到县法院立案庭准备立案打官司。立案庭的接待法官了解情况后，当场打电话把情况通知该村的村"桩"和另一方当事人，最终促使双方达成和解协议，消除了怨气，节约了诉讼费用和时间。

源头化解矛盾，单靠上门立案、巡回办案等举措，在时间和距离上还有一定局限性，如果能结合辖区社会发展实情和特点，创造为人民群众提供最便利、最直接、最广泛司法服务的新亮点，让群众有困难矛盾随时找得到法官，那就需要进一步延伸司法服务的"触角"。

2010 年初，东港区法院在全省率先推出"驻村法官工作室"制度，在辖区 10 处镇、街道的 75 个中心村居，设立了 75 处以法官名字命名的"驻村法官工作室"，辐射辖区 42.5 万农村（社区）人口。制度实施以来，受到社会各界广泛关注和人民群众一致好评。

2010年3月以来，该院75名驻村法官共到所驻村居接受群众咨询5000余人次，就地调处邻里间简易纠纷1500余起，现场开庭297件，帮助村居建起普法宣传栏、普法漫画墙等设施，大大提高了村居群众解决纠纷的效率。日照经济开发区法院邀请街道、社区、公安、司法等部门工作人员和民调人员参与调解。街道、社区、公安、司法等部门工作人员发挥熟悉社情民意的优势，引导当事人权衡利弊，达成协议；人民调解员则从弘扬道德和遵守社规民约角度，引导当事人倡树"以和为贵"思想。今年以来，通过联调模式共同化解矛盾310余起，服调息诉率达100%。

打造播撒法治文明的全新平台

人民群众到法院打官司，最先接触的就是立案、信访窗口，两个窗口亮不亮，第一印象好不好，事关法院的形象，事关司法的公信力。

秉持着这些理念，日照市两级法院始终把加强立案、信访"窗口"建设，打造一流的"诉讼服务中心"作为一项重要的"司法文明"工程，以建设"为民、文明、和谐、公信"之窗为目标，全力打造具有日照特色的"诉讼服务中心"。

经过两年多的不懈努力，全市5个基层法院审判综合楼全部启用，经济技术开发区人民法院、东港区法院分别被确定为省、市级廉政文化示范点；全市审判法庭达到64个，建筑面积20921平方米，23处人民法庭建筑面积24499平方米，全部达到"五化"法庭建设标准，硬件建设实现了"一茬新"，诉讼环境得到极大改善。截至目前，全市法院在诉讼服务窗口都设置了导诉台、便民服务台、电子查询系统、视频对话系统等便民设施，"窗口"的面貌焕然一新，提升司法文明的多元功能进一步彰显。

为更好地服务日照市的经济社会发展，日照市两级法院不仅在硬件上苦练内功，更在"软件"上出重拳。自2010年3月开始，坚持推行两级法院领导"周三接访日"制度，落实"事要解决"，从源头上预防和减少涉诉信

莒县法院举行民生大执行兑付活动

访案件的发生。半年来，中院领导共接访 25 场次，涉及案件 437 件，当事人 606 人次，限期办理回复率达 100%，使得来市到省进京上访数量大幅下降。中院、东港区法院"立案信访窗口"建设受到最高人民法院的通报表扬，中院立案庭被评为"全国法院先进集体"，并被确定为全省政法干警核心价值观教育实践活动"优秀基层示范点"。

5 月 29 日，在五莲县街头法庭的一楼大厅内竖着两块牌子，上面分别用"土话"解释着诉讼流程以及何谓调解。"有的农民连调解是什么意思都不知道，所以写一些老百姓能够看得明白的东西，更符合群众的实际需求。"街头法庭庭长王剑说。

在离婚调解室里，记者看到墙面上都悬挂着一些亲情方面的内容。"有的老百姓是因为一点小事一时冲动才想要离婚的，当他们来到调解室，看到这些有关亲情的画面和文字之后，他们就能够冷静下来，这样也更易于调解。"王剑说。

今年 4 月 6 日，莒县法院正式启动"百企千村大走访"活动，将把活动作为深入基层、联系群众、服务人民的民心工程来抓，深入了解企业、农村的需求，并及时帮助解决实际问题。

岚山区人民法院也组织开展了以"访贫问苦、奉献爱心、宣传政策、征求意见"为主题的"干部下基层、真情献万家"走访活动，组织干警深入村居社区，发放政策宣讲明白纸和便民诉讼指导手册 2000 余份，现场调解案件，有效地提升了群众法治意识。

与此同时，日照市两级法院坚持内部挖潜，苦练内功，全面提升审判、执行工作质效，用实打实的措施和行动，努力提升司法公信力和司法权威。去年以来，该院健全完善了审判管理质效评估、质量监督、绩效考评、流程管理、层级管理、信息保障"六大体系"，努力打造审执数据动态展示、流程节点实时管控、电子卷档随机查询、庭审过程直播点播、两级接访视频互动、绩效考评网上运行"六位一体"的特色管理模式，通过监督指导、考核通报、调度分析、均衡结案等措施，进一步提升案件质量、效率和效果。

今年 1 至 6 月，全市法院共新收各类案件 17497 件，结案 12300 件，同比分别上升 7.89% 和 3.89%。各类案件经过一审后的服判息诉率为 86.62%，经过二审后达到 99.54%，同比分别提高 1.22 和 0.52 个百分点。日照法院的审判管理得到省高院领导的批示肯定，最高法院简报转发了他们的做法。

据统计，2010 年以来，全市两级法院召开各界人士座谈会 40 余场，向社会发征求意见信 8000 余封，向当事人发放案件回访函 2000 余份，代表、委员视察 10 余次。中院先后被评为省级"青年文明号"、全省"人民满意政法单位"等多项荣誉。

（2012 年 7 月 31 日《人民法院报》）

敞开大门　主动迎访

记者亲历

9月4日，来自山东省莒县城阳镇的张才仁起了个大早，她想去市里的法院问问丈夫的案子情况如何了。

等她到了日照市中级人民法院"诉讼服务中心"，前面已经有人比她先到了，按照登记的顺序，她排到了第7个。

这天是星期三，"诉讼服务中心"大厅东面的 LED 大屏幕上显示：接访院领导徐光然，职务党组成员、副院长，下面一行小字：接访顺序，先初访后复访。

据了解，日照市两级法院为打破干群隔阂，畅通群众诉求渠道，切实解决来访群众反映的"见领导难""问题解决难"等问题，于 2010 年 3 月开始，在全市法院推行了院长"周三接访日"制度，敞开信访大门，主动接待群众来访。

她很心急，承办法官赶紧给解释解释

信访接待室里，坐在张才仁对面的是日照中院副院长徐光然、立案二庭庭长何茂田和技术室副主任孟凡堂。

"家里公公婆婆对这事很着急，天天问我，说法院不是开庭了嘛，咱们有理，怎么还没判下来？我今天就是来问问案子到了什么情况。"张才仁说。

一审判决书显示，去年 10 月 4 日，李某自备机器承揽张才仁家的农田种植小麦，每亩收取播种费 60 元，当时其丈夫段雷明去给送麦种和化肥，李某要求他给其向播种机里倒麦种，段雷明正在倒时，李某操作机器失误，

将段雷明的左足致伤，后经鉴定构成十级伤残。一审法院判决被告李某赔偿段雷明经济损失 26 634 元，李某不服，提起上诉。

"段雷明刚受伤时对方的态度还比较好，等到出院后态度就变了，一分钱的赔偿都不愿意拿，所以我们才起诉的。"张才仁说。

接访的徐光然了解到她的案件是由民一庭的法官张锦秀承办后，打电话让张锦秀到信访接待室。几分钟后，张锦秀就从办公室过来了。

"她很心急，你是承办法官，赶紧把案件的进展情况跟她解释解释。"徐光然说。

张锦秀跟张才仁详细谈了案件情况。原来，二审开完庭后，李某的律师向法官反馈说李某的经济条件不是很好，判决后执行也许会很困难，希望调解。考虑到案件调解的效果会比较好，正在协商对方调解。

"真判了可能还拿不到钱，法官也是替我们考虑。"解开了心里的疙瘩，张才仁松了一口气，"事情明白了，我回去向公公婆婆也好交待。"

两级法院同步视频接访

"我租了村里的地办养鸡场，合同上标明租期 3 年，现在村里因为要建石材开发区，让我搬，如果我不搬，就给我把房子推倒，领导，我这事怎么办？"来访的孙某说。

"今天五莲县法院的胡建院长接访，就是中间的那个人，你去找他，看看是否应该起诉，现在都有视频了，以后就不要再跑来跑去了。"徐光然指着墙上的电子屏幕显示的五莲县法院的画面，对孙某说。

院领导定期接访制度实施后，日照市两级法院紧紧抓住接访时间统一、地点统一、流程统一的便利条件，及时开发安装了信访业务管理软件，开通了中院与基层法院的同步视频接访系统。

开通视频接访系统后，实现了上下级法院之间的视频直联，大大缩短了上下级法院之间的空间距离。

一方面，中院接访的院领导可随时与基层法院进行视频通话，了解案情

当事人向法院送锦旗

或远程督办、交办信访案件，有效避免了信访案件因上下沟通不畅而出现推诿塞责、矛盾上交、久拖不决的问题，真正实现了"一站式同步接访、一揽子解决问题"，努力让群众少跑腿、少花钱，在当地就可以解决问题，为群众节省了时间和费用。

另一方面，基层法院接访领导也可以直接通过视频接访系统向中院接访领导汇报来访人的上访诉求，答复来访人反映的问题，可以起到减少上访人再到中院上访的"过滤"作用。

"通过实时开通视频接访互动系统，两级法院的信访群众和接访领导及工作人员，都能够直观形象地看到对方的一言一行、一举一动，也无形中对接访人员形成了一种监督和制约，有效解决了院领导及信访工作人员接访不到岗、着装不规范、语言不文明等问题。"徐光然说。

着眼于长效机制的建立

"你觉得当事人为什么信访？因为他觉得心里有困惑、有委屈，自己的案件可能处理不公正。"何茂田说。

让当事人心里的委屈有地方倾诉，不明白的道理有人给解释，反映的问题有部门跟着解决，当事人再次信访的可能性会大大降低。

在总结以往工作经验的基础上，日照中院党组认识到，做好新形势下的涉诉信访工作，需要更新理念，创新思路，以群众工作统揽涉诉信访工作，院领导要挤出一定的时间，当面约见来访群众，面对面、零距离地倾听群众诉求，真心实意解决群众实际困难。

该院出台的院长周三定期接访制度规定，院长固定在每个月的第一个周三接待群众来访，其他领导班子成员依次轮流接访。接访日，两级法院都在"诉讼服务中心"电子大屏幕上对外公开院领导姓名、职务，并在《日照日报》进行公示，信访部门负责登记、分流、引导来访群众有序反映问题。

据统计，自2010年3月至今年8月，仅日照中院领导班子成员就现场接访165场次，接待群众咨询和来访3479人次，由此到市赴省进京上访量逐年明显下降。

"我们推行院领导接访制度，不仅方便了来访当事人，对法官也是一种监督、一种督促，能够经常警醒和引导我们，在办案过程中，增强信访责任意识，做好当事人的服判息诉工作，做到案结事了，避免信访问题的发生。"日照中院民一庭副庭长卜雪雁说。

全市两级法院实行"谁办案、谁负责"的信访倒查责任制，通过审判业务考核，把信访案件的发生落实追究到办案部门和办案人员身上，计入审判业绩考核。

2012年，日照中院的二审服判息诉率和案件自动履行率分别达到98.24%和97.75%，在全省法院均排在前4位。

"通过近4年的实践，我们尝到了这项制度的好处，下一步将很好地把院长接访制度坚持下去，真正做细、做扎实、做出成效。"日照中院院长程乐群表示。

日照市两级法院开门接访的做法得到山东省高级人民法院院长白泉民的

充分肯定。日照中院、东港法院"立案信访窗口建设"受到最高人民法院的通报表扬，中院立案庭被评为"全国法院先进集体"。

当事人说

我们公司与东港区农村信用合作社的官司，法院判决我服气，但是在执行过程中，有部分财产未经评估、拍卖就直接以物抵债，而且地上附着物也没有作价处理，有些东西还不知去向，我对这个不服。我5月份来找，程院长亲自接访的。后来，经法院协调对方给予了补偿，很快就把我这件案子解决了。

这个"院长接访日"给我解决了很大的问题，确实是替老百姓着想，为老百姓办实事。——信访当事人　老潘

（2013年9月12日《人民法院报》）

案件庭审现场

群众满意是杆秤

"……我对开庭法官很不满意，他不让我说话。" 9 月 22 日下午，一合同纠纷案件当事人刘晓红向山东省五莲县人民法院"案件三级回访工作平台"的人员反映。

该案为确认合同无效纠纷案件，有两个原告三个被告，因质证环节比较激烈，主审法官曾多次让她轮到她说时再说。

9 月 23 日上午，五莲法院党组成员、纪检组长王剑带领监察室人员依约准时到洪凝街道河西社区刘晓红的家，登门调查有关情况。

调查人员向她解释了庭审过程中出于维护庭审秩序的需要，让或不让某个当事人说话都是有程序的，该案可以调取全程庭审录像和录音。"今天你们专程来了解这个案子，不管官司输赢，你们的态度我还是非常满意的。"刘晓红说。

请群众全程监督每一个案件

当事人李志刚在五莲法院有一起借款合同纠纷案件。他告诉记者："我的案子从立案到结案，每一步都能收到法院的短信提醒，让我对案件办到什么程度一目了然。刚一结案，又给我发了一条短信，问我满不满意。"说着，他竖起大拇指为法院爽快"点赞"。

此条措施的出台，是因为该院在调研中发现，虽然审执结大量案件，但社会评价未达预期效果、涉诉信访呈上升态势、社会监督十分有限、时有群众反映"六难三案"问题。面对此情况，如何突破？

"群众满意是杆秤。案件办得好不好，关键在群众认可不认可，肯定不

五莲县法院被授予"全国优秀法院"称号

肯定。"该院院长韩涛说。

为深入整治"六难三案"问题，该院结合党的群众路线教育实践活动，于今年5月开始在案件信息节点告知的基础上，与软件公司共同开发了审务督察电子系统平台，对案件实行三级回访，"借力"群众强监督、转作风、促公开、立公信。

关于案件三级回访，该院审务督察电子平台负责人陈祥高介绍："一级电子回访，即每审执结一起案件，系统会自动向当事人发送一条短信：'您好，我们是五莲县法院，您的案件已办结。现向您征求意见：满意请回复1，不满意请回复2，不知道请回复3。'信息回复后，系统会自动录入；二级电话回访，当回复短信为'不满意'或'不知道'时，由专人对该当事人进行电话回访，问明具体原因，如其仅对裁判结果'不满意'，我们会告知其相关法律救济权利，不再启动三级回访程序，如其反映办案人员违法违纪问题的，则启动三级回访；三级上门回访，对当事人反映办案人员司法作风以及违法违纪问题的，安排专人进行实地回访。"

为了保证案件三级回访工作机制的有效运行，该院制定了管理办法以及回访文明用语规范、考核、责任倒追等工作制度。该平台运行以来，共发出审执结案件征求满意度信息1263条，当事人回复821条，满意率达97%，对不满意的案件进行回访纠错12件。

群众的监督最直接、最有效，也最有力。今年1月~9月，该院共审执结各类案件2865件，其中服判息诉率为93.61%，调解撤诉率为73.23%，实际执行率为77.45%，均居于全市法院前列；上诉率、信访率、改判率同比大幅度下降。

让便捷司法直通山区每一个角落

7月23日，在五莲县街头镇山前村委大院，一起赡养纠纷案件正在公开审理，吸引了附近干部、群众30多人参加旁听庭审。

今年已是80岁高龄的原告王老爹是四名被告的父亲，由于家务纠纷与儿女关系不和，四被告亦对王老爹赡养不及时。近期，王老爹因身体状况较差，生活不能自理，遂将自己的四个儿女起诉至五莲法院，要求他们支付生活费、护理费、医药费。

针对本县大部分是山区的特点，五莲法院尽可能为群众提供诉讼便利。街头法庭决定到村里开庭。经过三个多小时的公开审理，双方最终达成调解协议。老人的四名子女也当场表示，今后将及时赡养自己的父亲，让其安享晚年。

庭审结束后，法官结合本案案情对老年人享有的权益、如何处理家庭和谐关系及案件适用的相关法律进行了解释说明，并组织现场群众填写了巡回审判问卷调查表。

天气炎热，但在场群众表示，参加这次活动很值得，原以为"打官司"很神秘，真是开阔了眼界，增加了法律知识，提高了法律意识。

"边开庭边查看庭审笔录，庭审结束签字就行，太方便了！"张淑芬律师感慨地说。该院的科技法庭在审判综合法庭和五处人民法庭的"入驻"，使庭审笔录查看、证据展示、庭审过程网络直播等全部实现同步，既可以让当事人查看庭审内容，社会各界旁听庭审，又能够使院领导通过网络视频实时监督审判全过程，数字科技平台把司法公开变得触手可及。

借助网络新兴媒体，该院先后开通了互联网门户网站、新浪官方微博和微信，并通过五莲当地政府门户平台加强"网上问政"工作，制定和完善信息收集、报送、审核、发布流程，通过网络发言人定期发布信息，加强与网民、粉丝的互动，对提出的咨询、投诉和建议及时进行收集、处理和解决。

伴随着审判流程公开、裁判文书上网，五莲法院不断加强司法与群众的

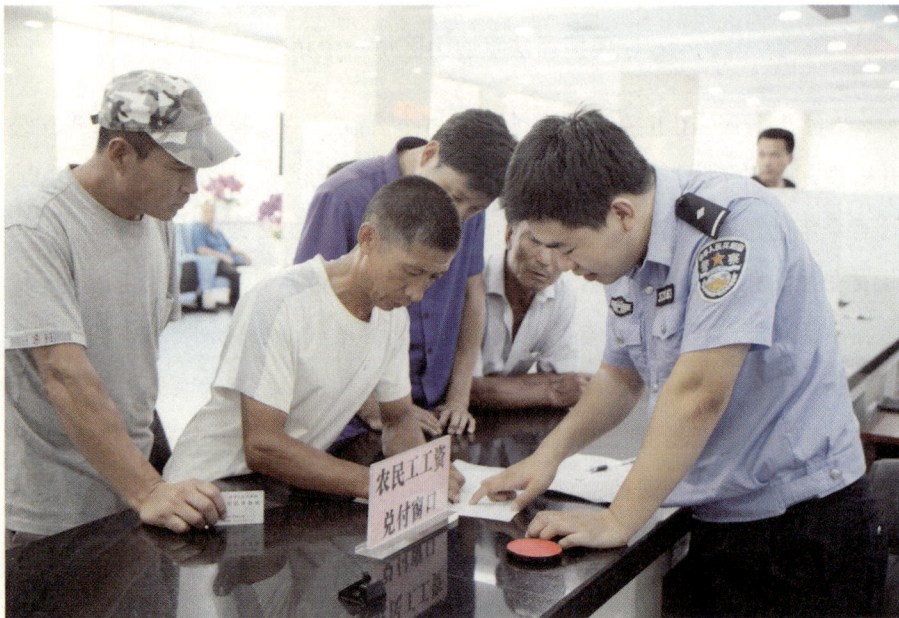

法院干警现场兑付农民工工资

良性互动，消除司法的神秘感：88 名人民陪审员，参与审理案件占普通程序的 80% 以上；27 名执法执纪监督员，全方位监督审判执行活动；开展走访老党员、"三联三访"和案件回访等活动，征求各界意见建议 60 余条、落实整改意见 30 余件……五莲法院用一个个实实在在的公开举措，展现着公正司法，传递着司法温度。

邀社会力量破解执行难题

"孙法官，你们委托我们调解的申请执行人吴某与被执行人赵某道路交通事故人身损害赔偿纠纷一案，现在双方已经签了和解协议。"6 月 24 日下午一上班，五莲县法院执行法官孙著国就接到了户部镇司法所"小秦调解室"的电话。

将多年未能执结的涉乡（镇）村（居）弱势群体及疑难案件，直接委托司法局指定被执行人所在地司法所进行协调或协助办理其他相关事项，是该院对执行联动机制的创新性尝试。

申请执行人厉某与被执行人五莲县街头镇某村委会买卖合同纠纷一案，因该笔债务系上届村委会届内形成，新一届村委会以无履行能力为由拒绝偿还债务。执行人员经多方查找，未能查询到该村委会有存款或其他可供执行的财产。执行和解联动机制运行后，法院将案件委托给街头镇司法所协调，司法所长联系与村主任相熟的管理区驻村干部共同协调，驻村干部利用对村内事务熟悉的优势，帮着村委会想办法，使得3万元欠款最终如数偿还。

"你们在俺村贴了悬赏公告，现在俺村的人都知道我欠债不还，俺已经把钱交齐了，快把悬赏公告撤了吧，要不可没脸回村了。"被执行人孙某到法院交齐执行款时羞愧地说。

孙某系五莲县高泽乡人，因故欠刘某1.8万元钱久拖未还。案件进入执行程序后，执行人员未查询到孙某有任何可供执行的财产，执行陷入僵局。法院在其住所和村委会张贴悬赏公告当日，执行人员就收到群众提供的孙某的手机号，随即联系孙某，将法院在其村委会张贴悬赏公告、如不履行法律义务可能承担的法律后果予以告知。第二天一早，孙某就主动归还了对刘某的全部欠款。去年以来，该院对41名被执行人进行社会悬赏查找，对查实的18名被执行人采取了强制措施，拘留被执行人18名，执行到位资金160余万元，使23件积案得以顺利执结。悬赏执行活动开展后，该院执行案件自动履行率平均上升了10%，执行标的到位率上升至80%，执行信访、上访案件同比下降26%。

（2014年10月21日《人民法院报》）

便民利民的"温情之窗"

  诉讼服务中心是人民法院服务群众的前沿阵地，是司法为民的第一道窗口。近年来，山东省日照市东港区人民法院不断拓展服务功能，健全工作制度，提升服务档次，努力把诉讼服务中心打造成方便群众诉讼的优质窗口，塑造成彰显司法公信的第一品牌。

擦亮方便群众诉讼的优质窗口

  "朋友借了俺八千块钱，快两年了还不还，法官您帮俺写个诉状，给立上案吧。" 8月25日上午10点，来自东港区陈疃镇的范大姐因为债务纠

开展普法宣传活动

纷，拿着借条焦急地来到东港法院诉讼服务中心起诉。

在了解到范大姐只有小学文化水平、不会撰写诉状的情况后，立案法官将大姐引领到了旁边的"律师志愿服务中心"。不到半小时，范大姐就带着在志愿律师指导下写好的诉状，到立案窗口办理了立案手续。

"多亏了这个'律师志愿服务中心'，真是帮了俺大忙了。"原本因为不会写诉状而一筹莫展的范大姐，此刻终于平复了情绪。

据悉，为了积极应对立案登记制改革带来的收案骤增新常态，进一步畅通诉讼服务渠道，今年以来，东港法院探索建立了律师、大学生志愿服务制度。一方面与区司法局及律协沟通，选取 20 名优秀律师，轮流排班在诉讼服务中心开展志愿服务；另一方面强化院校合作，联合曲阜师范大学法学院建立"大学生志愿服务队"，由导师带队来院开展志愿服务。同时，该院出台《律师、大学生诉讼服务志愿工作制度》，明确志愿职能主要是诉讼引导、法律咨询、指导准备诉讼材料、协助开展诉前调解工作等，通过利用第三方资源开展诉讼服务，进一步优化了诉讼服务品质，节约了审判资源。

此外，为了积极回应群众司法需求，让群众能够"走进一个厅、事务一站清"，东港法院部署开展了"擦亮立案窗口、建设规范化诉讼服务中心"主题活动，对诉讼服务中心全面升级改造，倾力打造立案、接访、执行、投诉、卷宗查询五大窗口并驾齐驱的诉讼服务模式，将庭审以外的十余项程序性诉讼事务成功从审判执行部门剥离，整体关口前移、推向前台。

立案区增设庭长值班、技术鉴定、律师值班等 8 项服务；接访区构建起现场接访、领导周三接访、远程视频接访的"立体化"集中接访模式；执行案件的立案、查询、转办等事项全部都集中到执行服务区办理；将档案室打造成开放式卷宗查阅窗口，当事人既可以借阅、复印纸质卷宗，还可以自助查询、打印 2002 年以来所有案件的电子卷宗；在全市法院率先设立投诉服务区，立案时即发送短信告知当事人投诉服务方式，当事人可以随时到投诉中心反映问题。2014 年，共受理投诉 15 件，较 2013 年下降 53.1%，今年 1 月至 8 月，共受理投诉 4 件，无一违法违纪行为发生，群众对法院工作满意度逐年提升。

打造推进基层治理的崭新平台

"之前没意识到，在水库上游加工石材，危害这么大。我决定这次回去，立马拆除加工设备，不能一错再错。"东港区陈疃镇某石材厂厂长许某向陈疃镇政府作出保证。

6月12日上午，在东港法院诉前调解中心，到法院准备起诉的陈疃镇人民政府工作人员与许某握手言和，双方都对东港法院诉前调解工作赞不绝口。

据了解，因陈疃镇处在日照水库上游，全镇石材加工产生的大量锯泥锯渣、生产废水等，曾对周边环境造成严重污染，更直接危及市区群众的饮用水安全。2013年，该镇启动了石材加工企业整体搬迁入园和综合整治项目，然而许某在签订转产停产协议，并领取了发展补助金和利息补贴后，仍继续进行石材加工，且态度较为强硬。于是，陈疃镇人民政府来到东港法

农民工向法院送锦旗

院，准备将许某告上法庭。

考虑到案件事关民生工程，并且还有许多像许某一样的业户，也都在"观望"案件处理结果，为了不激化矛盾，又能达到理想的警示教育效果，立案一庭庭长焦庭在征得双方同意后，决定进行诉前调解。

接收到案件材料后，为达到理想的调解效果，诉前调解员李青当天赶到石材厂了解情况，一方面从石材加工污染环境、危害饮用水安全等角度做许某的工作，另一方面向其讲明如果案件判决，其将会承担的诉讼风险。经过多次现场调解、电话调解，最终，双方达成和解协议，许某不仅承认了自己的错误，还自愿拿出 1.1 万元作为其违背协议的处罚，且主动表示要帮助政府做好其他业户的工作。

据悉，为了把诉讼服务中心建设成推进基层治理的崭新平台，东港法院坚持把诉前调解作为化解民商事纠纷的重要方式。2009 年起该院就在立案大厅成立了诉前调解中心，安排两名人民调解员专职负责诉前调解工作，并在各派出法庭设立诉讼服务站，同步建立诉调对接中心，与司法所"庭所共建"，开展诉前调解工作。同时，该院还积极协调妇联、工会、医疗及交通事故调解委员会等七部门，签署《关于开展诉前委托调解工作的若干意见》，建立委托调解机制，对妇女儿童权益、劳动争议、医疗纠纷等案件，实现"多方联动、联防联控"。

2009 年以来，该院通过诉前调解及委托调解，共化解矛盾纠纷 3200 余起，调解成功率达 85.3%。

塑造彰显司法公信的第一品牌

"这远程视频接访真是太方便了！"5 月 14 日，在东港法院一楼接访大厅内，信访人申某通过远程视频接访系统，与最高人民法院接访法官进行了"面对面"对话，最高法院法官对申某的信访诉求进行了详细解答。

近年来，为了进一步细化服务，改进作风，塑造彰显司法公信的第一品牌，东港法院不断在提升诉讼服务"软实力"上下功夫。

一方面，积极推进涉诉信访改革，着力打造"文明之窗"。自 2010 年开始，探索实施"院领导周三远程视频接访"制度。每周的周三，日照中院领导班子成员通过视频连线，接待来访群众。今年还在全市法院率先与最高法院、山东高院连线进行远程视频接访，让信访人在"家门口"即可与最高法院、山东高院的法官对话，既减轻了信访人的申诉成本和旅途劳累，又提高了信访效率。

为适应大数据时代需要，该院还创新建立信访案件管理系统，进一步增强法官办案质量意识。2014 年，全省法院涉诉信访改革工作培训会在日照召开，推广"东港经验"。

另一方面，东港法院不断细化便民举措，打造"温情之窗"。该院专门出台了《关于进一步做好司法便民利民工作的 28 条意见》，对行动不便、路途遥远的，提供上门立案服务；对经济困难的，及时予以司法救助；发放廉政监督卡，群众不满意可随时投诉；开通绿色通道，对老幼病残案件优先立案；在各镇、街道人民法庭建立"诉讼服务站"，就地实现立案、查询案件信息等功能。2012 年以来，该院共上门立案 32 件，为 521 名经济困难当事人缓减免诉讼费 273 万元，为群众带去真正的实惠和温暖。

"全面推进诉讼服务中心规范化建设，是破解'六难三案'问题、打通服务群众'最后一公里'的重要突破点，做好这项工作，是基层法院追求司法公正、践行党的群众路线的必然要求。"东港法院院长王义宽表示。

（2015 年 9 月 7 日《人民法院报》）

此生无悔是法官

一摞摊开的卷宗还未来得及合上，6 月 30 日 23 时 58 分保存的裁判文书仍静静地停留在电脑窗口……7 月 1 日 6 时 20 分，一颗为审判事业殚精竭虑的心，停止了跳动。

山东省日照市东港区人民法院三庄人民法庭庭长、"庄户法官"王海宏因病医治无效，永远地离开了他深情眷恋的审判台。

没有通知，没有讣告，7 月 3 日，社会各界 500 余名群众自发赶到日照市殡仪馆为王海宏送行。他生前工作的三庄法庭辖区近百名老百姓从 40 公里外赶来，有人天没亮就起来等公共汽车，只为带着乡亲们的嘱托，送别他们敬爱的王庭长最后一程。

从陕西洋县到山东日照，从西北政法大学到东港区法院，这位扎根基层 23 年的西北汉子，无愧人民法官的光荣称号。

——

"海宏走了，在他最该发光发热的黄金阶段走了，我们很遗憾；但是，他按照我们的要求和嘱托去做了，一生'仰不愧于天，俯不怍于人'，我们很欣慰。"

——王海宏的双亲

1993 年，日照市刚刚设区带县，亟须法律人才，市委、市政府决定到知名法律学府招引人才。刚刚毕业于西北政法大学的 22 岁陕西小伙儿王海宏，和几位同样怀揣法治梦想的大学同学一起，背起行囊，跨越千里，来到日照这个海滨小城"创事业"。

在日照，王海宏是个地地道道的"外乡人"，又是大学生，而基层法庭的案子，大多是家长里短的琐事纠纷，加上当时法庭条件特别艰苦，同事们担心，这些大学生根本"待不住"。

王海宏长了一张圆脸，整天乐呵呵笑嘻嘻的，同事们都喜欢跟他开玩笑。有同事打趣说，俺们这"海蛎子"味儿的日照土话，是不是听起来很费劲？但无论是条件的艰苦，案件的琐碎，还是语言上的障碍，都没有让王海宏产生丝毫的畏惧。

据王海宏的大学同学、同事王向东回忆，那个年代的大学生还是奇货可居的稀缺人才。当时他们一起出来"闯天下"的 12 个"战友"，都在不断地实践与摸索中追逐着自己的理想，最后坚守在东港法院的，只有他和王海宏两个人。

王向东说："海宏的性子，天生就是当法官的料。"

王海宏的祖父是跟随王震将军解放新疆的老红军，父母都是中学老师，受家庭环境的熏陶，在王海宏身上，既有西北汉子的开朗、豪爽、不拘小节，也有心细如发的严谨、细致、坚韧扎实，这看似矛盾的两种特质，恰恰集中在了他一个人身上。

在王向东的印象里，大学时的王海宏经常光着膀子、穿着大裤衩，就在学校的足球场上、武术馆里跑来跑去，所以他觉得，这人真"不讲究"。但熟悉之后才发现，每天不管多忙，王海宏的物品从来都是整齐划一，桌子从来都是一尘不染，在习惯和细节上，能做到如此细致严谨的人，真不多见。

法官这个职业，最重要的是"懂社会"，最不能缺的恰是"细致严谨"。正因为"不讲究"，所以王海宏跟不同圈子、不同阶层的人都能聊得来，无论是"阳春白雪"，还是"下里巴人"，他都欣赏得津津有味。正因为"较真"，所以面对纠纷，他总是设法化解到极致，遇上大案难案，也总能挺到前面。

王海宏本身理论功底扎实，又特别善于钻研，所以进步飞快。因工作成绩突出，入职不到 4 年，他便获得了"全省法院办案标兵"荣誉称号，这在东港法院是第一个。

王海宏是个重情重义的西北汉子。他在给父母的信中曾提到，他决定留在东港法院了，因为领导和同事们都很热情，老百姓也很淳朴。当时回信告诫的话，王海宏的老父亲依然记得很清楚："既然你按自己的心愿进入这个行业，就要干一行、爱一行、专一行。当法官，不求功名，但一定要精通业务，把一碗水端平，尤其要对老百姓好……"

王海宏不仅按照父母的嘱托做了，而且做得很出色。从活力四射的青年，到华发初生的中年，他扎根基层 23 年，深受老百姓爱戴，大家都亲切地称他为"庄户法官"。

二

王海宏办案，从来不以开完庭、结完案为标准，他给自己定下的标准是一定要彻底把群众的心结打开。

三庄镇上卜落崮村两村民因茶园承包纠纷诉至法院，案件经历了一审、二审，最终二审法院判决驳回了上诉。照理说，案子就算处理完了，但王海宏听说当事人的矛盾还没解开，就跟人民陪审员张德先商量，想找时间再去村里找找村干部，做做当事人的工作。这些工作，出不了什么业绩，但王海宏就是这么个人，不把工作做到极致不罢休。

张德先是三庄镇贾家沟村的老书记，在陪审过程中，和王海宏成了挚友。张德先说："我有时看不下去，就劝他，'你这样得多出多少力！'但王庭长的工作丝毫不打折扣。"

案子处理得多了，几乎什么样的突发状况都可能遇上，多年的办案经验，让王海宏在办理每一个案件时，都如履薄冰。

2014 年初春，他审理了一起离婚案件，女方到法院起诉要求离婚。王海宏生前工作的法庭，地处山区，离婚对男方家庭来说，成本代价太大。所以一看到女方起诉离婚的案件，王海宏立马打起了十二分的精神，直觉告诉他，这个案子肯定不好处理。

不出所料，起诉之前，男女双方两家已闹得不可开交，开庭当天，双方都带了不少亲属，多次有要动手的架势。庭审结束后，为避免发生冲突，王海宏让男方一家先走，未曾想，已经走出法庭的男方一家，又折返回来，和女方在法庭大厅发生了冲突。

大家都忙着劝架时，谁都没注意男方的母亲突然掏出一把剔骨刀，径直冲向女方。王海宏丝毫没有犹豫，一个箭步上去，一把攥住刀刃，硬生生把刀夺了下来。书记员柏发斌回忆说，当时看到一地血，还以为是别人受伤了，后来才发现是庭长的手在流血。为了避免激化矛盾，王海宏选择了不追究，最终，案件圆满化解。

当事人双方又打又闹的案子，在基层法庭并不罕见。柏发斌是 2013 年底进入法院的年轻人，他说，来三庄法庭之前，从没想过法庭的案子这么琐碎，和自己想的"坐堂问案"完全不一样。比如，为了两家地界上一棵栗子树，双方就誓要拼个你死我活。为了这个案子，王海宏来回跑了无数次，磨破了嘴皮子。

"庄户人家没有多少'大案子'，但是每一桩案子都是老百姓切切实实关心的'大事'。两家以后还要在一起种地，矛盾化解不了，说不定以后还会发生什么冲突，所以我们不能一判了之。"王海宏的话，柏发斌至今铭记在心。

王海宏的真情付出，让他渐渐走进了群众的心坎里。十里八乡的群众有点事，都愿意上法庭找他说说，让他帮忙拿个主意。7 月 1 日王海宏去世当天，有村民专程坐车赶到法庭，问王庭长去世的消息是不是真的，打听遗体告别仪式在哪里举行。

"我就是三庄普通的老百姓，王庭长给我办过案子，他是个好法官。"村民朴实无华的话语，对王海宏来说，或许是最为珍贵的评价。

三

"王庭长心里装着老百姓，能站在俺们老百姓的角度，换位思考，但这并不是说他向着谁。只要涉及原则问题，他肯定'丁是丁卯是卯'，不偏袒任何一方。"

——赵龙海

谈起王海宏，三庄镇三庄二村村民赵龙海满是感激之情。

赵龙海家住在省道附近，2014 年 1 月 9 日，农历腊月初九，一辆失控的大货车冲进了他的家中，将五间平房撞毁了大半，幸亏家人躲避及时，才没造成人员伤亡。

房子塌了，粮食、家电、衣服、生活用品统统压在了废墟下，大冬天的，眼看就要过年了，日子怎么过？一筹莫展的赵龙海只能到法院立案，案件主审法官正是王海宏。

"第一次到法院打官司，我心里七上八下的，没想到案子审理前，王庭长就到我们家看了很多次，安慰我不要着急，他会想办法给我们解决燃眉之急。"赵龙海回忆说，王海宏的关心让他心里有了底。

为了让赵龙海一家在寒冬之中先能有个住处，王海宏多次跟肇事方协商，催促他们预付部分赔偿款，让赵龙海先把房子盖起来。面对肇事方"确实没钱"的推托，王海宏依法果断作出了"先予执行"的裁定，并继续坚持做肇事方的思想工作。

赵龙海清楚地记得，在农历腊月二十三"小年"那天，他在法庭拿到了10 万元预付赔偿款，解了他们一家的燃眉之急。

"刚开始打这个官司，我就想多要点赔偿，我房子没了，东西都砸在里边，钱赔少了肯定不满意，也上火，为此我没少跟王庭长理论，跟他发火，但他从来不生气。王庭长劝我，'老赵啊，身体没有受到伤害是咱最大的福报，赔偿多少，还得按照法律来'。"王海宏不偏不倚的办案风格，让赵龙海心服口服。

赵龙海说，后期案子处理完了，判决肇事方赔偿的数额，比他预想的要少点儿，但他真心觉得，案子处理得很公正。

多年的基层法庭工作经验，让王海宏办案越来越"接地气"，为了拉近和老百姓的距离，他还在法庭开辟了"小菜园"，让老百姓走进法庭，没有陌生感。

四

"在我印象里，爸爸总是提着三个蓝色帆布公文包，一个装手提电脑，另外两个装案卷，我们家用坏了的公文包不计其数。每次视频聊天，看到的画面总是他在办公室或家里的书房，前边是电脑和案卷，后边是书架，他坐在中间……"

——王海宏的儿子

2010 年 10 月，王海宏做了心脏支架手术，从那以后，他兜里的药，从来就没停过。但是，他并没有因此选择"退居二线"，反而比以往付出更多的心思在办案上。

近年来，案件数量一路飙升，每天开四五个庭，成了"家常便饭"，加之王海宏对办理每个案件都精益求精，所以需要花费更多的时间和精力。在白天时间有限的情况下，写判决书只能放到周末和晚上。

"王庭长每天总是最早到法庭，最晚一个离开，从 5 月以来就没休过

王海宏法官先进事迹报告会

周末。在生活上，他也从不讲究，能吃饱就行，而且总是一边吃饭一边和干警讨论案子。"

王立迎是老三庄人，也是东港法院的人民陪审员，平常在法庭值班，中午负责做午饭，谈到王海宏，他止不住流下泪水。

王海宏年迈的父母远在陕西老家，因为工作繁忙，他平均每两年才能回老家一次。"每次回家，家里的电脑就被他霸占了，为了不耽误工作，他总是在家写完判决书，再通过网络传回法庭，很多判决书至今还在老家的电脑里。"王海宏的母亲虽偶尔嘴上抱怨，但却一直默默支持儿子的工作，并以他为骄傲。

王海宏是个孝顺儿子，为了不让父母牵挂，他几乎每天都会跟父母视频聊天，或者把自己的生活工作情况，发到一家人的微信群里。在家人眼里，他是个不折不扣的"法痴"，就连父母在老家养了条宠物狗，他都能从法律角度分析一番。

王海宏的父亲说："海宏的专业，就是他最大的爱好，所以他特别享受工作的状态和乐趣。有时礼拜六礼拜天不休息，他就把光着膀子加班写判决书的画面，或者法庭中午吃饭的大饼和汤菜拍下来，发给我们看。我偶尔还调侃他，加班还干得那么高兴。"

7月1日后，王海宏的微信再没有了消息。担心两位老人承受不住打击，家人只能欺骗他们，说他正在党校参加封闭式培训，不能和家人联系。直到7月5日，王海宏在众多亲人故友、同事同学的陪行下魂归故里，安葬在陕西洋县公墓，老人才知道儿子已经走了。

7月26日，王海宏的父母专程从陕西老家赶到日照，只为再看一眼儿子最后生活、工作的地方。三庄法庭的"小菜园"里，蔬菜瓜果依然茂盛，王海宏亲自设计的法庭文化墙，静静地守在一旁……

（2016年8月9日《人民法院报》）

让群众顺心服气

1996 年底以前，莒县夏庄镇的后山后等几个村，因村财务不清、村干部大吃大喝等问题，群众频频上访，成为远近闻名的"上访村"。为解决这个"老大难"问题，今年 4 月县检察院与夏庄镇党委、政府联合设立了农村财务检察审计室，根据当地实际情况，要求各村财务报账要过"四关"：一是村委会主任"一支笔"关，二是会计、现金保管关，三是村民主理财小组关（组长由各村德高望重的老同志担任），四是检察审计关。过完"四关"后，月底将总收支账目加盖检察审计章后张榜公布。

最近我们来到夏庄镇，镇农村财务检察审计室的同志给我们讲了一件事："一次有个村党支部书记拿着 13 张单据来审计。我们一看全是跨月的，又不是生产性开支，硬是没给审。这笔钱，他就只好自己'兜'着了。"镇党委的同志说，半年来检察审计室审计出不符合规定的原始单据 103 张，金额共计 4.7 万余元。同时，该镇所辖的 66 个村接待费用比去年同期下降 80%。这段时间各村都没有发生因村财务混乱而上访的事件。

我们来到后山后等几个村。尽管刚下过一场小雨，但上月贴在街头的村收支账目一览表仍然清晰可辨。走访中，村民们高兴地说："现在好了，有一本明白账，谁也别想大吃大喝，占集体的便宜。"

由此我们想到：只要建章立制，解决屡禁不止的"筷子"问题，解决因农村财务混乱而导致的上访问题，使基层群众服气顺心，其实是能够办到的。

（1997 年 12 月 15 日《人民日报》）

山东莒县检察文化建设亮点频现

俗话说"众口难调",而山东省莒县检察院在检察文化建设上却别出机杼,采取干警们喜闻乐见的形式,积极打造人人参与、共建共享的检察文化建设平台,以促进各项检察工作的深入开展。去年,该院被山东省检察院荣记"集体一等功",被日照市委、市政府授予"人民满意政法单位";在去年底日照市检察院对各区县检察院的 20 个对口考核项目中,该院一举夺得16 项第一。

"每周一讲"看水平

"话说北宋仁宗年间,陈州大旱,民不聊生。包公受命前去巡查……"3 月28 日下午,莒县检察院会议室内,监察室老郭正在台上讲《包公断案》,猛一听还真有点说书先生的味道。半个多小时讲下来,老郭博了个满堂彩。

每逢周五是莒县检察院的集中学习日,过去一般是领导台上念文件,干警台下打瞌睡。自去年下半年以来,该院开始推行"干警轮流演讲"制度,利用每周五下午时间,干警轮流上台演讲,题目自拟,内容不限,可以讲政治理论、检察业务,也可以讲文学艺术、人生感悟,此举深受干警们的欢迎。别小看了这"一讲",台上一分钟,台下十年功,显示出的可是综合水平,要文才、口才兼备,还要有良好的心理素质。

"每月一会"展才艺

这是一场没有主持人的联欢会。

今年春节假期后的第一天下午,莒县检察院投资近 10 万元装修一新的

定期举办"青年道德讲堂"

多功能厅内，干警们欢聚一堂，院里举办了一场别开生面的联欢会，同时也是新春团拜会。

没有主持人，没有节目单，无拘无束，愿唱就唱，爱跳就跳，能者多"劳"，谁唱谁点歌，谁跳谁邀伴，一杯清茶，几式茶点，在悠扬的歌声中，在翩翩的舞影里，在无间的笑谈中，干警们在尽情展示自己才艺的同时，彼此表达着对新的一年美好的祝福。

莒县检察院干警告诉记者，原先院里每半年举行一次文艺联欢会，事先精心组织，搞得很正规、很隆重，但干警们普遍反映有点拘谨，不能够尽兴。

从今年开始，该院决定联欢会每月举行一次，不拘形式，即兴而为。这么一改便改"活"了气氛，原先轻易不敢一展歌喉的一些干警，居然也经不住现场众人的"怂恿"，纷纷登台放歌……干警们在紧张的工作之余实实在在地得到了放松休闲，锻炼了才艺，也进一步拉近了彼此间的距离。

"每年一节"亮绝活

这几天，莒县检察院行装科干警小杨每有空闲，便一头扎到乒乓球室，苦练球技——每年一度的春季"莒检文体节"马上就要鸣锣开场了。在去年的文体节上，本来最有希望夺得乒乓球赛冠军的小杨爆了个大冷门，在第二轮就被淘汰出局。今年他憋足了一口气，决心要收回这个本该属于自己的冠军头衔。而公诉科的老刘也不敢懈怠，一有空闲便挥毫泼墨。在去年的书法比赛中，经过县内 3 名书法家综合评定，他以高出一分的优势，险获书法比赛冠军。

"莒检文体节"活动始于去年春季，囊括了网球、台球、篮球、乒乓球、拔河、女子跳绳、象棋、书法等各项赛事，赛事活动主要集中在周末举办，说是自愿报名，但因为项目多，东方不"亮"西方"亮"，几乎所有的干警都参与进来，每个人都想把自己的绝活亮一亮，有的干警甚至报名参加了五六项赛事。

"文体节一结束，有的干警硕果累累，有的干警颗粒无收，但这丝毫不影响大家的兴致，奖牌也好，奖金也好，只是个形式，重在过程，贵在参与……"莒县检察院检察长对记者说。

（2008 年 4 月 10 日《检察日报》）

行走乡间的铁笔法医

人物档案：邵明强，1995年7月进入山东省莒县检察院工作，现任该院技术科科长、主检法医师。先后荣立三等功七次，二等功四次，一等功一次，并被授予"山东省优秀共产党员""山东省十大杰出青年卫士""全国检察机关人民满意的检察干警""全国模范检察官"等荣誉称号。

有这样一串数字真实地记录了一名基层检察法医的工作：坚守岗位17年，办理9800余起检验鉴定案件零异议，有效避免错捕错诉17人，行程2万余公里，足迹遍布230多个村庄，上门为群众服务230余次，在国内知名医学期刊上发表论文21篇。

这些数字的创造者就是山东省莒县检察院检察技术科科长、主检法医师邵明强。今年6月，在山东省第十次党代会上，他当选为中国共产党第十八次全国代表大会代表。

近日，记者来到莒县检察院，近距离地感受这位铁笔法医的为民柔情。邵明强告诉记者，院里成立了以自己名字命名的工作室，工作比以前还要忙了。

此次采访，记者还跟随邵明强和他的妻女，来到曾经的鉴定对象、现在的资助对象史某家中，为史某的两个孩子送去学习用品。邵明强仔细询问了史某的伤情及孩子的学习情况，他的女儿与两个孩子很快成了好朋友。听着孩子们的欢声笑语，邵明强也笑了。

那个苍老的身影让他自责

有限的职责，无限的服务。这是邵明强秉承的工作理念。

邵明强深入田间地头调查取证

　　莒县是一个人口过百万的农业大县，来做鉴定的群众大都来自农村。为了方便群众，邵明强和同事们"约法三章"：一要长年坚守值班，尽量让群众少跑腿；二要服务热情、周到；三要准确及时出具鉴定书。为此，他经常放弃午休，放弃双休日、节假日，留在鉴定室为当事人写鉴定书。

　　2007 年 5 月的一天，邵明强接到了被鉴定人盛某家属的"求助"电话。原来， 2006 年 10 月，盛某在一次交通事故中受伤，身体功能大部分丧失，治疗结束后急需做法医鉴定。根据规定，法医鉴定中法医必须亲眼见到伤者本人。盛某无法行动，家属特别为难，如果要到法医门诊来，需要四五个人用担架抬着，伤者受罪、家人受累。

　　邵明强听后想：按照惯例在"家"坐诊，自己少吃苦，但伤者就会多受罪，他们的家人就会多受累。于是，他决定登门验伤。验完伤情之后，令邵明强意想不到的一幕发生了：盛某年迈的老父亲"扑通"一声给他跪了下来。

　　那个跪在地上的苍老的身影，让邵明强反思、自责了很长时间。不久，他向院里提出成立"流动法医鉴定室",对损伤严重、无法行走的被鉴定人要到床前、到家里、到现场进行鉴定,尽量避免伤者在搬运过程中的痛苦和不便。此后,无论是交通便利的城镇还是偏远闭塞的山区乡村,损伤严重、行动不便的当事人只要打一个电话,他就会马上登门进行鉴定服务。

几年来,邵明强走遍莒县21处乡镇的230多个村庄,行程2万余公里,为被鉴定人上门服务230余人次。

拿稳写鉴定的那支笔

法医关乎"法"和"医",丝毫马虎不得。邵明强经常告诫自己:写法医鉴定的那支笔,很轻,又很重。一丝一毫的疏漏,对当事人就是一生一世的遗憾,要用心维护公平正义。

2008年初,被害人许某被人击打致腰椎骨折。案件移送检察院后,邵明强对许某伤情进行审查,并应犯罪嫌疑人要求,对许某腰椎进行复查、会诊,认为许某的伤情构成轻伤。案件进入审判阶段,犯罪嫌疑人要求对伤情鉴定意见进行复核。山东省公安厅组织专家对犯罪嫌疑人家属提供的伤者CT片进行会诊后,认定腰椎骨折属于陈旧性损伤,不构成轻伤。

邵明强坚信自己的审查正确,遂逐级汇报至山东省检察院技术处,在山东省检察院技术处的支持下,在不到10天时间里,3次请省内知名专家组成专家组进行会诊。专家组经过细致论证,均同意邵明强的鉴定意见,法院也最终采纳了轻伤的鉴定结论,对犯罪嫌疑人作出了有罪判决。

1995年以来,邵明强共办理各类检验鉴定案件9800多起,对每一起鉴定他都如履薄冰,严格依法依规反复查验,没有发生一起因检验鉴定不公而引发投诉、举报等问题,通过认真细致地鉴定,避免错捕错诉17人。

9800多起案件,涉及案件双方家庭就要近2万个。这近2万个家庭,没有因为邵明强对案件的处理感到心不平气不顺,没有诱发社会不稳定因素,涉案当事双方还对政法机关心存感激和信任。每当想起这些,邵明强就感到莫大的欣慰。

"点亮"那个不幸的家庭

长期从事法医工作，邵明强看到太多案件给当事人带来的痛苦。有的被害人是家里的顶梁柱，因伤致残使整个家庭都面临困境；有的被害人是年迈的老人，本应尽享天伦却要承受身体上的创伤；有的被害人因伤残而改变了人生的方向，失去了大好前程……邵明强看在眼里，想在心上。

今年 4 月，莒县检察院成立"邵明强工作室"，开展阳光法医鉴定业务，协助处理由该院受理的与法医鉴定有关的轻微刑事案件等工作。邵明强把上级颁发给自己的奖金捐献出来，连同鉴定中心鉴定费收入，设立了困难群体救助金，用于救助在法医鉴定工作中遇到的经济特别困难的当事人。

工作室开展救助的第一例，是一对少不更事的姐弟。2010 年 6 月，史某骑摩托车外出，与一辆轿车发生碰撞，左脚被重度挤压并伴有多处骨折和软组织伤。事故发生后，史某住院治疗，左脚截趾。2011 年 1 月，史某来到法医门诊申请做伤残鉴定。因无力承担高额医疗费，史某在伤情未完全治愈的情况下出院回家休养，后邵明强多次上门给他验伤，最终为其出具了六级伤残的鉴定结论。邵明强还了解到：史某妻子已去世，留下了一双不谙世事的儿女，其父双目失明多年，母亲也已 70 多岁，无力承担家庭的重担。

工作室成立后，邵明强将史某的情况向院领导作了汇报。院党组研究决定，将史某的子女作为救助对象进行救助。莒县检察院检察长管锡露还亲自拟订救助方案：每年发放两次救助金，用于保障姐弟俩的学习和生活，直至姐弟俩完成学业、长大成人。

今年 5 月 30 日，邵明强和工作室的其他人员来到史某家中，向史某年仅 11 岁的女儿和 8 岁的儿子赠送了首笔救助金 3000 元，并向其全家转达了对两个孩子长期救助的计划。史某感激地说："我这个家本来死气沉沉的，您就像给点了一把火，又亮起来了。"

（2012 年 9 月 13 日《检察日报》）

山东莒县："五室"打造服务民生新平台

近年来，山东省莒县检察院不断强化群众工作意识，将群众工作作为检察机关参与社会管理创新的重要内容，积极研究新机制，探索新方法，通过设立五个工作室形成联动机制，全力打造服务民生新平台。

"邵明强工作室"示范引领群众工作

2012年5月初，以党的十八大代表、全国模范检察官、莒县检察院技术科科长邵明强名字命名的"邵明强工作室"正式挂牌成立。这是莒县检察院为充分发挥先进典型在群众工作方面的引领示范作用而推出的一大新举措。

工作室由技术科全体干警和侦查监督、公诉、控申、民行等部门各指派一名干警参与，帮助当事人解决因法律问题引起的矛盾纠纷，并设立弱势群体救助金，对因伤致贫、因残致贫的案件当事人实行救助帮扶。工作室推行了一系列便民措施："三到"便民服务，即对损伤严重、无法行走的被鉴定人到病床、到家庭、到现场进行鉴定，尽量避免伤者在搬运过程中的痛苦和麻烦；推行阳光鉴定"一告知三公开"制度，即每一名前来鉴定的当事人会在申请鉴定前接到一份《被鉴定人权利义务告知书》，在鉴定过程中将鉴定人的基本情况公开，检验过程公开，鉴定标准及鉴定结论公开，确保鉴定意见更加客观公正；推行司法救助服务制度，制定了《关于检察技术服务弱势群体的意见》，开展为弱势群体减免费用、开展法医咨询、协助处理由本院受理的与法医鉴定有关的轻微刑事案件、民事申诉案件的和解、调处、息诉、弱势群体救助等。

今年 5 月 31 日，工作室启动了首例弱势群体救助，将因交通事故致残的莒县长岭镇后下庄村村民史某 11 岁的女儿、8 岁的儿子作为救助对象，向其赠送了首次救助金 3000 元，并确定了"每年发送两次救助金，用于保障姐弟俩学习和生活，直至姐弟俩完成学业，长大成人"的长期救助方案。

近年来，莒县检察院共上门鉴定服务 230 余人次，走遍了全县 21 处乡镇的 200 多个村庄，行程 1 万多公里，为 90 多个生活困难群众免除鉴定费用 6 万余元。

"流动接访室"妥善解决群众诉求

为化解基层矛盾纠纷，妥善解决群众诉求，莒县检察院从各业务科室抽调 7 名业务骨干组成"流动接访室"，派出接访车，巡回在全县 21 处乡镇、街道，通过推行"来访只需第一次"、下访巡访等方式送法下乡，为群众释疑解惑。

邵明强工作室

"来访只需一次"，即上访人第一次到该院反映问题时，工作人员对不能当场答复的，记明来访人电话号码和住址，商定答复时间，届时登门答复。该机制有效解决了偏远山村来访人的出行难问题，深受来访人的欢迎。

该县峤山镇柳某是"来访只需一次"信访承诺机制的一名服务对象。今年3月9日，柳某到该院反映王某有利用职权收受他人贿赂的行为，由于需要查证核实，工作人员无法当场答复，遂与柳某约定一个月内上门答复举报问题的处理情况，柳某将信将疑地走了。4月5日，流动接访室的工作人员驱车来到柳某家，向其回复了调查处理情况，柳某高兴地说："上访真的只需要一次，你们说话算话，我信服！对你们的处理结果，我非常满意。走了这么多部门，就数你们的工作最认真、最负责。"后来，柳某成为该项机制的义务宣传员，乡亲们有个什么官司、邻里间有了什么纠纷，他都建议到检察院去咨询。

"刑事和解室"宽严相济促和谐

近日，一起轻伤害案件的双方当事人刘某和兰某先后将写有"公仆秉公办事，百姓以和为贵""体贴民心、秉公执法"的两面锦旗，送到莒县检察院，上演了"一起伤害案，双方送锦旗"的感人一幕。

事情还得从莒县检察院的"刑事和解室"说起。为了贯彻宽严相济刑事政策，莒县检察院侦查、公诉两部门联合成立"刑事和解室"，为双方当事人营造和解的氛围与空间。和解工作中，两部门相互配合，前后衔接，尊重当事人双方意愿，坚持"罪刑相适应"原则，做到既准确追究犯罪，又尽量帮助被害人挽回经济损失，既注重被害人的精神损失与物质损失的恢复，同时又依法发挥不批捕、不起诉的职能作用，积极帮助当事人重新融入社会。

今年以来，莒县检察院通过刑事和解为被害人落实民事赔偿款100余万元，对70余名犯罪情节轻微的初犯、偶犯、未成年犯作出了不捕不诉决定。

"检察救助室"保障弱势群体利益

"刑事被害人是一个特殊的群体,他们更需要社会的关爱。"莒县检察院检察长管锡露在去年年初召开的检察长办公会上说。经过一段时间的调研论证,检察救助室应运而生。

为将救助工作落到实处,抓出实效,救助室组织专门人员对近几年该院所办案件中的被害人进行调查摸底,根据被害人家庭现状、受损害程度、获赔可能性等,为每位被害人建立救助工作档案,实行分级动态管理。

虽然救助金的发放仪式已经过去半年多了,年过七旬的蒋某夫妇提起莒县检察院的"检察救助室",至今仍心存感激。蒋某夫妇因其子死亡一事连续上访18年未果,2011年4月,蒋某夫妇来到莒县检察院。工作人员在接访过程中了解到,蒋某患有高血压、骨质增生,行动不便,其夫患忧郁症、甲状腺肿瘤,身体的病痛、高额的医疗费用、多年上访的压力,使两位老人心力交瘁。救助室在认真核查案情的基础上,将蒋某夫妇的情况向日照市检察院作了汇报,日照市检察院积极与日照市委政法委沟通,为蒋某夫妇申请了7万元救助金,如今两位老人结束了18年的上访奔波,在家安度晚年。

"检民联系室"检力下沉接地气

如何将检力沉下去,将执法公信力提上来,是基层检察院做好新形势下群众工作的一个重要命题。2012年年初,莒县县委组织开展"机关干部下基层"活动,莒县检察院抓住这一时机,依托机关党委设立"检民联系室",选派3名党组成员和3名有群众工作经验的中层干部到5个村庄开展包村工作,立足检察职能,将法律监督的触角延伸到基层。

该院从反贪、反渎、控申、预防等部门抽调业务骨干组成"万名干部下基层"检察服务队,以预防讲座、法治宣传、警示教育等方式,服务全县的包联共建工作。哪个乡镇或村庄有需求,一个电话,检察服务队就把法律宣传送到哪里。截至目前，服务队共开展预防讲座 13 场，流动警示教育 13 次，受理群众举报线索 12 件。

莒县检察院 67 名党员干警还与 5 个包联村的 69 个联系户结对共建，每位干警都建立了"党情民情日记"，向联系户发放"检民联心卡"。今年"七一"前夕，干警分别到联系户进行走访慰问，让困难党员和群众感受到党的温暖，真正把服务工作做到了"街头、地头、炕头"。

活动开展以来，干警共记录党情民情日记 180 余篇，接受群众法律咨询 130 余次。该院党组积极协调，为帮扶村解决了群众就医、供电、交通等难题，树立了检察机关在群众心目中的良好形象。

（2012 年 10 月 31 日《检察日报》）

日照："精准警务"推动公安工作高质量发展

如何破解公安工作面临的警力不足、机制不健全、信息化应用不到位等难题？去年以来，山东省日照市公安局党委坚持问题导向，主动向科技、机制创新要警力、要战斗力，着力打造以"平安警务、规范警务、数据警务、民生警务、合成警务、质效警务"为主要内容的精准警务，强力推进省公安厅部署的基层基础建设三年攻坚战，努力实现公安工作高质量发展。

"精准警务的核心是'理念+机制+科技'，通过标准规范体系建设和科学技术应用，依托坚实的基层基础支撑，走集约式发展之路，实现警务流程再造、警务资源再组、警务主体再塑。"日照市副市长、公安局局长张培林表示。

"精确规范"提效能
——基础执法要素管理精准到位，基层执法行为规范高效

精准执法、流程再造，规范警务成为日照公安"亮点"。他们构建精准执法保障体系，推进执法办案场所升级改造，市、县两级公安机关全部建成高标准执法办案中心，所有派出所全部建成案件管理室、受立案窗口。紧紧围绕办案中心、案管中心、涉案财物管理中心"三个中心"，日照公安机关整合"警情、案情、人员、场所、卷宗、涉案财物"等执法要素，实现集约化、智能化、合成化执法管理。此外，他们研发了基于大数据技术的精准执法实战智能系统，实现智能量罚、远程讯问、模拟法庭等功能；加强执法动态数据实时监测，编纂执法白皮书，提升了执法数据信息预警研判效能。

同时，日照公安机关积极构建精准警务标准规范体系，部署开展标准规

搏击训练

范建设年活动，引入质量管理、流程再造、绩效管理等理念，"清单化""项目化""智能化"推动每项业务、每个岗位细化完善工作标准和流程，实现全警触网、体系化运转。目前，已建立覆盖各类重点业务工作的标准、流程、规范 500 余项。

"精准制导"护平安

——基础要素管控扎实到位，科技支撑力明显增强

精准打防、靶向整治，平安警务成为日照公安"品牌"。他们开展扫黑除恶"利剑"专项行动，层层组建专业行动队，打造最佳作战单元，去年以来共打掉涉黑团伙 2 个、恶势力团伙 100 个；不间断开展严打"铁拳"等系列专项行动，破获一系列重大刑事案件。日照公安机关建立"行业管理+治安查控"管理模式，将共享单车管理客户端数据接入公安机关，实现实时轨迹查询；会同相关单位研发了无人机反制系统，并建立联动机制。

精准智创、科技强警，数据警务成为日照公安"动力"。他们以新技术打造"公安智脑"，整合社会部门数据近 2000 亿条、公安内部数据 18 亿条，依托全网数据实现对人、事、物、地、组织的全维度分析。同时，建设实战指挥应用平台、海上执法指挥调度平台、卫星应急通信系统，配备应急指挥车、无人机，实现可视化指挥调度，提升指挥决策信息化水平；推进"天网"智能化建设，整合 10 个部门视频监控资源，全市 10 万个探头联网联控，形成视频建设、管理运行、数据应用"三网合一"。为提升精准打防能力，日照公安机关研发精准数据作战系统，涵盖 110 接处警服务、侦查办案服务、重大活动安保、大数据常态化分析等 4 大模块，实现数据分析刻画、数据预测预警；搭建基于"三维建模+"和标准地址的精准数字应用系统，实现"一标三实"采集、反恐防范、城市管道应急处置等应用，切实变人海战术为精准作战。

精准指挥、联合作战，合成警务成为日照公安"利剑"。他们建强市局、分县局实战型指挥中心，在特警、边防等警种和 19 个城区派出所设立勤务指挥室，形成上下联动的实战指挥体系；整合全警资源、聚焦一线实战，形成"情报+打击""情报+防范""情报+巡逻"新机制，建立完善市局、分县局、基层所队三级联动的信息合成作战机制，与指挥中心一体化运行，实行 110 刑事警情实时研判和未破案件深度研判。同时，推进"四位一体"实战化反电信网络诈骗中心建设，完善快速冻结止付、精准落地阻断、合成侦查打击、快速通报防范等机制；按照" 1+1>2 "的组团式融合发展模式，打造集合成作战、反电信网络诈骗于一体的数据作战功能区，成立以优秀民警命名的工作室 4 个，组建打黑、反诈、追逃作战单元，有效拓宽合成警务的外延。

"精益求精"促发展
——精准服务做优民生警务，质效警务助力改革发展

精准服务、常态长效，民生警务树立日照公安"新形象"。他们创新打造"微警务"，将报警求助、政策咨询等多项服务从窗口延伸到网上、连接

到掌上；出台《深化户籍制度改革加快提高户籍人口城镇化率服务人民群众四项措施》，进一步方便群众；健全完善大回访工作机制，实时分析改进群众不满意事项，去年以来回访群众256.1万人次；深化平安志愿者队伍建设，推动平安志愿服务向治安防范、治安调解、应急处置等领域延伸。

日照市公安局东港分局着力建设"枫桥式东港"，借力大数据深度融合与运用，统筹各方力量、整合各类资源形成工作合力，及时化解群众矛盾纠纷，真正实现"小事不出村、大事不出镇、矛盾不上交"。公安交管部门通过推行"一站式、一体化、一网办"等便民新举措，推进道路交通事故处理流程再造和机制创新，精心打造让群众可自主选择、网上全流程一体化运行的事故处理和矛盾纠纷化解"日照模式"。

精准保障、履职尽责，日照公安通过质效警务保障改革发展。他们聚力全市经济社会发展，开展日照港集团整顿"利剑1号"行动、打击逃废银行债务"利剑2号"行动；聚力服务新旧动能转换重大工程，出台28条举措，深化警务前移"绿色通道"，推行"项目警务"，持续深化"放管服"改革；聚力服务乡村振兴战略，选任农村警务助理2883名，实现行政村全覆盖，同步研发"警信通"警务助理APP软件，加强对农村警务助理的任务派发和管理考核；聚力服务海洋经济建设，牵头开展创建"平安海区"行动，推行海陆一体护海警务模式，开展海上联合执法行动；聚力服务旅游城市建设，规范旅游警察专业化队伍建设，健全完善旅游纠纷快速调解、外地旅游车辆快速通行等"绿色通道"。

为给精准警务战略实施提供有力队伍保障，日照公安开展"严纪律、强作风、树正气"专项整顿"清风"行动，推行最严"四个一律"禁酒规定，加强党建、廉政、警营文化中心建设，着力打造忠诚型、学习型、实干型、创新型、廉洁型、团结协作型"六型阳光警队"。

（2018年8月9日《人民公安报》）

维护正义　无私奉献
为困难群体擎起一片蓝天

日照市法律援助中心成立于 1997 年，现有工作人员 12 名，其中法律援助专职律师 8 名。该中心成立以来，始终坚持创新发展，以优质服务维护困难群众合法权益。先后荣获"全国法律援助先进集体""全省优秀妇女儿童维权岗""山东省青年文明号"等荣誉称号，荣记集体二等功一次。

该中心积极争取党委政府重视，较早成立了由市主要领导任组长的市法律援助委员会，并带动区县全部成立法律援助委员会；积极落实"三个纳入"要求，将法律援助工作纳入文明城市创建和社会治安综合治理考核体系，为促进法律援助事业发展提供有力保障。加强法律援助组织体系建设，在妇联、老龄委、残联、共青团、人武部、工会、信访等部门建立法律援助联络站 34 个，在公安交警队设立法律援助窗口，在法院设立再审案件法律援助联络站，率先在全省建立了"一乡一站、一村一员"农村法律援助网络，实现了法律援助无缝覆盖。不断扩大法律援助覆盖面，建立经济困难标准和认证程序动态调整机制，将市委、市政府重点解决的民生问题和困难群众迫切的诉求纳入法律援助范围，更多困难群众享受到法律援助服务。2003 年～2010 年，组织全市各法律援助机构办理法律援助案件 6900 件，接待群众来访、解答法律咨询达 3 万人次，为困难群众追偿和避免经济损失近 3 亿元。

该中心致力于为困难群众提供优质高效法律援助服务，加强制度化建设，建立完善了与《法律援助条例》相配套的规章制度体系，有力保证了法律援助案件办理质量。成功办理了莒县劣质玉米种子 327 名农民索赔案、

市委、市政府为困难群众送温暖

岚山4.18油罐车失火20余户受损居民赔偿案等典型案件，多个案例入选全国百优案例和全省年度十佳典型案例，《人民日报》《法制日报》等多家新闻媒体多次给予宣传报道。

（2011年7月29日司法部政府网、央视网）

退一步海阔天空

2011 年春，山东省莒县招贤镇徐家春生村进行旧村改造，董某的老房在改造拆迁范围内。徐家春生村村集体把董某老房所在的地方规划给魏某作为宅基地，魏某去土管所办理了该土地的土地使用证，但董某对这一切并不知情。按照村集体规划，董某须先拆除房屋魏某才能盖新房。随后，魏某拿着该土地的土地使用证找到董某，要求董某及时拆除房屋，自己准备马上盖新房。董某很困惑，自己房屋所在的土地，为什么别人办理了土地使用证。他随即找到当时的村支部书记徐某，徐某说，此宅基地虽然是你的老房所在地，但老房子在旧村改造拆除的范围内，你应该按规划拆除，村委会会另外给你规划宅基地，这块宅基地已经规划给了魏某，魏某去土管所办理了土地使用证，你就准备拆屋让别人盖新房吧。听到这样的解释，董某既疑惑又气愤，自己祖祖辈辈住了好几代的地方，怎么突然变成别人的了，即便是旧村改造规划新宅基地，也应该把这个地方再划给我啊。愤怒的董某并没有拆除房屋给魏某让地方，而魏某以自己有该宅基地的土地使用证为由坚持要求董某拆房。几个月之后，董某迟迟没有拆除房屋。魏某急着盖新房，便多次去找董某理论，但都没有结果，双方矛盾越来越大。无奈之下，魏某把董某告上法庭，请求法院判令董某拆除房屋，归还自己的宅基地。依据魏某所持有的土地使用证，法院作出判决，支持了魏某的诉讼请求，但董某仍然没有拆除房屋，魏某依据判决书申请法院强制执行。法院工作人员完成房屋拆除工作没几天董某在原宅基地上又盖起房屋。魏某也多次找村委会和管理区协调，但当事人双方都坚持自己的观点，董某坚持宅基地是自己的并说拼了命也要保住自己的地方。魏某也坚持自己持有土地使用证，之后，向法院申请

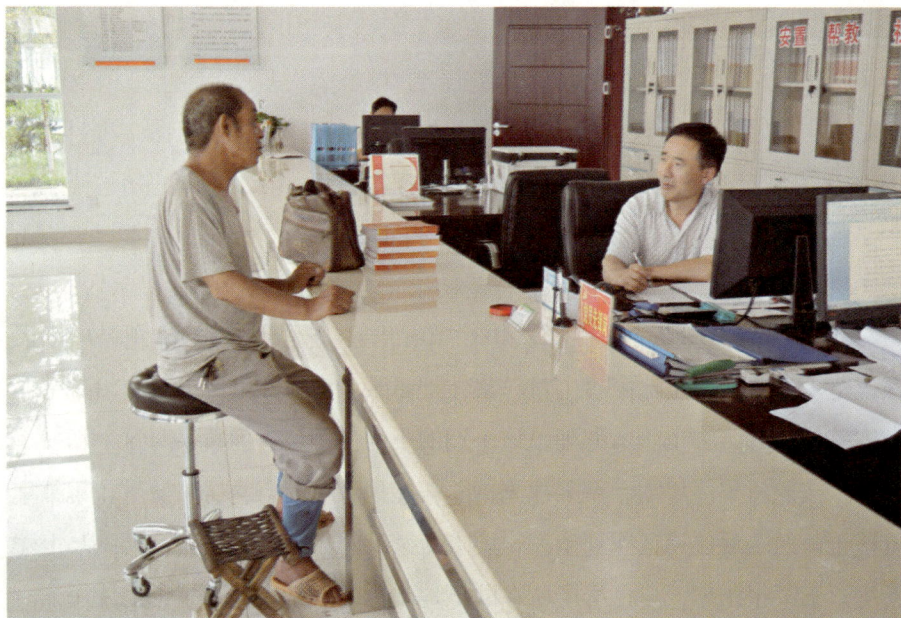

司法所工作人员接受村民咨询法律问题

了第二次强制执行。

　　再次接到强制执行申请后法院认为，如果再按法律程序批准魏某的二次强制执行申请，纠纷未必能彻底解决，恐怕还会发生难以预料的后果。考虑到案件实际情况，县法院分管领导向有关领导作了汇报，随即召开"三调联动"办公室会议，安排司法所、法院、土管所、管理区、人民调解委员会联合进行调解，要求一定要圆满解决此事。接到任务后，司法所、法院、土管所、管理区以及村调委会调解员立即开会，对纠纷情况进行了全面分析，确定调解方向。经过分析认为，魏某坚持的理由是自己持有该土地的土地使用证，而董某坚持的理由是自己祖祖辈辈好几代住在那个地方。从法律上讲，魏某持有土地使用证，该宅基地是魏某的，但从情理上讲董某的坚持也能够理解，调解的思路和方向就是在合法的前提下，做双方当事人的工作，尽量做到合情合理。

　　司法所工作人员和调解员根据这个调解思路，制定出了初步调解方案，此房屋宅基地给魏某，村委会另划给董某宅基地，并协助董某办理土地使用证事宜，另外由村委会给其一定的补偿。调解员对董某进行耐心细致的劝解：虽说你们祖上几代人都住这，你的想法我们也能理解，但从法律上讲，你的房屋没有办理土地使用证，宅基地也不能世代继承，所以你不能想当然地拥有该宅基地。而魏某已经办理了该土地的土地使用证，是受法律保护的，你这样的行为侵犯了他人的合法权益。法院之所以没有按程序批准魏某的第二次强制执行申请，就是考虑到你的切身利益，如果再强制执行一次，对你们来说会是巨大的心理伤害。本是同村乡邻，何苦因为这点小事成为几辈子的仇人呢。你现在应该摆正心态才能解决问题，不要只考虑自己是不是丢面子，如果你们都坚持这样不停地闹，劳财劳力伤神受损失的还是你们双方。退一步海阔天空，只要你同意放弃争夺这块宅基地，村委会同样会规划给你一块位置很好的宅基地。同时考虑到你的实际情况，我们会协调村委会给你 5000 元的补偿，并帮你办理土地使用证事宜。经过调解员入情入理的分析，终于做通了董某的思想工作，董某答应放弃该宅基地的争夺，接受调解方案，魏某与董某也当即签订了调解协议书，双方握手言和。

一场持续近两年的房屋宅基地纠纷圆满解决。

（2014 年《人民调解》第 5 期）

四、新闻纪实（调查）

既谋一域　更谋全局
——山东日照中院能动司法服务经济社会发展纪实

近年来，山东省日照市中级人民法院始终坚持能动司法，积极探索司法服务经济社会发展的途径，找准服务大局的制高点、结合点和切入点，拓展司法服务的空间和触角，服务大局工作取得新进展。2011年以来，省、市各级领导先后作出肯定性批示40余次。

提升境界　探索"制高点"

"在服务大局方面，各级党委、政府和人民群众都对我们寄予殷切厚望。如何实现这些要求，是全市两级法院必须面对的重大课题。"谈及当前的法院工作，日照中院院长程乐群说。该院既谋一域，更谋全局，要求在研究问题的时候有大局观，处理个案的时候有大局感，牢固树立"以稳定为前提、以发展为目的"的指导原则，使法院工作有机地融入改革、发展、稳定大局。

2010年，日照钢铁控股集团公司与澳大利亚两公司因矿石交易产生纠纷，澳方仲裁机构裁定中方公司支付损害赔偿金人民币8亿余元，澳方公司向日照中院申请承认和执行仲裁裁决，同时中方公司也对澳方公司提起产品质量诉讼。

该院积极协调双方和解，最终促成案件"一揽子"解决，双方握手言和，维护了国家利益和国内企业的合法权益。山东省高级人民法院院长周玉华对此作出批示："这个案件办得好，可编写成案例，供今后参考。"日照市委书记杨军、市长李同道也都给予了充分肯定。

4月13日，杨军在审阅日照中院呈报的《关于为社会主义文化大发展大繁荣提供司法保障和服务的意见》后，作出批示："今年是我市文化建设年，望市中院在支持全市文化建设的同时，加强政法文化和法院文化建设，精心打造品牌，提高队伍素质和服务社会群众能力。"

近年来，日照中院紧紧围绕市委、市政府工作重点，先后制定出台了《关于充分发挥审判职能作用为蓝色经济区建设提供司法保障和服务的意见》《关于依法保障和服务大项目建设的意见》等10余个规范性文件，为经济发展当好法律参谋，协力化解矛盾纠纷。

该院紧紧依靠党委、政府和有关部门的支持，依法妥善审理金融借款、大宗商品交易、理财产品等案件，妥善审理因楼市价格震荡引发的房屋买卖纠纷及企业破产、重组改制等案件，加大调解力度，维护企业的生存发展，使法院工作始终与大局合拍同步、同频共振，保障和服务经济社会"稳中求进""好中求进"发展。

科学定位　找准"结合点"

司法功能的正确发挥，取决于工作角色的科学定位。日照中院根据经济社会发展中出现的热点、难点问题，适时调整工作思路，精心布局审判工作的重心，用心破解影响发展的阻碍。

该院针对小微企业发展中遇到的问题，在调研的基础上，及时出台了《关于为小微企业发展提供司法保障和服务的意见》，采取17条措施，助力小微企业发展。5月22日，周玉华在审阅该意见后作出批示："为企业服务是现代法院的重大职责。日照的做法可供各地法院借鉴。"

今年5月，日照市东港区人民法院对妨碍市重点工程——中心商务区

庭审同步网络直播

的 3 户房屋依法强制拆迁，保证了大项目建设的顺利推进。李同道对此作出批示："感谢市、区法院的同志们！"

今年以来，全市法院持续加大相关案件的审判、执行工作力度，依法保障蓝色经济区建设，为日照精品钢基地、鲁南临港产业集聚区、区域性国际航运物流中心、日照国际海洋城建设等重点工作保驾护航。日照中院要求，全市法院既要有强烈的服务意识，又要有高超的服务艺术，以优质的司法服务推动经济平稳较快发展。为营造保障科学发展的良好法治环境，该院积极探索建立预防和减少行政争议的长效机制，建议并配合政府建立健全行政诉讼败诉考核制度和行政首长出庭应诉制度。多年来，全市行政首长出庭应诉率一直保持在 100%。

近年来，全国先后有 20 余家法院前来考察学习日照中院行政审判工作经验，《人民日报》《人民法院报》等整版作了报道。2011 年，日照市获得首届"中国法治政府奖"。

日照中院提出，要主动发挥经济社会的"调节器"和社会矛盾的"减压阀"作用，充分考虑个案的社会影响，评估重点案件处理效应，最大限度地消除负面影响，引导法官把"胜败皆明、案结事了、促进和谐"作为始终不渝的自觉追求，竭尽全力实现社会和谐稳定。

延伸职能 拓展"切入点"

"法院要是不提这个建议，我们以后的损失还不知道有多大。"日照运总集团负责人在收到日照中院提出的司法建议书后，既高兴，又感激。今年

5月，日照中院法官根据案件审理中暴露出的问题，向日照运总集团提出了关于完善客运车辆挂靠经营合同的司法建议。集团接到法院的司法建议后，立即进行了整改。

该院对在司法实践中发现的一些带有共性的问题，及时向相关部门提出司法建议，努力从决策和政策层面上减少矛盾纠纷的发生。

据统计，全市法院每年向党委、政府和有关部门提出司法建议30余份，得到各级领导的充分肯定，收到了显著的经济效果和社会效果。

近年来，该院着力研究解决司法功能的延伸问题，既全力做好应当做的，又努力做实可以做的，实现了服务大局思路和方式上的与时俱进。

日照法院针对交通事故损害赔偿纠纷大量增加的实际，专门在公安交警大队设立了6处道路交通事故法庭，与交警部门"联调速裁"，动员当事人尽量通过调解途径解决纠纷，减少了矛盾冲突，降低了诉讼成本。

自2010年3月开始，日照两级法院推行院领导"周三接访日"制度，从源头上预防和减少涉诉信访案件的发生。今年上半年，日照中院共组织院领导接访25场次，接待群众来访437案606人次，使得来市到省进京上访数量大幅下降。

全市法院以基层法庭为中心，充分发挥人民陪审员、司法联络员、人民调解员的作用，依托调解室和农村调解委员会，建立了庭、站、点与联络员紧密结合、覆盖整个辖区的纠纷预警信息网络，各区县60%以上的矛盾纠纷被化解在人民调解阶段。

法院在服务的布局上，积极向外延伸，不断加强与行政机关、社团组织的沟通协作，建立健全互助联动的服务大局新格局。近年来，日照中院联合相关部门出台了《关于进一步加强法律援助与司法救助的若干意见》等多个文件，每年与行政单位召开联席会议，帮助他们解决涉法难题，既减少了进入司法程序的案件，又支持了行政执法和社会管理。

（2012年8月10日《人民法院报》　张宝华　胡科刚）

一站式　全方位　零成本

——山东日照开发区法院创建道路交通案件"联调速裁"机制

近年来，随着我国经济社会的发展和群众生活水平的提高，私家车得到了越来越广泛的普及，由此而引发的道路交通事故损害赔偿案件也大幅增多，造成了法院案件积压，影响当事人合法权益的及时兑现，损害了司法权威。据山东省日照经济技术开发区人民法院统计显示，自 2009 年至今，该院受理的道路交通事故案件数量每年呈 1.4 倍速度递增，道路交通事故法庭 3 名法官年均办案均在 300 件以上，最高达到了 511 件。面对不利局面，该院于去年 5 月与公安、司法、保险等六部门联合建立"联调速裁"机制，成立"联调速裁中心"，实行"全方位、一站式"解纷，实现了案件办理从"喘不过气"到"应对自如"的华丽转身。

六方联调　合力唱响共赢曲

"日照经济技术开发区内多条省道、国道、高速公路穿越其中，交通事故多发，潮涌般的事故纠纷消耗了我们大量警力，同时由于对调解不成或不履行调解协议的当事人不具有强制执行力，使得事故处理成为交警队工作的'难点'，严重影响到整体工作的开展，是法院倡导的'联调速裁'机制帮我们解决了这个难题啊！"日照市交警直属大队事故科科长别怀刚感慨地说。

日照开发区法院在市交警直属大队挂牌成立"联调速裁中心"，与道路交通事故巡回法庭合署办公，通过将联调速裁与事故处理、损失鉴定、人民调解、法律援助、保险理赔等功能"合六为一"，充分发挥各部门的工作特

道路夜查

色与资源优势，使大量道路交通事故损害赔偿案件得到了及时、妥善地处理，有效缓解了相关部门的工作压力，促进了社会的和谐与稳定。

法律援助律师费鸿章说："机制运行后，在法官的召集下，保险公司能够提前介入调解，与双方当事人共同签署调解协议，使当事人对协议履行没有了后顾之忧，调解意愿不断增强，结案效率大幅提升，当事人对该做法非常满意。"

司法确认　维权实现零成本

9月15日，家住东港区南湖镇的张某一边从法官手中接过车祸赔偿款，一边惊讶地说："俺申请司法确认不到三天，法院就把保险公司的医疗赔款转交给俺，办事效率太高了，而且还没有收俺一分钱，真是没想到！"

"落实司法为民，不能仅停留在口号上，而应通过司法手段，让老百姓真正得到实惠。"日照开发区法院院长林芳说。

为此，该院将非诉调解协议司法确认工作作为确立非诉讼纠纷化解机制公信力的重要举措，与审判执行工作同步纳入审判流程管理和绩效考评体系，确保了司法确认书的法律效力和强制执行力。现在，当事人经"联调速裁中心"调解达成协议后，只需提交司法确认申请，法官即当场审查确认材料，免费并且在第一时间作出司法确认决定。

对于司法确认带来的好处，中保日照公司理赔中心李主任也深有感触。"上级公司一直对理赔纠纷涉诉率、执行率有严格考核，以前我们很头疼。'联调速裁机制'运行后，大量纠纷得到诉前化解，涉诉率大幅下降，而司法确认更让我们有了新的赔偿依据，大大降低了执行比率，不仅当事人从中受了益，我们保险公司也受益匪浅。"

速裁速执　权益兑现不打折

"感谢法官给了我女儿生活的希望！" 9月20日，因车祸导致女儿左腿截肢的母亲杨某，从执行法官手中接过52万元先期赔偿款后喜极而泣。

日照开发区法院对于经司法确认或速裁裁决进入执行程序的道路交通事故损害赔偿案件，坚持优先立案、优先执行、优先兑现的"三优先"原则，指派经验丰富的执行法官强力推进工作开展，今年已先后在网上对8名被执行人进行了公开曝光，对13人采取了强制拘留，对1人实施了限制出境，对1人以拒执罪追究了刑事责任，通过严厉的威慑和惩处，有力地提升了案件赔款的实际执结率，保证了当事人合法权益的及时、全面兑现。

"联调速裁"机制创新了整合社会多方资源参与社会管理的新模式，实现了案件办理由法院"孤军奋战"到"多方联动作战"的方式转变，取得了"高、快、好、省"的明显效果。一年来，"联调速裁中心"共调处道路交通事故纠纷440多起，调解撤诉率高达91.3%，平均审理期限8.3天，司法确认149件，为当事人节约诉讼费用30万元，兑现赔偿款872万元，实现了"零投诉、零信访"目标。

（2012年10月15日《人民法院报》）

管人理事　提质增效

——山东省日照市中级人民法院打造"六化"审判管理模式调查

审判管理是一门艺术。事实上，现在很多法院都在进行这方面的探索，其实不论管理内容如何纷繁复杂，涉及面如何广泛，就理论上讲，就是两个字：一个是管，另一个是理。涉及的内容就是两大块：如何管好法官？如何理顺审判流程？

山东省日照市中级人民法院围绕建立质效评估、质量监管、绩效考评、流程管理、层级管理、信息保障审判管理"六个体系"，着力打造审判数据动态展示、流程节点实时管控、电子卷档随机查询、庭审过程直播点播、两级接访视频互动、绩效考评网上运行的特色审判管理模式，从而实现了管理的直观化、连续化、公开化、同步化、联动化和透明化的"六化"目标，进一步提升了案件质效。

找出"短板"：实现流程节点实时管控

"现在，法院的案件任何一个微小的瑕疵都将对法院的声誉造成严重损害。而审判管理改革要突破'瓶颈'，就必须找出管理中的'短板'，并使之加高增长。"谈到审判管理，日照中院院长程乐群认为。而管理就是设计和保持一种良好的制度，使人在群体里高效率地完成既定目标。

"各位法官，现将距审限 10 日内的案件发给大家，望抓紧审理。"每隔一周，日照中院审管办的工作人员就会通过"电子小秘书"给本院的办案人员下发"案件督办函"，这是该院审判流程管理中的一环。

该院对审判数据实行纸质通报、网上通报和 LED 电子显示屏滚动通报

全市法院法官行为规范知识竞赛

"三个通报"，通过一月一通报、一月一分析、一季一点评的"三个一"方式动态展示审判数据。

"去年，中院共计编发审判、执行通报 12 期。数字能从一个侧面说明一个法官是勤是懒，数据有目共睹，先进与落后都在大屏幕上摆着呢。"日照中院审判管理办公室主任阳城说。

每月，他们都针对中院和辖区 5 个基层法院分别编写《审判执行工作动态分析》，以便掌控审判数据走势，研判审判数据特点，总结经验并提出合理化建议。

中院对审判数据实行"季点评"制度。每个季度，召开一次由院领导、中层部门主要负责人参加的院务会，部门负责人汇报工作，分管副院长现场点评，查问题，找不足，出对策，督促各部门用心抓落实、出成效。

疏通河道是第一位的，加固堤坝是第二位的。管理同样如此。管理的精髓是"理"不是"管"；"管"是手段，"理"才是目标。

日照中院对审判、执行工作的每个流程、每个节点实行实时管控，遵循一条主线不间断、多个节点重点把关的"一条主线、多个节点"的原则，确保各个环节密切衔接、有序运行，确保管理的连续化和一体化。

法院每年都在征求各部门和法官意见的基础上，对《审判流程管理规定》进行修订完善，以适应不断变化的审判执行工作实际，做到上下一致、与时俱进。

流程管理，贵在"节点管控"上下功夫。从立案→分案→排期→开庭审理→结案→归档（与电子卷宗同步）等一系列流转环节，均需要挖掘出影响案件质效的重要节点进行"在线、实时、全面"管控。

该院围绕案件分流、排期开庭、审执期限、中止延长、一次开庭结案、委托鉴定、"扎口"结案以及上诉案件转呈等9个管理节点进行监督管理，最大限度地实现了审判前、中、后的全覆盖、无缝隙管理。

以审结案件为例，其流程包含收案审查、立案审批、电子分案、庭前准备、案件审理、审限督查、结案审批、案件初评、案卷归档等多个环节。

该院采取色彩—督办—把关—清积"四步走"的连环管理模式。色彩是指网上红灯、黄灯、绿灯的审限区别标示方式，督办是对临近审限的案件进行网上督办、催办。

2011年，日照中院共计督办案件700余件次，对有法定事由不能在正常审限内审结、需要中止延长审限的案件，实行层层严格把关，对中止延长审限的案件，不放松流程管理，每年一次对1年以上未结积案进行清理，中院已连续3年开展长期未结案件清理活动，有效杜绝了"隐形"超审限案件。

一视同仁：打造信息化网络管理平台

"你结案30件就是30件，案子超审限就是超审限，机器不跟你讲情面，年底还要考核。"日照中院民二庭助审员刘玉玉说，"我们压力还是比较大的。"

审判管理不是审管办的"单打独斗",它的运行是一个循环过程,用信息化手段助推审判管理的规范化与联动化,必不可少。日照中院在全院范围内推行电子卷档录入制度,倡导"抓两头、带中间"的电子卷档管理模式。

"抓两头"指的是,抓立案、结案阶段。在立案阶段,立案庭必须确保案号、案由、简要案情、当事人和收案案由等5项信息的准确性,对于二审案件特别录入原审情况,包括原审案号、原审法院等信息;在结案阶段,所有报结的案件,由审管办实行"扎口"结案,既要求待结案件的纸质、电子卷宗一并录入齐全,而且所有案件信息不能遗漏,对于数据信息填写不完备的,一律不予结案,严把案件结案出口关。

"带中间"指的是,带动中间审判、执行环节的电子卷宗录入。开庭后3日内,要将开庭材料录入;合议后3日内,要将合议内容录入,最终形成与纸质卷宗同步的电子卷档,电子卷档包括正、副卷。除副卷不能对外查询外,院领导、承办法官、审管办和当事人均可以对相关案件的正卷进行查询。

"这个案子,只有院长才能点开庭审现场视频观看开庭,别人没有这个权限。"日照中院信息中心主任徐光华指着一起案件介绍说。

该院充分利用庭审信息管理系统,承办法官在正式开庭之前,点击审判业务管理系统中的"庭审视频应用"模块开庭按钮,进行庭审录音录像。通过庭审直播点播,达到管理同步化的效果。

公开庭审过程,有效杜绝了法官开庭着装不规范、到庭不准时、用语不规范、行为不文明,书记员记录不完整,当事人拒签庭审笔录等现象的发生。

对庭审过程直播点播,旨在进一步提高庭审水平,法庭调查、法庭辩论和最后陈述环节层层推进、压茬进行;高度重视庭审笔录,通过"VGA矩阵"将书记员笔记本信号输出到审判台显示器或投影机上,便于审判人员、案件当事人和旁听人员能够在第一时间看到笔录情况。

该院将以往实地庭审考评方式改为直播点播的考评方式,节省了人力物力，考评成果得以最大程度地转化，规范了庭审行为，提升了庭审效果。

科学考评：促使法官树立"案结事了"意识

审判管理的精髓在于超越"纷繁复杂"，提纲挈领地抓住"人"的核心，重在理，精于管。

由于审判质效数据可以在内网自动生成，包括旧存案件数、新收案件数、结案数、简易程序适用数、普通程序适用数、平均审理天数、结案均衡度、陪审率、调解进入执行率、正常审限内结案率等。该院可以充分运用信息化手段，对审判、执行工作效果进行检验。

审管办可以协同信息通讯处以及立案庭根据各审判庭人均收案数量，结合繁简程度，科学计算人均工作量，发现存在的问题和薄弱环节，及时制订相应的解决方案，增强审判管理的前瞻性和针对性，并据此适时开展案件的跨庭分流，平衡全院法官的工作量，杜绝法官"忙闲不均"现象的发生。

以均衡结案为例，日照中院确定"4·6·8·10"的均衡结案目标，即确定全年四个季度的结案率要分别达到40%、60%、80%和100%。另外，结合在流程中推行的繁简分流，在绩效考评中要区分简易和疑难案件，分别设定不同的结案率，相应地调撤率和上诉率等也有所区别。

管理的目的有两个，一是最大限度地调动人的积极性，二是促使案结事了，实现审判工作的最大效益。

日照两级法院依据透明化的绩效管理手段进行半年"扎口"考核、年终总考核，考核结果作为评先树优、晋级晋职、外出考察学习的重要依据。审管办根据其所办案件改判、再审、当事人上访的比率，排名进行通报，连续被通报要进行谈话诫勉，从而形成了"比、学、赶、超"的浓厚氛围。

今年1至8月份，全市法院共新收各类案件23664件，结案16230件，结案标的额16.9亿元，结案率为69%。其中，市中级法院新收案件1622件，结案1140件，结案率为70.3%。

去年6月22日（周三），在日照中院"院长接访室"视频网络平台，该院副院长王冉接待了一位领着 5 岁孩子来访的张某。

张某领来的孩子是她的非婚生子女，去年年初，医院检查出孩子患了脑瘤，因急需一笔钱给孩子做手术，张某要求孩子的父亲承担抚养义务，支付手术费用。三个月前，张某以遗弃罪把孩子的父亲起诉至东港区法院，该案正在审理中。

王冉副院长了解案情后，迅速通过视频联动系统接通了东港区法院。接着，院长接访室的视频大屏立刻转到了东港区法院院长接访室的画面。王冉副院长当场向东港区法院接访院领导安排办理事宜：由于孩子病情紧急，一定要特事特办；在公平评估当事人资产、核实当事人情况、符合相关法律的前提下，可以考虑先予执行，尽量不耽误孩子的治疗。

据日照中院立案二庭庭长何茂田介绍，自 2010 年 3 月份开始，日照两级法院实行院领导"周三接访日"制度，两级法院接访视频互动，现场交办案件，及时沟通、协调解决矛盾纠纷。院长固定在每个月的第一个周三，其他院领导依次轮流。

接访前，向社会公布接访院领导的姓名、职务、电话等。接访日当天，全市两级法院的接访院领导在各自法院的接访大厅通过视频互动的形式，对涉及不同法院的涉诉信访案件，现场值班接访，当场回应来访群众的诉求，及时反馈督办案件办理情况。

（2012 年 11 月 1 日《人民法院报》）

我们承诺：来访只需一次

——山东省莒县检察院加强群众工作纪实

山东省莒县检察院坚持以人为本、执法为民，自觉把改善和服务民生作为检察工作的出发点和落脚点，不断拓宽做好群众工作的载体和途径，得到社会各界的广泛赞誉。

让联系渠道"通"起来

"2011年3月28日，天气晴。今天，我们来到了招贤镇小河东村，为行动不便的贾某进行上门鉴定。被鉴定人贾某，女，53岁，于2010年8月24日在交通事故中受伤，伤后在莒县人民医院、沂水中心医院治疗……"这是该院技术科科长邵明强的一篇"民情日记"。

今年年初，莒县检察院每位干警的手中多了一本"民情日记"。"民情日记"实行一事一记，逐条记录干警在日常工作和下访帮扶过程中收集到的民情民意、服务群众的所感所悟。同时，院里专门设立了"民情收集处置办公室"，对收集到的信息实行台账式管理，推行"一周一登记、一月一反馈、一季一小结、一年一考评"，建立起便捷高效的联系和服务群众工作体系。截至目前，干警通过民情日记共记录整理群众反映问题194条。

该院推行"民生检察联系点"制度，广泛收集民意。自去年开始，该院在全县21个乡镇、街道设立"民生检察联系点"，广泛收集群众对检察工作的意见和建议。党组成员每月至少一次带队到包片民生检察联系点开展巡访、座谈，了解民情民意和群众诉求。

同时，推行民生服务热线制度，认真倾听民声。民生检察服务热线对群众反映的每一个诉求，都认真对待，妥善处理，及时答复，确保群众诉求表达畅通无阻。自热线开通以来，共接听电话 360 余次，为群众解决实际问题 17 件。近日，在全县农村两委换届选举过程中，该院通过民生服务热线先后受理举报控告、法律咨询 36 件次，均及时作出答复，保障了农村两委换届选举工作的顺利开展。

让服务措施"动"起来

近日，在城阳街道丰家村村委办公室里，18 位大棚西红柿种植户各领到 4000 元赔偿款及两袋价值千元的优质西红柿种子，加上民政救助金，每个大棚户 1 万元的赔偿款物已全部到位。村民们感激地说："是检察官们帮俺讨回了公道。"至此，一起劣质种子害农纠纷落下了帷幕，两位驻村包点的检察官执法为民，为群众办实事、求实效的做法赢得了当地村民的信任和尊敬。

该院不断拓宽服务范围，增强群众工作的主动性，延伸工作流程，要求干警对了解到的群众困难、受理的热线电话，不论是否属于检察机关管辖，都要尽力帮助解决。

该院还推行了"到病床、到家庭、到现场"的"流动检察法医鉴定室"制度，共上门鉴定服务 97 人次，深受被鉴定人及其家属的好评；推行"来访只需一次"承诺制，共到信访人处答复 41 件次，信访人均表示满意。

该院认真开展"一名党员干警联系一个帮扶对象，一个支部联系一个基层单位"活动，72 名党员干警与包联共建村的 72 户困难村民建立了"一对一"帮扶关系，将该村打造成"民情观察站""能力培训点"，增强了干警群众工作意识，提高干警做群众工作的能力。该院与有关部门配合，妥善化解了原包联共建村积存 15 年的社会矛盾。

让群众工作"重"起来

今年年初，莒县检察院经过认真调研，制定出台了《关于进一步加强群众工作的意见》，细化了群众工作的具体措施，规范了工作程序和奖惩机制。这一文件的制定出台,切实增强了群众工作的长效性、规范性和针对性。

该院把民情日记作为考核的一项重要内容,建立工作台账,将责任具体到相关科室,年底对照台账逐项考核,严格兑现奖惩,抓好督促落实。在全院干警中开展"延伸一步,贴近群众"活动,要求各部门立足岗位实际,在工作过程中向服务群众延伸。特别是在与群众接触较多的办案科室,开展了"三个一"为群众办实事活动:办案科室的每一个干警,每年至少选取一个典型案例,为在诉讼过程中遭遇困境的群众解决一项实际困难,并在全院进行"群众工作之星"和"为民办实事五佳案(事)例评选"。

此外,他们将群众工作纳入反馈监督机制。该院认真开展"检察开放日"活动,向社会各界宣传检察工作,接受监督;选取涉及民生问题的重点案件进行回访,反馈办理情况,征求当事人意见建议;通过走访、发放信函、邀请来院视察工作等方式征求人大代表、政协委员的意见建议。

去年底,在县人大组织的对部分政法、行政执法部门的监督测评中,该院获得第一名。

(2011年7月10日《检察日报》)

莒县人民检察院检察长王伟走访贫困户

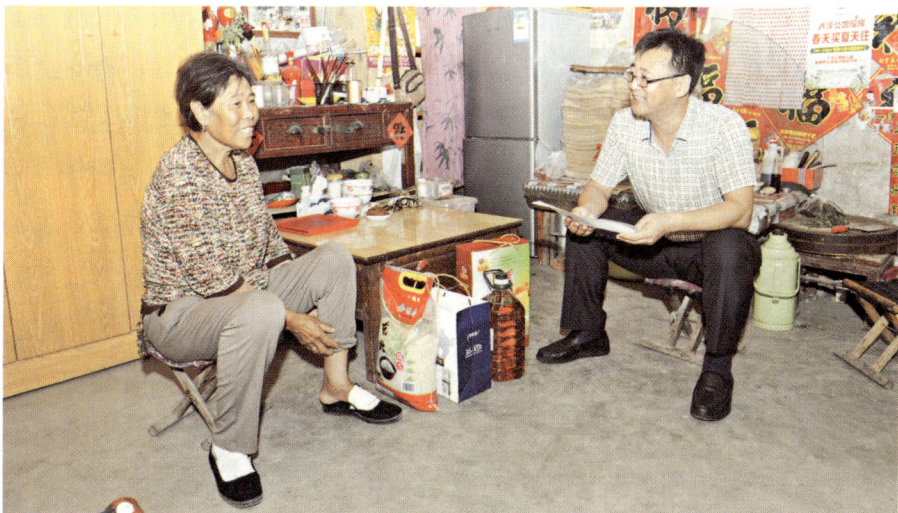

禁酒令冲击波

——日照市公安局整顿警风纪实

1995 年 9 月 21 日，对于山东省日照市公安机关的干警们来说是一个非同寻常的日子。就在这一天，市公安局党委下了一道命令——禁酒令，对公安干警何时、何地、何种情况下禁止、限制喝酒，下达了 10 条规定。转眼一年过去了。禁酒令给当地公安机关究竟带来了什么？

1995 年 6 月，新上任的市公安局局长王献增在调查中发现，由于过去疏于教育管理，加之社会上不正之风的侵袭，公安干警执行公务喝酒所造成的负面影响非常突出。个别干警酒后滥用警械、驾车肇事、执法不公。群众反映，一些公安干警被酒"泡"得失去正气。

对此，市公安局党委经反复研究，决定从群众意见较大、直接影响公安队伍形象的喝酒风入手，整纪刹风。禁酒令明令禁止干警在工作时间、午餐时间喝酒；禁止携带枪支、警械喝酒；禁止着警服在饭店、酒店等公共场所喝酒；禁止在发案单位喝酒；禁止和与案件有关的人在一起喝酒；禁止酒后驾车；禁止在值班时间和其它有可能影响工作的时间喝酒；禁止在任何场合、任何时间酗酒；禁止参加影响执行公务的各类宴请。

配合禁酒令的实施，市公安局制定了严厉的惩戒措施，违反禁令之一者，发现一次警戒一次，发现两次进行通报批评，累计三次以上或造成严重影响和后果的，给予党纪、政纪处分，直至辞退或调离公安机关。发生问题的单位和个人，当年取消年度评选先进资格，所在单位领导当年不得提拔使用。配合禁酒令的实施，市公安局制定了严格的检查制度，建立了社会监督网络。同时，为让干警随时自警自省，还为每位干警配发了印有禁酒令细则

开展执行"禁酒令"情况专项督查

的禁酒卡。此卡后来成为山东省公安厅在全省实施禁酒令的蓝本。

禁酒令在公安机关及社会上都引起了强烈反响。有的拍手称赞，有的观望、担心，也有的认为公安局是出风头。对此，王献增和其他局领导丝毫不动摇。

莒县天宝派出所民警何兆安多年来每餐必饮酒，就是回家忙农活，别人带水他带酒。戒酒的滋味只有他自己知道，一到吃饭时间，大家见老何满院子走，连着走了四五天。戒酒之后，老何负责的自行车年审工作从过去的位次倒数，今年一下子跃居全局第三名。

东港公安分局三庄派出所一名副所长怎么也没想到，过去喝了若干年的酒都没什么事，这次竟"栽"在小小的酒杯里。禁酒令发布后，分局领导责令曾多次酒后失态的他戒酒，他也表示接受。但不久又酒醉失态。4 月 11 日，分局党委决定给予这名副所长行政警告处分，调离工作岗位。日照开发区公安分局 3 名干警在酒后执行公务时动手打人，事后，分别受到行政记过、行政警告和辞退的处理。

自实施禁酒令以来，全市公安机关共处罚违令 8 起 13 人。当初不无强迫性的禁酒令，如今在全局上下，已蔚然成为自觉的行动。

据不完全统计，自实行禁酒令以来，全市公安机关好人好事层出不穷，其中拒绝吃请 3680 余人次，拒贿 82 人次 14 300 余元，收到群众赠送锦旗、镜匾 126 面，表扬感谢信 385 封，干警为群众做好事 8640 余件次。

继全市公安系统实施禁酒令之后，日照市许多党政机关和企事业单位纷纷效仿公安机关的做法。禁酒令的带动辐射作用，引起了社会各界的一致好评。群众一致反映，党政机关实施禁酒令，不仅改善了干部的形象，而且增强了党在人民群众中的威信。莒县公安局的 3 位干警家属给报社写信，反映禁酒后丈夫对工作、对家庭的责任心增强了，家庭和睦了。许多干部、职工、酒店的服务员主动作公安禁酒的监督员。很多酒店、饭店、宾馆的吃喝队伍大为减少。

日照市公安局一纸禁酒令的实行，如一石击水，在全省甚至全国都引起了很大影响。目前，禁酒令已经在各地公安机关产生了巨大的政治和社会效应。

（新华社　北京　1996 年 9 月 23 日电）

砥砺奋进三十年

> 文化篇

凝心聚气，汇集伟力。政法文化作为政法战线的魂魄，既是政法机关的外在形象，也是政法工作的重要内涵，是政法干警的精神家园，是促进政法事业不断前进的力量源泉。建市30年来尤其党的十八大以来，我市政法机关、政法各单位始终注重自身文化建设，以特色盎然的法院文化、检察文化、司法文化、公安文化和警营文化引导干警精神需求，提升干警心理素质，让法治思维深深融入干警血脉，对于培育以追求忠诚、民主、公平、正义为价值取向和道德信仰的政法职业精神和理念，促进形成正确人生观、价值观、道德观以及健康文明行为方式、生活方式起到润物无声、潜移默化的作用。从本篇所选文学、书画作品看，全市政法干警不乏国家及省级作家协会、书法协会，他们用饱含深情的文字、画面，以多样风格和多元角度记录难忘瞬间，礼赞辉煌成就，谱写英雄赞歌，塑造政法形象，展现赤子之情，诠释对政法工作的热爱和对生活的深刻感悟，作品既有艺术审美价值，又有丰富精神内涵，具有以文化人、以文感人、以文育人的意义。这也说明，文化是事业的支撑，肩负执法司法重任与法治建设使命的政法文化作用尤其显著。在新时代，政法工作的重要地位和作用，决定了必须加强政法文化建设，增强政法队伍凝聚力战斗力，激励广大政法干警以过硬素质和本领建功新时代、展现新作为、创造新成绩，不负党和人民的期待。

第十一章　文学作品

一、散文随笔（杂文）

从电影《定罪》说起

日照市中级人民法院　胡科刚

　　美国电影《定罪》是根据真人真事改编的，讲述了女主人公贝蒂（由两届奥斯卡影后希拉里·斯万克扮演）以一己之力对抗强大的司法体系，克服重重困难，最终为蒙冤入狱 18 年的哥哥洗脱罪名的感人故事。

　　案件发生于 80 年代初美国马萨诸塞州的一个小镇，一名女性被残忍地杀害在家中，家里的财物被洗劫。她的邻居肯尼·沃特——从小就名声不佳的小混混，被错误地指控为杀人罪，最后被判终身监禁。

　　肯尼的妹妹贝蒂坚信哥哥是无辜的，决心为他申冤。作为一个高中辍学在酒吧打工的两个孩子的母亲，贝蒂不惜牺牲青春和家庭，从头开始学习法律，通过不懈努力，终于拿到了法学学位并最终获得律师资格。通过和一个致力于推翻冤假错案的非营利性组织"无辜者计划"的合作，贝蒂与合作者

电影《定罪》宣传海报

运用 DNA 检测（案发时美国还没有 DNA 检测，只有血型检查辅助定罪），以及对证人做伪证的调查，最终使肯尼的冤案昭雪了。肯尼入狱服刑18 年后，终于在 2001 年被无罪释放。

在调查案件过程中，贝蒂屡屡受挫：亲人的不理解、司法机关拒绝承认错误、当年帮助警察作伪证的证人怕受法律追究不肯站出来……但是，不论过程有多艰难，她都毫无畏惧、毫不退缩地为哥哥的清白和自由努力还原办案过程的真相。

贝蒂十几年的努力没有白费，她有幸得到大量的"天助"：幸好马萨诸塞州没有死刑，否则她哥哥不会活着等到被平反的那一天；DNA 检测技术诞生，"无辜者计划"项目组织利用该技术为蒙冤者翻案提供援助；按规定本应过期销毁的关键证物在贝蒂的坚持下侥幸重新找到……

贝蒂是执着的，也是伟大的，在这场别人都不看好的孤身奋战中，她以顽强的意志和不屈不挠的精神战胜了孤独，战胜了别人的质疑。现实中的"贝蒂"现居住于美国的新英格兰，继续帮助那些被错判的人争取公正的审判，并为监狱的犯人争取应有的人身权利。

从电影中，我们可以深切地感受到，相对于一个庞大的国家法律运行体系，个人的力量是很渺小的。要不是新技术的诞生、别人的无私帮助和一些巧合事情的发生，此冤案是断不可能翻转的。也正因如此，贝蒂感同身受，所以她一直在帮助那些被错判的犯人争取自由。

一个妹妹为了证明坐冤狱的哥哥是清白的，不惜放弃自己的生活和家庭，顶着被别人嘲笑的压力去上法学院，千辛万苦考取律师资格证，亲自调查当年的凶杀案，历经 18 年，最终还哥哥以自由。为了亲情，为了她心中的信念，她一直走在讨还公正的路上。她值得我们敬仰，我们可以说她是英雄。

天空中并不是每天都有太阳，有时候也有阴云。当遇到了挫折与坎坷，透过贝蒂的故事，我们更应该坚守信念，通过努力，去创造属于我们的美好生活。

法律作为一种强制性秩序，在规范社会行为方面是不可或缺的。但人们之所以推崇贝蒂的这种行为，正如思想家柏拉图所说："人类对于不公正的行为加以指责，并非因为他们愿意做出这种行为，而是惟恐自己会成为这种行为的牺牲者。"我们害怕有一天这种冤案会发生在自己身上，害怕自己成为"牺牲品"。所以每每发生冤案，媒体在报道时，都能激起人们内心的愤慨。

人们热爱生活，是因为对生活充满期望，相信未来会更美好。有人说，《定罪》可以当一部励志片来看，这无可置疑。一个没有文化、没有地位的小人物，通过自己的不懈努力，最终实现了她的正义诉求。但我们也要反思，除了贝蒂的坚持不懈，我们更需要一个公正公信并能够不断矫正错误的司法体系。

（2016 年 3 月 25 日《人民法院报》）

从电影《一级恐惧》说起

日照市中级人民法院　王学文

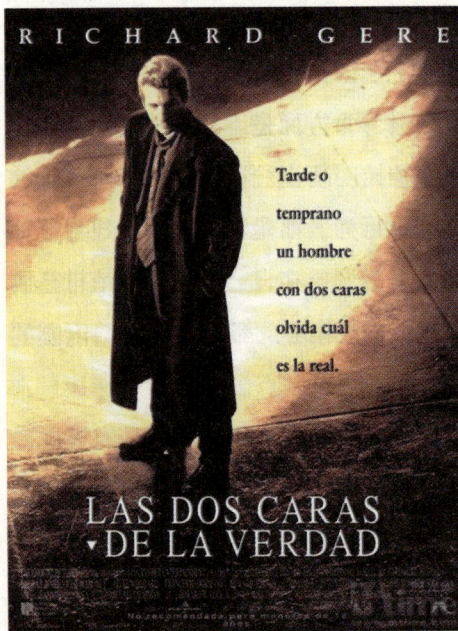

电影《一级恐惧》宣传海报

一、

《一级恐惧》是一部美国电影，讲述了一个年轻的凶手精心伪装成人格分裂症患者骗过了律师、心理咨询师甚至整个法庭，最终逃离法律制裁的故事。

电影的背景是美国芝加哥发生的一桩震惊全城的恐怖血案。当地非常有威望的主教罗森惨遭杀害，犯罪现场惨不忍睹，主教浑身是血，遍体鳞伤，胸前还被刻上神秘数字。警方逮捕了身染血迹从现场逃跑的犯罪嫌疑人艾伦，他也是被杀主教生前收养的辅祭。当地知名律师马丁·威尔迅速嗅出这是个具有话题效应的大案，出于名利考虑，他当即决定经办此案。

威尔在拘留所看到了一脸无辜、稚气未脱的艾伦，艾伦述说主教罗森在其无家可归时好心收养了他，并待他像亲生儿子一样，他不可能杀害主教。在案发现场有第三人，但他当时昏迷，失去了记忆。通过初步交谈，威尔相信艾伦是无辜的，并决定免费为他辩护。

在法庭上，女检察官瑞纳指控艾伦一级谋杀，并提出了大量不利于艾伦的证据，但威尔以艾伦没有作案动机为由作出精彩的无罪辩护。期间，威尔根据艾伦的朋友另一名辅祭埃里克斯提供的线索，在主教罗森遗留的书架上找到一盘录像带，是关于主教导演的艾伦、埃里克斯和一个女孩的色情录像。这无疑使主教的名声扫地，也为检方提示了艾伦的作案动机。

但此时威尔委托的心理医生在与艾伦交谈过程中发现，谈话时随着问题的深入，艾伦忽然由温顺变得凶狠无理，心理医生断定艾伦有双重性格，是人格分裂症患者。

但是，根据法律规定，如果辩护方准备在审判中提出被告人案发时有精神问题的辩护，必须在法定期限内将此意图书面告诉公诉方和法庭，否则辩护方就不能作出这种辩护。这时候威尔已经无法改变最初的无罪辩护，他只能安排助理偷偷把录像带丢在瑞纳家门口，并且诱导瑞纳在交叉询问时激发出艾伦的第二重人格。

庭审中，心理医生在法庭上证明艾伦患有人格分裂症，在被虐待至极度痛苦时就会变成凶手"罗伊"，但是他无法证明这一点。

瑞纳在对艾伦进行盘问时，步步紧逼，指出艾伦的作案动机是因为在被迫为罗森做色情表演时倍受侮辱而杀死了他。这时，艾伦跳出了被告席，变成了"罗伊"。他攻击了瑞纳，双手卡住瑞纳的脖子，法庭一片震惊。由于与当时召集陪审团时进行审判的情况不符，法官最终宣布误判，解散了陪审团，并宣判艾伦精神失常，判令将艾伦送至医院观察评估 30 天，由医生进行治疗。

二、

审判结束后，威尔带着辩护成功的喜悦去探望已经恢复常态的艾伦。临别时，艾伦请他代向瑞纳道歉，并问她的脖子有没有受伤，威尔随口回答之后，才突然想到艾伦应该在疾病发作后什么都无法记住。被识破的艾伦看着他狞笑起来。

威尔这才明白，艾伦的双重性格以及失去记忆都是伪装的，但此时结局已经不能挽回，威尔基于职业道德和个人声誉只能保守这个秘密。电影的最后，威尔在艾伦的大声嘲笑中带着愧疚、复杂的心情离去，只留下一个意味悠长的背影。

影片中艾伦过人的智商与高超的演技令人咋舌，也帮他逃离了法律制裁。虽然这并不能代表大多数的例子，但是关于精神病犯罪的诸多问题，仍然值得我们深思。

每当社会上发生一桩令人发指的凶杀案，人们总会自然而然去评论：这个丧心病狂的人是不是疯了？正常人谁能干出这事儿？而与此同时，每当行为人被鉴定为精神病，又会有来自被害人方甚至社会民众质疑的声音，怀疑行为人伪装精神病来逃避审判。在司法实践中，刑事法官也经常遇到凶杀案的被告人以"精神有问题"为由为自己辩解。

虽然影片中的艾伦凭借精湛的演技，将辩护人、心理医生乃至整个陪审团轻松玩弄于股掌之中，左右了司法的公正，但这毕竟是电影。司法实践中，除非鉴定人故意作出虚假鉴定，非精神病人一般很难通过事先的准备蒙混过关。

但是影片中艾伦的伪装表现也提醒司法人员，固然要以鉴定意见作为判断被告人精神状态的主要依据，更要具备一双慧眼，认真审查被告人的作案动机是否离奇，作案过程是否有违常理，作案后的表现是否异常等情况综合判断，不能让精神病的"伪装者"成为司法制裁的漏网之鱼。

三、

影片中艾伦因被认定为精神病，被直接判令送至医院观察评估，由医生进行治疗，这与我国对精神病的处置明显不同。根据我国刑法的规定，精神病人在不能辨认或不能控制自己行为的时候，造成危害结果不负刑事责任，只是责令家属或者监护人严加看管和医疗，仅在必要的时候，才由政府强制医疗。刑事诉讼法规定，精神病人实施暴力行为，有继续危害社会可能的，可以予以强制医疗。什么情况才是"必要的时候""有继续危害社会可能"，司法实践中，无法准确把握，给实践操作带来诸多不便。

而在有的国家，如挪威的法律规定，犯罪行为人如果患有精神病，将被直接判处进行强制精神卫生保健，即住进精神病院，接受可能无期限的强制治疗。所以该国实施一系列恐怖活动的"杀人狂"布雷维克的辩护人极力主张其并无精神疾病，要求法庭驳回控方对其强制精神治疗的要求。在这种法律规定下，犯罪行为人自然没有必要故意伪装精神病将自己置于更不利的境地。

对犯罪的精神病人的处置，不应仅仅停留在事后控制上，更重要的应该是"防患于未然"，监护人的责任首当其冲。良好的监护制度不仅能使精神病人稳定病情，同时还可以在防止病人在病情复发的情况下对他人造成伤害，因此，监护制度的设立和完善是事前预防最有力的保障。

尽管《中华人民共和国民法通则》和《中华人民共和国精神卫生法》均规定了监护人的相关责任和义务，但是实际上精神病人的监护落实并不到位。为防止和减少精神病人犯罪，还应该进一步明确监护人的监管职责，对于监管不力，甚至明知具有暴力倾向的精神病人而放任不管的，应依法追究其监护人的相关法律责任。同时，政府部门也要切实担负起法律责任，在精神病人的治疗、康复和保障措施方面投入更多的资金、人力和物力。

没有人是一座孤岛。只有切实保障精神病人以及其他公众的合法权益，才能使法律的公平、正义价值真正得到体现。只有把精神病人的管理纳入全社会视野中，才能最大程度预防和避免该类犯罪再度发生。

（2019 年 7 月 26 日《人民法院报》）

世、事与人：法官应习三种态度

日照市中级人民法院　张闰婷

都说"态度决定一切"，态度是学习的结果，态度形成后具有导向性。态度更是一种行为选择，法官的态度如何，决定着法官的言行，关乎法官群体形象。法官应修习正确的对世、对事和对人的态度，这是一项重要的课题。

——法官对世的态度，即法官对国家、集体和社会的态度。

"国家兴亡，匹夫有责。"法官更应该将国家、集体的利益作为行动指南，时刻不忘国家的培养和信任，始终忠诚于党和国家。当前，依法治国已纳入重要战略布局，全面依法治国的基础性、保障性作用日益突出。法官肩负神圣的审判职责，更应该摆正心态、立足自身、夯实本领、不辱使命，真正做到以审判维护社会公平正义，以审判营造和谐稳定社会环境。

"察势者智，驭势者赢。"法官不仅仅要埋头办案，还要认清当前形势。要深刻领悟新形势的发展变化，深入了解社会发展态势、区域经济发展模式，与社会保持零距离，审判工作切勿脱离现实。

"知者行之始，行者知之成。"法官们还要做到知行合一，向实践学习、深入百姓生活。一方面伴随着对社会认识的加深，不断调整自己的态度；另一方面不断提高自己的理论水平和认知能力，进而促进审判水平和能力提升。真正做到"知"与"行"相互促进、相得益彰。

——法官对事的态度，即法官对审判事业的态度。

爱岗敬业竭尽全力，是法官从事审判事业的最美初心，为了审结案件，许多法官加班加点，阅卷、调解、撰写裁判文书周而复始地劳碌着，放弃了很多休息时间，令人肃然起敬。

法官对审判事业的态度还体现在"担当"二字上，法官面临繁重的审判任务，不能自我懈怠，相互推诿，而应带头干、抢先干、好好干，要有干出一番事业的豪情壮志。法官人人有担当，法院工作才会迸发出生机和活力。

韩愈《进学解》曰："业精于勤，荒于嬉；行成于思，毁于随。"法官对待审判事业还应该做到"勤"，"人生在勤，勤则不匮。"所有的幸福都不会从天而降，所有的努力也不会付之东流，相信天道酬勤，相信付出总有回报，堆积成山案卷的背后是法官勤勤恳恳、忙忙碌碌的身影。无论审判任务如何繁重，我自努力奋斗着，这就是法官勤勉态度的最好见证。

——法官对人的态度，即法官对自己和他人的态度。

法官对人的态度分两个层面理解，首先应明确法官对自己的态度。老子曰："知人者智，自知者明，胜人者有力，自胜者强。"一方面，法官要"知人"，即能够认识了解别人，延伸来讲就是要有辨别是非、曲直的能力；另一方面，法官要"自知"，要了解自己，既要做到谦虚谨慎，又要自信自尊。法官应该担负起审判执行这一神圣职责，具备法官之所以为法官的

市中级法院开展集中业务培训

能力。通达这一能力的途径有很多，比如要时刻加强思想政治修养和提升业务水平来适应不断变化的审判实践。

法官对他人的态度，也是法官素养的重要部分。"民者，万世之本也。"习近平总书记在 2019 年新年贺词中强调"人民是我们执政的最大底气"，在最近回答意大利众议长菲科提问时再一次深情表达"我将无我，不负人民"，这是怎样的为民情怀，着实令人动容。法官审理众多案件，面临各方当事人，如何做到"以百姓心为心"，尤其在面对当事人的不理解、抱怨等情况下，法官如何做到从容应对、不偏不倚、心系人民，是法官修炼态度的重要一环。

法官的态度，一方面代表着法官的层次和高度，另一方面也代表着对当事人的关切。初心不改，矢志不渝，在这个新时代，人人都是奋斗者，法官更是司法战线中维护社会公平正义的最有力的奋斗者。习近平总书记言及"我们都是追梦人"，希望法官们习得三种态度，勇做全面依法治国道路上的追梦人。

（2019 年 4 月 5 日《人民法院报》）

王阳明"心学"思想的启示

日照经济技术开发区人民法院　朱会良

王阳明"心学"思想主要包括：心即理、知行合一和致良知三个方面。

心即理是王阳明"心学"的逻辑起点，是其思想的理论基础。其主张"心外无物，心外无义，心外无善"。心就是宇宙，理便是宇宙中的规律。心即理就是对规律的信仰，对于我们法律人来说就是要信仰法律。法学家伯尔曼在《法律与宗教》中有句著名法谚："法律必须被信仰，否则它将形同虚设。"这说明对法律信仰的重要性。

信仰法律，就要循沿法律规则，坚信法律的权威，让法治真正成为实现美好愿景的保障。信仰法律，首先要对法律信服，其次要忠实地遵守法律，要相信法律是公平与正义的规则，是我们思想信念的忠实表达和外在行为的最佳实现方式。"法律是善良与公正的艺术"，公平正义是审判工作的落脚

点和出发点。通过法律规则对事实作出判断和认可，是法官对自己的法律思维的检验。法律既是一种规范，也是对事实的理解与判断的方式。法律不仅仅是严酷的、苛刻的规则，它更是一种文化，一种精神。我们必须遵守。

王阳明"心学"的另一思想是"知行合一"。也就是说，知道这件事是正确的就应坚定不移地去做。

西方有谚语："法律的生命在于实施，法律的权威也在于实施。"《论语·子罕》曰："子绝四——毋意，毋必，毋固，毋我。"即为人应杜绝四种弊病：不能主观臆断，不能绝对肯定，不能固执己见，不能唯我独是。这两种观点即是"知行合一"的最佳解释，那就是法官要端正自己的思想，实事求是，公开公平公正地审理案件。

要端正对法律的态度。法官审理案件，不能主观臆断，必须客观公正，公平地倾听各方当事人的陈述或辩论，根据证据来确定事实的真相。应从已知的案件事实出发，从获得的证据出发，怀着对法律敬畏之心，以法律为准绳，真正实现程序正义和实体正义。要遵循审判规律。法官应坚守正确立场，不因时、因人而改变对法律的忠诚。忠实服从证据规则，发现事实真相，找出裁判方向，按照法律逻辑规则，公正严谨地作出裁判。

要"克勤于邦"，提升审判能力。《尚书·大禹谟》曰："克勤于邦，克勤于家，不自满假，惟汝贤。"意思是说，为国家做事，要尽可能勤勉；主持家务，要尽量节俭。不骄不躁，才是最贤能的人。"勤政"是古今官员最基本的从政品格。作为法官，要有"先天下之忧而忧"的忧患意识；要有"一日无为，三日不安"的思想境界；要有"舍我其谁"的雄心壮志。要戒庸、戒懒、戒散，坚决摒弃精神懈怠、不思进取、贪图享乐的思想。司法审判牵涉诸多利益，失之毫厘则谬以千里，务须审慎。法官要从各个方面提升法律分析能力，使案件能够快速、公正地得到解决。这才是真正的知行合一。

王阳明"心学"第三个方面的思想就是致良知。"人之所不学而能者，其良能也，所不虑而知者，其良知也。"就是说良知既是道德，也是最高本体。良知体现在事事物物。良知是镜子，是尺度，是标准。法官是特殊的群体，更应具备高尚的品德与良知。

作为法官，首先应廉洁。只有廉洁，才能做到公正司法。法官要作风正派，以党和人民的利益为出发点，不计较个人得失，始终保持清正形象，这样才能真正树立起法律的权威。

作为法官，要不断加强自律，严于修身，私底下、无人时、细微处，要始终做到慎始、慎初、慎微、慎独，始终做到不放纵、不越轨、不逾矩。道德是人们心中的法律，法律是最低限度的道德，二者相辅相成。同样，有道德的法官与执行法律的法官，也应是和谐统一的，这样其裁判的案件才能让人信服，才能彰显司法的公平正义。

（2019 年 6 月 7 日《人民法院报》）

我以我心读文心
一位基层民警的学术追求

莒县公安局　李明高

2009 年 11 月，我应邀参加在安徽芜湖召开的"文心雕龙国际学术研讨会暨中国文心雕龙学术研讨会第十届年会"，这是我在参加南京召开的第九届年会之后，第二次参加文心雕龙学术研讨会。讨论结束后，安徽师范大学文学院副教授、南京大学文学院博士后张勇先生对我说："咱们组，你的发言最精彩。"

会上，根据安排，讨论分两组进行，每个人的发言控制在五分钟之内。如何将自己长达万言的论文高度浓缩在五分钟的发言里？我略加思考，利用午餐间隙，拿起随身携带的毛笔，在宣纸上写了几个字，轮到我发言时，我拿起写好的字，介绍他们由隶书到草书演变的轨迹，从而阐明利用书法学与文字学相结合的方法对研究文心雕龙特别是在校勘与字义注解方面的作用。

其实，我也知道，我的发言最精彩之处，在于书法学与文字学的糅合，为研究文心雕龙开辟了一条新的道路。如果没有书法学作基础，本身能够对草书、隶书的演变有一个清晰的把握，那么，不可能有这种独特的视觉，更不可能有较深的体会。对此，中国文心雕龙学会副会长、辽宁大学教授涂光社先生对我说："你所采用的治学方法，文心雕龙学界在以前是没有用过的。唐宋以前多抄本，从书法角度破解疑点有其长处，合乎流传的历史，有此与众不同的视角，有可能获得一些突破。你的"译读"颇有可取。"

涂教授所言的"译读"，是指我所著的《文心雕龙译读》。这本书作为我对文心雕龙初期研究成果的集结，2009 年 5 月由齐鲁书社出版后，在文心雕龙学术界引起普遍关注。上海社科院研究员林其锬先生在拿到该书后第二天当即打电话对我说："我刚看了《原道篇》，感觉你有许多地方超越了古人，有创新。"

这本书，是我 2007 年在济南学习期间利用晚上所写的。此前，早在 2004 年，我即着手原文的校勘，并做了大量准备工作。初稿写出后，我用一年多的业余时间进行了认真核对。核对的目的，主要是对所征引的资料进行分析，不是简单的校对。核对期间，我坚持每天晚上读写两三个小时左右，随时将查阅、核对的资料及相联系的思考记录下来，初次核对基本结束的时候，我发现随手记录了三个笔记本，现在已经积累到第五个本子。

写作过程中，我真切地体会到了什么是"书到用时方恨少"，感觉书读得越多越觉得知识贫乏，需要查阅的资料大大出乎我当初所料，仅文字方面的工具书摞起来就足有我个头般高。为了查阅、核对如此繁杂的资料，其间，我不得不几乎婉拒了所有应酬，努力使自己完全沉浸到查阅、核对资料之中。

考虑到敦煌唐写本文心雕龙即是行草书体，为了对文心雕龙早期抄本有更深的研究，我开始练习草书。"师法乎上，仅得其中，师法乎中，仅得其下。"练字要从名家起。我从当代草圣林散之先生的书法入手，上溯明清时期的王铎及唐代的怀素、张旭，渐悟笔墨相生、心手相应的道理，逐渐加深了对草书的认识。尽管我在读小学时就有写春联的经历，后来也曾练习过欧体、赵体，但对草书不熟悉。草书，是汉字的草写，也可以说是代字符，需要反复练习，反复记忆，是一项很强的实践活动。我就利用早起的时间，每天坚持练习半个小时左右。去年夏季，为了

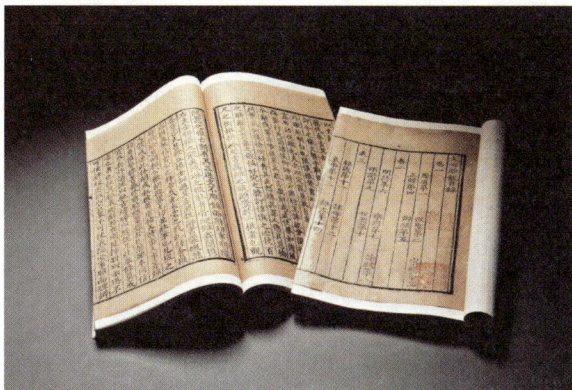

体验古人抄书的经历，我开始抄写《文心雕龙》，抄完全书三万七千多字，感觉尽管没有进入古人那种虚静的境界，但笔力与过去相比有了明显不同，这些变化，是在抄书用掉二斤墨水、用秃三支毛笔、写过三百余张宣纸的点滴之中进行的。对于我的书法，中国书法家协会会员廖亚辉先生评："兄的大草融诸家之长而有自家面目、自家精神，格调高尚，在当今写草书家中已是上流。"

草书，仅是汉字演变中的一种写法。为了更全面地了解汉字的演变过程，我多方搜集较早的字书，如唐代、宋代的相关资料，特别是来自海外的影印字书，如《原本玉篇残卷》《篆隶万象名义》，更是我用心搜集的对象和不断查阅的宝典。我的研究，也正是在汲取这些古人的营养上开展的。

粗略估计，我个人在《文心雕龙译读》中明确作为论题提出来的，大约有百余条，除去前贤已经提出但悬而未决，我个人论证并有所得的外，个人发前贤所未发的，约在 30 处之上，发现《汉语大字典》《汉语大词典》释例征引《文心雕龙》字、词值得商榷的释义，不下数十条。

也正是因为这些独特之处，才受到学术界的普遍关注。原陕西师范大学校长赵世超教授欣然为我题字：闻鸡起舞；北京大学教授吴荣增老先生满怀期待与激励而题：刘学后继在古莒。作家刘汉忠先生在京期间，为我撰诗一首云：龙学似海深无涯，名家名注作舟达。为求真谛师千里，志发新义度万家。独辟蹊径得精微，自攀峰律收初霞。刘勰故里树一帜，警中有文绽奇花。

学无止境。文心学博大精深，书法学玄妙无穷。倘若说能够以个人微薄之力，在文心学、书法学的大舞台上，写个一星半点的音符，那么，当如刘勰所言："文果载心，余心有寄"。

（2010 年 6 月 18 日《人民公安报》）

雨中即"警"

日照市公安局交警支队　牟海龙

　　那是初春的一天早上，我从老家赶回奎山。当时，正是上班高峰期，15分钟了，可我的"宝马"刚刚挪到交通繁忙的海曲路路口。偏偏天公不作美，稀里哗啦地下起了雨。这就使得车多人多的日照路越发地拥堵。

　　我的情绪变得坏起来，郁闷着，缓缓地驾驶着车辆，跟在一辆由巡逻警车引领的长长的车队后边。终于，又一个绿灯，我的前面仅剩一辆车了。

　　可就在这时，由远及近，"哎哟哎哟"警报声响起，一辆120救护车正由东向西驶来。正打着直行手势，指挥南北向车辆行人快速通行的交警同志立即转过身来，一个果断的停止信号伴随着一声哨音，将我的车止在了路口的停车线外。

　　此时，我的注意力都集中在了执勤交警的身上。除了指挥台的交警，四个路口各有一名协勤人员在辅助做好交通的管制和疏导工作。也许是降雨太突然的原因，他们都没有来得及穿防雨执勤服。不过，雨中的他们依然警容严整、手势规范、从容不迫。就这样，任凭冷冷的风雨打在他们身上、脸上。

　　下一个绿灯到来之时，120救护车已顺利地左转弯，急速地向南飞奔而去。

　　也许是第一次近距离地亲自感受了交警同志执法为民之无私、敢于冒雨执勤之不易，以及及时处置突发事件之果断的原因吧，虽然耽搁了一点时间，我却觉得非常值，心情也好转起来。

　　我不急不躁地通过了前面的两个十字路口。在即将越过酒厂路口时，猛然听到了身后警车的喇叭声。从车的后视镜，我清楚地看到，是一辆皮卡警车正急匆匆地赶了上来。我的直觉告诉我，这一定是交警部门的事故勘查车吧。我立即打开右转向灯，自觉地将警车让了过去。

果然，在 204 国道奎山汽车城路段，刚刚发生了一起致人受伤道路交通事故，驮了一垛柴火的电动车歪倒在路中央，肇事大货车亮着双闪灯停在路边，而严重受伤的瘦弱老人模样的男子被及时地抬上了 120 救护车……

雨，下得更大了。不过，两位交通事故处理民警并不怠慢，立即投入到事故的勘查和处理工作中。只见那位高个子民警给同事撑着雨伞，他们火速地对事发现场勘查、拍照、丈量、走访、询问、记录……接下来，干脆将雨伞扔在警车上，一同扶起了电动车。

此时，一直想搭一把手、帮一下民警的我立即心领神会，马上从自己的车上找出了备用的雨伞。可是，我还是晚了一步，尽管事故勘查民警一再强调道路上危险，无关群众必须离开道路，到路边"关注"，却早有两位反应快的女青年主动上前，将自己的雨伞举到了事故勘查民警的头上。

我也不甘落后，干脆光着脑袋，拾捡着零乱满地、早已湿透的柴火。突然之间，我惊呆了，柴火的下面露出了一把破旧的熟识的电动车锁，它好像是经过父亲亲手修过的那把车锁啊！我猛地查验了电动车的车座、把套、车篮子……此时，我简直要疯掉了……

（2012 年 4 月 12 日《人民公安报·交通安全周刊》）

致党徽的一封信

日照市公安局日照经济技术开发区分局　李　超

亲爱的党徽同志：

您好！

我是一名入警只有两年的党员民警。从我穿上这身藏蓝色警服的那天起，我就一直把您和警徽郑重地装进我的左右心房。因为，您是我的战友，更是我的信仰！

卞之琳曾在他的诗里这样写道："你站在桥上看风景，看风景的人在楼上看你"。两年前的我曾把警察看做一道风景，殊不知两年后的我需要将自己站成这道风景。在过去的两年里，我一直在思考应该如何履行我的责任，怎样扛起我的担当。

我曾为自己找借口说，我的警龄尚短，所以无法创造太多的辉煌。两年的时光，也只不过是冬日的两季飞雪，只不过是桂子的两次飘香。可是，有人告诉我，两年的时间也可以很长。

你知道五天有多长？

五天五夜，是我们一次蹲点抓捕犯罪嫌疑人的时间。每一分、每一秒，都需要时刻保持高度的警惕和戒备，不管身在漆黑的深夜，还是头顶似火的骄阳。

三个月有多长？

三个月，是我们一次异地追捕逃犯的时间。三个月，却足以让一位爸爸错过孩子来到这个世界的第一声啼哭，也足以让稚嫩的孩子渐渐模糊记忆中爸爸的模样，甚至会心酸地换来孩子陌生又疏离的目光。

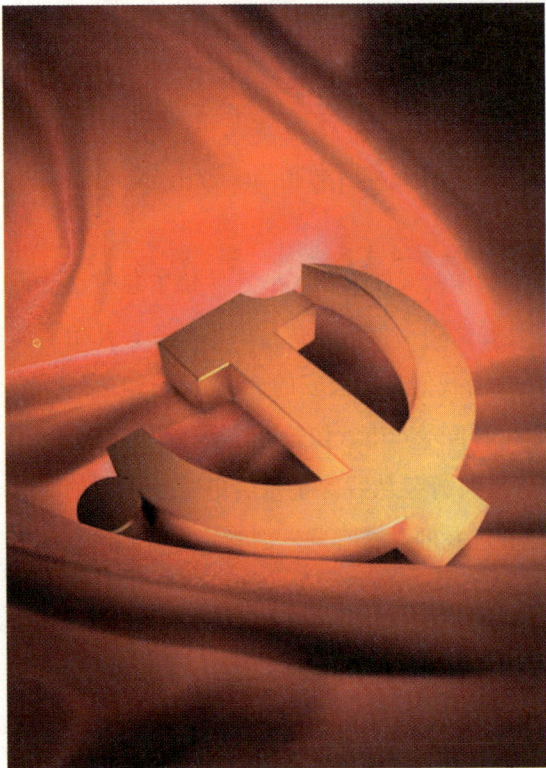

如此说来，两年的 700 多个日日夜夜，是不是也很长？

我们日复一日，穿梭在这个城市的大街小巷，用闪烁的警灯将黑暗照亮；我们年复一年，镇守一方安宁、护卫一方百姓，用一生的岁月来守护这片土地的春华秋实、寒来暑往。在如梭的岁月中，悄然缩短了时光。

你知道十年有多短？

十年，是每一位投身于公安工作的老民警转眼间的青丝白发；十年，是每一位扎根于基层的老党员不经意间春秋冬夏的时光。

一辈子有多短？

一辈子，是每一位退休民警回首往事时恍如昨日般鲜明的记忆；一辈子，是每一位新警对未来一生职责掷地有声的千金一诺。

因为对党的忠诚和对人民的信仰，我们的从警岁月变的那么分秒必争，变的不那么漫长。从我们高高举起宣誓的拳头，志愿入党的那天起，我们的肩上就担负起了入党誓词中"为共产主义奋斗终身，随时准备为党和人民牺牲一切"的誓言；从我们穿上这身藏蓝的警服，光荣入警的那天起，我们就时刻在用生命践行入警誓词中"全心全意为人民服务，为实现自己的誓言而努力奋斗！"的诺言。因为我们曾郑重许下这双重的承诺，所以就毅然肩负起这双重的使命。

先贤有云："人而不学，其犹正墙面而立。"就是说，人如果不学习，犹如面对一面墙站着，什么都看不到。开展"两学一做"学习教育，"学"与"做"须相融相长。"知者行之始，行者知之成。"学习党章党规和习近平同志系列讲话既要内化于心、更要外化于行。要以学促知，做到学而信、学而用、学而行，才能做一名懂规矩、守纪律、敢担当、善作为的合格共产党员。

2009年12月25日，按照山东省公安厅指令，一支队伍紧急拉动，千里驰援，远离家乡8000余里，赶赴新疆乌鲁木齐执行维稳任务，开始了长达112天的生死考验。这支队伍是由我们日照公安的50名队员组成的。按照上级部署，日照援疆民警驻守在乌鲁木齐市沙依巴克区雅山派出所辖区，该辖区是新疆"三股势力"活动猖獗地区之一，是违法犯罪人员的"集散地"，是乌鲁木齐社会稳定的"晴雨表"，被列为公安部一级国保阵地，治安状况十分复杂，维稳形势异常严峻；但是这支年轻的队伍不畏艰险，昼夜奋战，努力克服各种困难，累计出动警力9350人次，执行重大堵截、警卫任务11次，抓获违法犯罪嫌疑人9人，服务群众多达11000余人次，受到群众慰问33次，接收锦旗16面，感谢信27封，为维护新疆稳定、促进民族团结做出了积极贡献。

"衙斋卧听萧萧竹，疑是民间疾苦声。些小吾曹州县吏，一枝一叶总关情"。即使远在祖国的东西两端，为了人民的安宁与幸福，他们挥别家乡的山水，毅然踏上了新疆这片土地。目光尽头标识着爱的刻度，漫漫征程印满了情的表达。从此他们的双耳只用来聆听民间的苦难，从此他们的双眼只用来捕捉群众的危情。

诗人艾青曾在诗里这样写道："为什么我的眼里常含泪水？因为我对这土地爱得深沉。"是啊，无怨无悔的心，坦荡；家国情长的爱，无疆。他们说：

"我们从遥远的烽烟中走来

被朴素而深情的老百姓亲手养大

我们都是共和国的儿女

生命的字典里只有两个字——报答"。

自从我们穿上了这身警服，穿了就再也脱不下。穿上它，身后就站着千千万万老百姓，于是我们的生命中就再也不能允许退缩与害怕。因为，我们是对着警徽发过誓的一群人。"洪荒史册书血泪，铿锵儿女祭乾坤"，我们时刻用自己的健康，甚至是生命来践行自己的誓言，守护祖国的平安，责无旁贷，从无后悔。

在同事的办公桌上，摆放着他3岁孩子的照片，宝宝精神抖擞的样子，像极了他的爸爸。"陪孩子的时间比较少，一有时间，就想着多陪陪孩子。"同事不善言辞，但谈到孩子，他的脸上满是柔情。但是由于工作的关系，在家陪孩子的时间实在是太短。有一次久别回家，看到多日未见的爸爸，孩子脱口而出的一句话"爸爸，你到我家来了"让这位堂堂七尺男儿顿时怔在当场，心中五味杂陈。但是只要一声令下，他依然会义无反顾地回归岗位，一头扎进工作中去。他坚定地说："选择了警察这个职业，就要对得起肩上的这枚肩章！"

因为，这是我们的责任。

还有一位同事，刚刚举行完婚礼，还没来得及享受新婚的甜蜜，便加入到市打黑除恶专案组的工作当中，在全封闭式办案组一待就是半年。两人婚假没休，蜜月没度，却从未有过任何微词。"选择了警察这个职业，我无怨无悔。虽然破案过程繁复艰辛，有时也会伴有危险，但是案件告破后，那种兴奋与成就感是旁人难以体会的"，同事自豪地说。

因为，这是我们的使命。

也许，我们会亏欠与家人团圆相聚的时光；也许，我们会错失孩子关键时期的成长。但是，我们更清楚的是：在社会的大家庭里，我们的身份首先是警察，其次才是父母的儿子、孩子的父亲，妻子的丈夫。

在如火如荼的小康之路上，也许我们无法直接去建造高楼大厦，但我们熟知每间房屋上的一砖一瓦；也许我们并不能时刻陪伴在家人身边，但是我们会时刻守护在人民身旁，不论春秋冬夏。这就是我们警察这个职业在构筑中国梦、全民小康情时特殊的行业表达。

我们只是全国 8700 万党员中的普通一员，我们只是全国 200 万民警中一抹不起眼的藏蓝，我们被庄严神圣的使命召集到麾下，血脉里奔腾着滚烫的忠诚，生命中跌宕着激情的迸发。三山五岳铸造了蓝盾，黄河长江打磨了警魂。我们扛起双肩的责任，将信仰融入藏蓝的警魂，再将警魂融入祖国的乾坤。共和国的忠诚卫士，信仰早已铸就了钢铁般的心脏。责任、担当，就是生命的重量！为此，我们时刻尽担当之责、为正义亮剑、为平安逐梦，在中国迈向全面小康社会的道路上与老百姓携手前行。

最后，请允许我用同僚的一首词来结尾：

"春寒也好，秋寒也好，盼今夜，能眠才好。警讯频来，总牵心，鬓斑人老。奈人间，不平未了。

春来先晓，秋来先晓，最难共，北风呼啸。抱冷提枪，几回巡，短长街道。有丹心，月来时照。"

此致

敬礼！

（本文 2016 年 9 月荣获公安部"我为党徽添光彩"主题征文活动二等奖；山东省公安厅"我为党徽添光彩"主题征文活动一等奖）

我的辅警兄弟——众人归队，独你缺席

莒县公安局　史飞飞

一年一度的清明，有一种思念被轻轻唤起，有些人我们不应该忘记。

燕子来时新社，梨花落后清明，伴随着一树春景，细雨落花，清明节悄然而至。

春和景明，油菜花在田野间欢然舞蹈，垂柳羞怯地拂过初暖的河水，更有孩子们荡着秋千、划着小船的笑声泠泠飘向耳边……没有一丝阴郁气息，幕天席地扑面而来的，都是活泼泼的生命气象。

仿佛一切都那么美好，但对于杜凤奎来说，时间永远定格在了 2002 年 11 月 25 日凌晨 3 时 40 分，这一天是他婚后的第 75 天，离他 24 岁生日还

差 31 天。

那天，杜凤奎和战友杨玉山在莒县人民商场巡逻中，发现人民商场 30 号摊位下面有一被撬的窟窿十分可疑，便钻进去搜查，他还没忘叮嘱小杨注意警戒。躲在暗处的犯罪分子狗急跳墙，用随身携带的匕首向杜凤奎的头部、颈部、面部连刺八刀，其中一刀刺中了他的颈动脉，杜凤奎顿时倒在血泊里，但为了抓住犯罪分子，杜凤奎忍着剧痛爬了起来，为了报警，鲜血染红了他爬出去的 40 米的路。

"奎奎这是牺牲，是为了老百姓，咱应该为他骄傲。"杜凤奎的老母亲咬着牙把眼泪憋回去肚子里。

转眼，他已经离开了 17 年。17 年来，他巡逻过的人民商场已经没有从前的样子，他奉献过的城关派出所也物是人非，他奋斗过的莒县大地正在进行一场新的城市建设。

众人归队，独你缺席……

人人都说，警察是和平年代最危险的职业，时时有流血，天天有牺牲；人人都说，人民警察是太平盛世最光荣的职业，因为他们肩负的是百姓的安康和天下的太平。我知道，他的牺牲是为了社会的和谐和稳定，在他背后还有千千万万的战友不畏死神、前仆后继，即使让他重生，再次面对歹徒丧心病狂的匕首时，他的选择也绝不会变。

据不完全统计，新中国成立以来，全国共有 1.2 万余名警察牺牲，17 万余名警察负伤。仅 2018 年就有 303 名公安民警、141 名辅警因公牺牲。

有同事和我描述过他自己的生死一瞬，在一个燥热的夏夜，在一个出租屋里，狭小的环境让人压抑，歹徒拿着水果刀突然向自己的胸膛刺过来，他一时没躲避过，眼睁睁的看着明晃晃的刀片离自己胸膛越来越近，突然刀片停住了，原来是左胸口袋的警察证挡住了刀片，就在这一秒钟，他回过神来，紧紧抓住歹徒的手臂，过肩摔之后牢牢的制服了歹徒。

又是一年清明时，目光所及，默默轻启，已是泪满襟。没有人愿意，在年纪轻轻时就永远睡去；没有人愿意，把自己过早的尘封；没有人愿意，让死亡阻隔在亲人之间永无法逾越。

逝者已矣，来者可追。

当我们沿着英雄的足迹追忆往昔，那些过往的历史在带给我们哀伤的同时，更砥砺我们不断前行！在英雄精神的激励下，我们对一切违法犯罪行为"露头就打、除恶务绝"，打出了昂扬正气，打出了朗朗乾坤。在英雄精神的激励下，我们全面深化放管服改革，开创了服务民生、保障大局新高度。在英雄精神的激励下，我们综合施策、精准发力，锻造了忠诚、干净、担当的公安队伍。

这，也是杜凤奎想要看到的吧。缅怀烈士，为的是不忘先烈的奉献，不忘自己的初心，是珍惜现在，更是为了开创未来。

按：2002 年 11 月 25 日凌晨 3 时许，杜凤奎和同事巡逻至莒县人民商场时，发现一商铺门被撬开，杜凤奎钻进被撬商铺与正在实施盗窃的犯罪嫌疑人展开搏斗，被犯罪分子用匕首将头部、颈部连刺 8 刀，因伤势过重当场牺牲。2010 年 3 月 18 日，经山东省人民政府批准：杜凤奎同志在对敌斗争中牺牲，评定为烈士。

（2019 年 4 月 10 日荣获山东省公安民警优抚基金会、人民公安报社山东记者站"缅怀英烈·砥砺前行"清明征文评选活动优秀奖）

二、演讲稿

以检察蓝守护中国红，与祖国一路同行

日照市人民检察院　张　琦

小城日照永远都是一副安静闲适的模样，清早晨练的人们，公园里推着孩子三三两两聚在一起拉家常的老人，忙碌卸货的小店夫妻，这个城市的一切都刚刚好，不急不躁却又那么生机勃勃充满希望。如果你愿意，晚饭后你也可以看看海，吹吹风，拂去一天的疲惫，安安心心地做个美梦。有事做，有人爱，有期待，我想这就是幸福最本真的样子。城市的井然有序，人心的平和幸福，背后依靠的是强大的法治保障，这正是平安中国的生动体现，也是我们不懈的职业追求。

而立之年的我是一名母亲，更是一名检察干警。在检察院里，你会处处看到忙碌的身影，这其中有趴在电脑前对材料锱铢必较的检察官，有即将临盆挺着大肚子还在分析案情的检察官，有早出晚归风尘仆仆胡子拉碴的检察官，还有戴着老花镜学习最新法律规定的检察官。每天，你都能看见，他们在讯问室内和犯罪嫌疑人斗智斗勇，威风凛凛，但走出房间时，往往是通宵未眠；每天，你都能看见，他们在公诉席上将犯罪的丑恶大白天下，义正辞严，但审查案件时，常常是披星戴月；每天，你都能看见，他们在监管场所内为那群迷途者指明方向，维护尊严，但回到家中，早已是满身疲倦；每天，你都能看见他们奔波在校园里为孩子们讲解法律知识，全方位护航未成年人成长，但自己的

孩子却还在家里等着爸爸妈妈；每天，你都能看见，他们立足这片深厚的土地，大到广袤无垠却遭受垃圾污水围击的大海，小到一份从外卖员手里接过来的盒饭，帮助每一个公民解决公益诉讼难题。除此之外，每一个后勤部门的检察干警同样每天都在的默默付出和无私奉献。办公室当好"参谋员"，政治部充实"人才库"，行装处做好"总保障"，技信处架起"智慧网"，案管办严把"质量关"，研究室做足"调研功"，警务处坚守"安全哨"。每一名检察干警都在努力工作，用心追梦，用事业捍卫法律尊严，彰显公平正义。

我们的身份很平凡，因为我们是中国亿万普通劳动者的一员，和无数勤恳踏实的中国人一样，每一天都在努力工作，奋力奔跑。我们的工作又很重要，忠实履行法律监督职责，维护社会公平正义。每一个检察人都深知，在案件中作出的每一个决定，都有可能影响他人的一生，也有可能改变一个家庭的命运，让人民群众在每一起案件中都能感受到公平正义，这是法治社会的平安基石。盛世欢歌的景象人人向往，可是在黑暗中，总要有人匆忙赶路，去寻求黎明前的晨光。

时光如水，奔流不息。1978年，检察机关重建，41载岁月，检察院稳步发展，见证了中国法制历史变革，完善了中国法治体系。41年风雨兼程，41年峥嵘岁月。检察机关恢复重建41年来，一代代检察人，筚路蓝缕，薪火相传，砥砺奋进，书写了检察机关不断发展壮大的历史。从大盖帽、肩章、勋章，橄榄绿到检察蓝。时代在变，不变的是初心和使命，那就是对法治精神的高度信仰，对社会公平正义的执着坚守，对人民安居乐业的不懈追求。正如我的同事所说，怪大地众生太美丽，世间风景万般好，值得我们用事业去守卫。

在历史长河中，检察事业的发展正是祖国强大繁荣进程中的一个剪影。一辈辈检察人忠于职责，不辱使命的最深层原因是因为我们深爱脚下的这片土地，这里是我们的祖国。98年砥砺奋进，70载春华秋实。我们刚刚庆祝了中国共产党成立98周年，又将迎来新中国成立70周年。人民共和国的70年让每个中国人都充满自豪、充满自信。在一穷二白的纸上绘出最新最美的画图，从经济凋敝的困境奋发成为世界第二大经济体，以爬坡过坎的奋斗开创中国特色社会主义新时代，一路走来，虽有风雨波折却总一往无前，我们用经济实力的显著进步、综合国力的不断增强、人民生活水平的持续改善，书写了波澜壮阔的中国故事。我们的国家发生了天翻地覆的变化，中华民族迎来了从站起来、富起来到强起来的伟大飞跃，正如习近平总书记强调的："无论是在中华民族历史上，还是在世界历史上，这都是一部感天动地的奋斗史诗。"

"我和我的祖国，一刻也不能分割，无论我走到哪里，都流出一首赞歌……"熟悉的旋律，动人的歌词，是每一个中华儿女不变的情怀。爱国情怀是一种最深层、最根本、最永恒的情怀。对每一个中国人来说，爱国是本分，也是职责，是心之所系、情之所归。不忘来时路，方知向何行。对于无数检察干警来说，在做好每一件工作、办好每一个案件、履行每一项职责中刻印"奋斗"，在"发光的瞬间""闪亮的日子""无悔的青春"找到人生真谛、生命价值、事业方向，无愧这身"检察蓝"，就是用行动诠释爱国的最好体现。

正如习近平总书记说，一代人有一代人的长征，一代人有一代人的担当。建成社会主义现代化强国，实现中华民族伟大复兴，是一场接力跑。我们有决心为青年跑出一个好成绩，也期待现在的青年一代将来跑出更好的成绩。雄关漫道真如铁，人间正道是沧桑。70年巨变，让一个古老的国家焕发出奋斗的神采，让神州大地激荡起生机勃勃的复兴气象。中国从站起来、富起来到强起来，无数先烈用生命和鲜血为我们打下了幸福生活坚实的基础，如今面临着"天将降大任于斯人"的时代使命，我们义不容辞，行胜于言。

作家冰心曾写道，"青年人，珍重的描写罢，时间正翻着书页，请你着笔！"时代变化，初心不改。时光无声，岁月有痕。在时代的潮流中，在历史的进程里，以奋斗与担当写下属于我们这一代检察人的青春诗行，用忠诚、担当捍卫公平正义，用检察蓝守护中国红，与祖国一起成长，一路同行。

（2019年9月入编山东省委政法委庆祝中华人民共和国成立70周年征文大赛作品集《追梦》）

蓝色的忠诚

日照市港航公安局　朱　峰

　　自交通公安机关开展"忠诚事业、服务发展"核心价值观学习讨论活动以来，作为一名普通交通公安民警，我一直在思考这样一个问题，就是何为忠诚，怎样去忠诚？

　　经过静心的思考，我想人民警察的忠诚就是源于对党、对人民的忠诚。因为党代表了人民的利益、而人民是我们的衣食父母，这就是我们忠于党、忠于人民的理由！有了忠诚，我们就可以为之抛洒青春热血甚至以生命来担当。

　　发生在我身边的一段段看似平凡实则不平凡的事情，无不让我为我的战友们的忠诚而感动。

　　张华南，日照港公安局一名普通社区民警。2009年底，在大走访中了解到，辖区一些物流企业的集装箱在运输途中屡屡发生货物短缺的现象，给企业造成不小的损失。为了尽快查明线索和证据，他主动请缨、乔妆打扮成集装箱司机多次深入到案发地进行调查。在秘密侦查的一个多月里，他躲在车厢里，冒着零下十几度的严寒，先后熬了10多个通宵，这期间冰冷刺骨的严寒冻得他身体几乎麻木，饥饿、劳累、困倦一次次向他的身体和意志作着极限挑战，然而就是这位平日看起来瘦弱单薄的他，凭着这种顽强的意志和作风掌握了该犯罪的全过程，为最终破获这起涉案价值100余万元的物流大案立下了头功！还是他，在年初省公安厅督办的"3·10"法轮功专案中再次展现出他的英勇和无畏。在对犯罪嫌疑人刘某进行传唤时，刘某的情绪十分激动，先是用水果刀顶住自己的咽喉以自杀来威胁，后又蹿至厨房的窗户欲跳楼自杀，紧急情况下，张华南不顾个人安危，一个箭步冲上去，抱住刘

敬礼——忠诚

某硬是把他从窗外拉了回来，而刘某为了挣脱，疯狂地挥舞水果刀在张华南的手臂上连刺数刀，张华南强忍剧痛和流淌不止的鲜血，仍死死抱住刘某不放，并最终将其制服，成功避免了一起执法过程中的非正常伤亡事件。

这，就是我的战友张华南，一位被群众称之为机智勇敢、勇于牺牲奉献的好警察！

随着时代的发展，近年来我局执法越来越规范、越来越人性化。前不久，辖区发生一起矿砂盗窃案，作案的是一个有着亲戚关系的团伙，犯罪嫌疑人张某被抓获后，我们民警一直对他进行细致入微的教育和感化。在带领他到现场指认时，看到周围有许多群众，就在车上提前为他解下手铐，这一小小的举动让这名犯罪嫌疑人感觉到我们民警对他人格的尊重。看守期间，考虑他是回族人，特意为他买来新餐具、顿顿给他买来可口的清真饭，这些举动无不深深感化着他，最终他不仅交代了自己的罪行还动员其他同伙投案自首。

这，就是我局民警转变执法理念、以人为本、规范文明执法的生动缩影。

"忠诚事业、服务发展"。服务是主题、创新是动力，我们以服务和创新践行交通公安核心价值观。我局交警大队民警每天 24 小时维护成千上万台次车辆安全畅通，每当看到他们戴着防尘口罩在港区道路上执勤，夏天一身汗、冬天一身灰，我便明白了什么叫忠诚。为了服务港口发展，我局始终坚持"服务在先"的理念，专门制订了服务港口发展二十条，在打击犯罪、治安防控、消防和交通管理等方面推出一系列服务创新举措。为了不影响繁忙的港口生产，交警大队实行交通管理联勤制度，规定对与生产有关的车辆交通违法一般不现场扣车扣证，待月底再与生产单位召开联勤会通报相关违法和处罚情况，而交警廉政执法四项制度更体现了局党委对民警的关爱；全局 18 个社区警务民警，就是我局的"警务工作细胞"，他们从小案小事做起，积极搭建与群众心连心的桥梁。我局铁路场区派出所辖区有一位孤寡老人，已经 80 多岁，社区民警看到老人生活有困难，逢年过节就为她送去米面、隔三差五就帮她打扫房间、为老人拿药看病，老人被感动的逢人就讲："社区民警就是俺的儿子！"今年以来，基层单位民警还开通了手机飞信群、网上警务室、警务微博平台等，这些创新和服务举措更拉近了我们与人民群众的距离。

一滴水可以折射太阳的光辉，一扇窗可以传递党和政府的温暖。为了群众的安宁、港口的发展和伟大的公安事业，我们创新服务无止境、忠诚奉献无止境！

当你走进日照港公安局办公楼时，你会看到在墙壁上用蓝色赫然书写着十六个大字——"忠诚奉献、敬业爱民、攻坚克难、务实创新"！这，就是我们全局 240 名民警对党、对人民和对事业的忠诚！

路漫漫其修远兮，吾将上下而求索！面对庄严的五星红旗，面对蔚蓝的大海，作为港口的忠诚卫士，我们立下了铮铮誓言：我们要永远忠于党、忠于人民、忠于我们伟大的公安事业！这，就是我们，蓝色的警队，蓝色的忠诚！

（荣获 2010 年全国交通公安机关演讲比赛二等奖）

我和 376 名孩子的故事

日照市公安边防支队　戴陈铖

都说母爱像空气、阳光和水，拥有她就拥有了世界上的珍宝，什么也不能换取，母爱让平凡的生活充满色彩。作为一名 80 后女警官，日照公安边防支队山海天边防派出所一名干事，因为特殊的身份，我与 376 名孩子建立了短暂而久远的感情。短暂是共处的时间，久远是终生的难忘。

日照市山海天旅游景区总面积 74 平方公里，海岸线长 17.5 公里，这里沙软滩平，风轻浪缓，蓝天碧水，游人如织，是消夏避暑、洗浴健身的理想场所，每年接待中外游客 2000 万人左右。山海天边防派出所就驻守在这里，据不完全统计，我和战友们每年要帮助 200 多名在海边走失的儿童"找妈妈"。

我救助的第 173 个孩子才两岁，在海边巡逻时发现的一个小男孩，因为年龄小无法说出自己的姓名和其他信息，在周围寻找家人未果后，便将男孩带回派出所照看。我一边带着小孩玩耍，一边让同事在旅游区服务中心播放寻人启事广播。过了快一个小时，孩子的爸妈才焦急地赶到派出所，抱走了被我哄睡着的孩子……

我救助的第 274 个孩子，与家人在海边走散。我在 5 分钟之内就帮助孩子找到了妈妈。

对于走失的孩子，我都当作自己的孩子悉心照料，孩子们亲切地喊我"兵妈妈"。为了缓解身处陌生环境下走失儿童害怕恐惧的心理，去年我提议在位于山海天景区的阳光海岸旅游警务室设立"儿童看护区"，让孩子们在温馨的环境中等待与父母重逢。2013 年至今，我一共救助了 376 个孩子。

印象最深的，是我初为人母后上班的第一个工作日，一通电话让我多了一份牵挂。2015 年 2 月 10 日，辖区一家超市老板报警称：他接到一个陌生号码打来的电话，一个小孩在电话里嚷嚷着找妈妈，老板想详细询问，孩子却在电话里哇哇大哭什么也不说。

了解情况后，我立即拨通了电话，可是电话那头的孩子号啕大哭，只是从只字片语中得知，小男孩一个人在家又冷又饿，除此之外没有其他信息。

随着孩子的哭声越来越微弱，我不愿再多想，只想赶紧找到这个孩子。于是，在我的提议下，全所官兵兵分三路，一组与孩子保持通话稳定情绪，一组申请技术定位，另外一组通过电话号码查找孩子家长的信息。

当通过电话定位到孩子在辖区大泉沟村后，我们挨家挨户跑着找、跑着问，最终根据线索找到了小男孩的家。但数次敲门和呼喊都没有任何回应，大家决定破门而入。当门被打开的一瞬间，只见一个孩子昏昏沉沉地倚靠在墙角。"小朋友，你怎么了？你怎么了？"我抱起小男孩摸了摸额头，"这么烫，一定是发烧了！"于是，我赶紧抱着孩子去医院。

路上，我本想联系所里是否找到了孩子的妈妈，掏出手机一看，竟有丈夫的 11 个未接来电，我怀着不祥的预感回了过去，原来我那才 6 个月大的女儿不知什么原因一直呕吐，想让我赶紧回去看看。可是，当我看到怀里额头滚烫的小男孩时，只是简单地说了句"你先辛苦一下，我正忙着"，就挂断了电话。

到了医院，我抱着小男孩找大夫，恰巧在走廊上遇到了抱着女儿的丈夫。那一刻，我看到了丈夫眼神里的焦急；我看到了同样需要母爱的女儿正啼哭不已，我的心里五味杂陈。但是，我明白，和我一样普通又平凡的边防警察还有很多，虽然职责任务不同，却都在自己的岗位上以小爱聚大爱，舍小家顾大家！

曾经有人问我："维护治安需要钢拳铁腕，打击犯罪更需雷霆霹雳，你一个柔弱女子，行吗？"我的回答坚定而自信："我行！我一定行！"在边防警察"守护安宁"的天职里，没有性别之分，虽然没有惊天动地的壮举，但我们用女性的温婉和细致，用女警的坚韧和执着，为辖区群众撑起了一片天！

（2017 年 6 月 28 日荣获公安边防部队华东地区演讲比赛二等奖）

我是你的眼

莒县公安局　高　琳

　　几度风雨几度春秋，风霜雪雨搏激流。历经苦难痴心不改，少年壮志不言愁。

　　大家好。我叫高琳，来自莒县公安局。今天，我要向大家介绍我的一名同事，他呀，是公安战线上的一名法医。就让我们来听一听法医唐和平的故事。

　　法医，是公安机关侦破案件的眼睛。他们侦查现场，解剖尸体，寻找与案情有关的蛛丝马迹，还原事实的真相。但这双眼睛呀，也要受到风吹日晒的考验，受到恶臭气味的熏染，还要见证无数犯罪现场的血腥与残忍。我的同事唐和平就需要经常接触高度腐败的尸体，长期接触有毒物体、气体和化

学药剂，工作过程风险很高，如果死者生前患有传染病，风险更高。他曾经说过，以前办案时连防毒面具都没有，夏天遇到尸体高度腐败，一蹲就是三四个钟头，各种味道混合在一起，几天都洗不净。寒冬腊月，解剖尸体时手上冻得全是冰碴儿，手术刀都握不住。莒县是一个有着110万人口的大县，伤害案件多发，每年伤情鉴定900余起，尸体检验260余具，采集、录入 DNA 血样2400余份，但14年来，唐合平就是这样一直默默无闻地工作着。因为他知道这就是法医的职责与使命，他来自胸前的党徽和肩上的肩章，来自被害人及其家属信任与企盼。

2010年腊月24日下午，正当人们忙碌着准备过小年时，刑警大队接到小店派出所报警，称该镇一独居老人王某在其家中失火烧死，村委要求公安机关勘验一下现场，如果不是刑事案件就去殡仪馆处理尸体。唐合平和同事们到达现场后，并没有因为家属没有提出疑点，就敷衍了事，而是本着负责的态度，认真仔细地检验尸体。经过初步检验，在死者枕部发现了打击伤，并且在烧剩下的半截马扎上发现了喷溅血迹，该案件被定性为杀人焚尸。一晃四天过去了，已是腊月二十八，案件依然毫无进展。傍晚时分，侦查员摸排有人看到邻村李某曾在王某家附近出现过，专案组传唤了李某，但李某来到派出所后，只说平时两人认识，其他一概不回答，审讯陷入了僵局。这时，法医大胆推测如果李某是嫌疑人的话，衣服上可能会有死者的血迹，但是李某身上是一身黑色衣服，少量血迹通过肉眼是看不见的。唐合平想到了鲁米诺试剂，这个鲁米诺试剂是一种在犯罪现场检测微量血液的专业试剂。通过试验，果然在李某的裤脚出现反应，意味着这上面有人的血迹。法医立即送检，经 DNA 检验，正是死者王某的血。铁证如山，李某不得不供述其因琐事对王某怀恨在心，翻墙入室杀死王某并点火焚尸的事实。破案后，死者99岁的老父亲老泪纵横，握着唐合平的手久久不愿松开。

法医的工作性质决定了唐合平长期过这种没有固定工作时间的生活，一年365天，手机24小时开机，随时待命，随时出发，十几年如一日，把美好的青春默默奉献给了公安事业。然而这背后牺牲的不仅仅是休息时间，更多的是对家人的亏欠。由于唐合平在家的时间几乎很少，而他的妻子又是一名医生，工作也很繁忙，女儿很小就经常自己一个人被锁在家里。一个周日的晚上，外面下着大雨，妻子在单位值班，唐合平陪着年幼的女儿在家，突然接到单位的电话，称龙山发生一起命案，需要他马上赶往现场。唐合平不敢耽搁，嘱咐一下女儿早点睡觉，就立马出门了。女儿睡着后被一道雷声惊醒，下意识地喊爸爸妈妈，却发现家里空荡荡的一个人也没有，她太害怕了，不敢一个人呆着，就走出家门，冒着倾盆大雨走到了马路上，大哭着找爸爸找妈妈。幸好当天路上遇到有一位好心的老人，将孩子送到了小区的门卫室。当唐合平凌晨回到家时，看着女儿已经入睡，却满脸泪痕，手里还紧紧攥着自己的照片，不由得心如刀绞，知道自己不是一个好爸爸，眼泪也不由自主的流了下来……唐合平的妻子说，自己已经记不清有多少次，唐合平深夜带着一身的腐臭味回到家，不敢惊动已经入睡的妻儿，就随便卷个煎饼，糊弄着吃点，躺在沙发上就合衣睡着了。

这就是我的同事唐和平，一位普通的党员民警。他始终坚守在自己的工作岗位上，守一方百姓，保一方平安，用自己的热血铸成金色盾牌。

（2017年9月7日荣获山东省"中国梦·党在心中"百姓宣讲比赛故事类二等奖；日照市"中国梦·党在心中"百姓宣讲比赛故事类一等奖）

三、小 说

毛头小伙与阳光女警

日照市公安局交警支队　牟海龙

小牛今年 23 岁，是个地地道道的毛头小伙。他曾告诉我说，去年的春夏之交，他在日照酒厂那个五岔路口闯了红灯，被执勤的交警逮了个正着。当时，是他拿到驾驶证一年后第一次交通违法被交警查纠，他非常紧张。不过，随着那"请出示驾驶证、行驶证！"的柔美声音，他马上就镇定下来："交警同志，实在抱歉，给您添麻烦了，刚才我接了个电话，没注意就闯了红灯。"小牛一边给女交警递上驾驶证，一边自作聪明地解释起来。哪知，由于紧张，说走了嘴，起了反作用！

"您还接了个电话？"女交警面色白净、细眉细眼，一脸的青春阳光。她柔中带刚地说："驾驶车辆不能接听或拨打手持电话的，难怪会闯红灯，这多危险啊！"说着，掏出本本，三下五除二，罚单写好了，拿给小牛签字。

看到已经写好的罚款单，小牛傻眼了。只见罚单上的内容是："违反交通信号规定，罚 200 元、扣 6 分！"面容清丽的女警下手竟然这么狠！这还不算完，人家还有交代呢，要他回去之后再温习下交通安全法规。小牛没好气地回应道："自从考完驾照，书本就找不到了！"

听到这话，女警犹豫了一下，马上从警车上找出了一本交通安全知识手册，面带微笑、郑重其事地递到了小牛的手中，开玩笑地说："记住了，下次见到了，我要给你考试哟！"

这时，小牛已被这位阳光女警的执着和热情所打动，火气顿消，他轻轻地说了一声谢谢，悄然离去了。

自此，那位阳光女警的美好形象一直深深地印在小牛的脑海中，她那柔中带刚、热情友善的话语一直牢牢地记在他的心里。

小牛把那本交通安全知识手册放在车上，一有时间就翻阅几页。这的确使他受益匪浅，由于牢牢掌握了交通安全法规和出行知识，他驾车时不再担心会被电子警察抓拍，更不会害怕交警的例行检查。相反，每次见到路口有交警在执勤时，总会刻意地扫描一圈，其实，这骨子里的真正意图就是搜寻那位阳光女警吧！

可是，昨天下午，尽管交通比较繁忙，不少路口有执勤交警正在指挥疏导交通，小牛却顾不上搜寻那位阳光女警了。他归心似箭，使出了浑身解数往老家赶。没想到，在城西烟墩岭，眼看就出城了，又闯红灯了。巧的是，查纠他的不是别人，正是那位阳光女警。

此时，小牛无心欣赏她的美，用最快的速度翻找着驾驶证、行驶证，只求快速处理，快速回家。可是，除了随车的行驶证外，身上、车上翻了个遍，就是不见驾驶证的踪影。不对呀，自己的驾驶证从不离身，一直放在外衣的口袋里的？哦，他猛然醒悟，是自己走得太急，忘了换衣服，身着车间的工作服就出来了。

小牛把车辆的行驶证递到了女交警手中，小心翼翼地说："我的父亲不行了，能不能通融一下，回头再找你处理？"此时，女交警也看到了他难看的脸色："特事特办，马上走吧！"同时，给他打了一个标准的敬礼："注意安全，回头您到交警大队交通管理科接受处理！"……

（2012年5月24日《人民公安报·交通安全周刊》）

气　势

日照市公安局交警支队　张文忠

　　春的傍晚，风依然透骨，夕阳在努力为大地留下些许暖意的时候，交警们又从巡逻的路上转回了路口，开始站高峰岗。在路口中央站着的是指挥岗，东西南北来回转动着，一丝不苟地做着手势指挥动作，其他的几个，分别站在路口的几个方向，疏导着车流，劝纠着违章。隔上半个小时，分流岗会走向指挥台，两个人彼此之间敬个礼，位置互换。

　　李兵站在指挥岗上已经十五分钟，距离换岗还有一半的时间，他心里已经开始累了。他感觉在岗台上站着的时间非常漫长，做的动作也是那么的枯

燥乏味。他认为，既然有红绿灯，何必站上人去指挥呢？这不是明显的多此一举，多做了些无用功吗？他恨不得时间再缩短些、再缩短些，好早一点到路口四周去分流车辆，那样还轻松和更有意思些。但是，他还是尽量用一副"精神抖擞"的状态，使每个动作看起来都有力更好看一些，因为，他知道，队长陈涛这会就在下面看着他，而且，陈涛也多次说他做指挥手势没有"气势"。

没有气势，这个评价，李兵不认可，他也不这样认为。作为一名正儿八经的交通管理"科班"毕业生，在警校时，他曾经凭着优雅潇洒的军姿，铿锵有力的动作，多次获得手势会操标兵荣誉。一套完整的指挥手势做下来，他甚至能感觉到观战警花们的目光也是烫的。那时，他一心想在毕业后到路面执勤一线工作，在三尺岗台上用自己的心和手，在纵横捭阖间，画出美丽的圆，将是何等的威武与"拉风"。他更相信，就凭自己的这一套近乎完美的动作，肯定能赢得更多的目光与掌声。

谁知，毕业后，他没有如愿分到一线交警中队当一名巡逻民警，而是直接去了指挥中心，从事指挥调度工作。指挥调度工作比较单一，每天要接警、派警、受理投诉建议，说大量的话，重复着相同的故事。好在他有干一行爱一行的心理准备，也知道靠作为赢地位的道理，在这个岗位上，兢兢业业干了三年多，及时迅速接处了 3000 多起警情。最让他有满足感的，是他通过查辑布控系统与勤务中队配合，查获了不少套牌假牌车辆、堵截了不少肇事逃逸车辆，还连续被评为"优秀公务员"。但他老感觉少点什么，有时，没有警情时，他会将监控镜头拉到路口执勤的民警身上，默默的，看上一段时间。

于是，在一个合适的时间里，他找到了单位领导，用最打动人心的几句话，说服了领导让他到一线工作。开始，他站在岗台上，看着熙熙攘攘的车流人流，做着有滋有味的动作，心中有一种天人和同的意象，有时，他感觉路面就是一幅画，他是画中人，车们就是他的高山大河与小桥流水。可是，时间不长，他站着站着，心里就烦躁起来，整日做着手势就做出了"机械"

的感觉，手上也就没有了力气。

陈涛发现了他的变化，问："你的气势呢？"

他很不以为然地说："啥气势，不就是做个动作吗，车能看明白就行，再说，还有红绿灯。"

陈涛向远处指着川流不息的车辆说："你向远方瞧瞧。"他顺着陈涛指着的方向看去，没有看出什么其他的，就说："这不就是汽车吗，大大小小的钢铁家伙们。"

陈涛瞅了瞅他："就没读出汽车是有语言的？"

他若有所思，定睛看了十来秒钟，但还是没有看出点、读出点什么，只能实话实说。

"那你就继续仔细看，继续认真读，啥时读出汽车是有语言的，啥时你的指挥就真的有气势了。"陈涛笑了笑，不再多说了。

汽车语言、气势，这句话着实让他琢磨了半天，也没有想明白这两者到底是个什么关系，但他的态度随着陈涛的话有了转变，动作又认真了许多。一晃，夏天到了，有一天，气温非常高，几圈下来，他的警服全湿透了，脸上的汗水滴在路上，瞬间又被蒸发成汽。这时，从他身边驶来一辆小轻卡，透过开着的车窗，他看到一位年过半百的老同志，向他竖起拇指，点了个大大的赞。

仿若一阵清风、一滴甘泉，他的精神一下子抖擞起来了，直行、转弯、停止，动作竟然比在警校时更漂亮。

炎热的夏天说快也快，秋天随之而来。秋的城市让人清爽，也让他在指挥中更善于捕捉细节了。他发现，如果他的手势有所懈怠，车们仿佛也无精打采。如果他精神百倍，车们也如同一排排的秋雁一样，秩序井然。如果他板着脸，车们会不高兴，垂头丧气的。如果他微笑着，车们会抿着嘴，车里的人也在会心的笑。他不禁想起了一句话"交警，指挥着的不仅仅是交通，还疏导着城市的表情，影响着城市的情绪"。

寒来暑往，一晃，冬天到了，他对这个工作的乏味感随着季节的交替而慢慢消除。在冬天里，他找到了意中人，结婚成了家。有时，媳妇会从这个路口经过，每次，他看到媳妇的车，目光就会柔柔的。来来往往的车们大多也熟悉了他，用各种各样的方式向他打招呼。

但他的目光不光是柔和的，有时也会凌厉。在之前，有的车们不自觉，经常会有加塞儿、压线、闯灯的，开始时，他会用手势提醒一下，后来，他一个眼神过去，那些调皮的车们在做个顽皮的鬼脸后，马上就会中规中矩。可是，有那么几天，一个不听话的小蓝车老是在距路口前加个塞、压压线，由于离的较远，他只能用手势加眼神制止。而每次，他想把这个车截停后，进行处罚教育，谁知，这个车要么转弯，要么调头，和他藏猫猫。

那天，他没站指挥岗，隔老远看到了这个车，心说你这次跑不了了，我要好好给你上堂课。不料，这个车却特别老实，很遵守规则的行驶，临近时，驾驶员向他吐了吐舌头。他摇了摇头，摆了摆手，快速放行。

过了一会儿，一个人跑到了他面前，一看，竟是这个爱捣蛋的驾驶员，正要开口时，驾驶员先说话了："交警同志好，请放心，我以后绝对要当个模范守法人。"

他正疑惑间，驾驶员又说："是您的微笑，打动了我的心，是您的气势，让我不敢再去违法。"

时光如流，李兵也成为老李了，被调整至交警的其他岗位，与这个路口朝夕相处的他，其实不想离开，但也只能服从组织安排。在交接时，他和陈涛在给新来的小刘指点如何为人民群众站好岗、指挥疏导好交通时，两个人不约而同地说了两个字："气势！"

四目相对了片刻，两个人哈哈大笑了起来。

（2018 年第 1 期《齐鲁交警》）

四、诗词歌赋

检察姑娘

五莲县人民检察院　玄晓霞

小城的月光，夜夜守望，检察院姑娘

最常见是她在公诉席上，神采飞扬

她义正辞严，英姿飒爽，与贪腐较量

她柔弱肩膀扛起大大的怀想——治国安家邦

北方的冬天，厚厚的案卷，一年的沉淀

风霜雨雪里，她正义亮剑，无畏强权

春色满园的山城小路边，你留恋青砖红颜

她卸下红妆，伏案在书桌旁，写正义的诗行

检察姑娘，你仿佛那冬日的太阳

检察姑娘，你步履铿锵，踩实了真相

夏日汗滴划过，她那俊俏的脸庞

走大街串小巷，普法下乡她放心上

检察姑娘，你活跃在法制课堂

检察姑娘，三尺讲台留你的模样

检坛的誓言，早已烙印在她的侠骨眉宇间

经过多少年，她始终不改反腐倡廉的执念

终究有一天，时光会惊扰她青春的容颜

她转身走远，身后留下的是朗朗晴天

检察姑娘，敬老走访你时常不忘

检察姑娘你说忙完也想回家看看爹娘

回首不憾当年，披上这身钟爱检装

胸前检徽闪亮，那年的你曾是检察姑娘

检察姑娘，我们的检察姑娘……

（2017年1月发表于山东省检察院微信公众号）

建国七十周年赋

莒县人民检察院　冯玉祥

弹指一挥，七十周年，沧海桑田，世事变迁。
伟大祖国，盛世华诞，千年文明，谱写新篇。
华夏民族，勤劳勇敢，唐尧虞舜，传世万年。

改革开放，经济腾飞，中国制造，遥遥领先。
蛟龙入海，神舟飞天，科技进步，神州换颜。
蓝天保卫，三大攻坚，绿水青山，理念转变。

从严治党，四个全面，五位一体，责任在肩。
凝心聚力，四个核心，腾笼换鸟，动能转换。
踏石留印，撸袖奋干，依法治国，昊昊青天。

山东政法，利剑擎天，扫黑除恶，不畏艰险。
赤子之情，可圈可点，平安山东，携手共建。
坚守岗位，矢志弥坚，礼赞政法，辉煌连片。

打击犯罪，维护平安，千家万户，情系心间。
保驾护航，经济发展，送法下乡，社区农田。
精心布阵，无缝接连，群英荟萃，妙棋一盘。

政法事业，风光无限，人人振奋，齐抓共干。
风雨同舟，起航扬帆，精神抖擞，勇往直前。
不屈不挠，捍卫尊严，人民卫士，勇挑重担。

政法领导，带头率先，以身作则，甘做模范。
谋划大局，从不走偏，公平正义，勇挑两肩。
身先士卒，带动一片，各负其责，秩序井然。

政法群体，从不偷懒，照顾群众，面面俱全。
全省干警，案牍连篇，从不叫苦，脸露笑颜。
调查办案，雨露风餐，四季更替，永不厌倦。

政法干警，业务熟谙，神圣使命，一往无前。
齐鲁法检，技艺精湛，堵住源头，永葆蓝天。
网管监控，守住前沿，汇总监视，了如指间。

山东警察，保卫平安，尽职尽责，名列前沿。
司法部门，服务全面，甘做绿叶，真情奉献。
全面覆盖，一片晴天，事无巨细，用心结案。

上下齐心，棋局一盘，纵横沟通，丝丝相连。
为民服务，毫无怨言，业务水平，响彻鲁天。
已有成就，连连夸赞，再创佳绩，值此华年。

司法改革，成果初现，紧跟步伐，队伍拔尖。
力量整合，用在刀尖，锐利无比，斩妖锄奸。
形势大好，干劲无限，携手共进，美好明天。

战鼓紧擂，快马加鞭，光明征程，铺就眼前。

英雄辈出，人才如山，放歌原野，豪气冲天。

为你骄傲，与子共勉，宏伟蓝图，定能实现。

（2019 年 9 月入编山东省委政法委庆祝中华人民共和国成立 70 周年征文大赛作品集《追梦》）

牵手斑马线赋

日照市公安局交警支队　张文忠

　　水运之都，宜居日照。东临黄海，西依沂蒙。南接苏北，北连胶南。路网发达，交通便利。时值太平盛世，经济迅猛发展，物阜民丰之余，车流人流激增。高峰时段，摩肩接踵；平峰时段，车水马龙。浩浩乎，荡荡乎，蓬勃向上；熙熙乎，攘攘乎，繁荣景象。然凡事均有利有弊，道路供求矛盾突出，交通事故时有发生，交通拥挤也成常态。汽车时代，悄然到临；交通难题，不期而至。

　　交通安全，事关民生。民生问题，学生为大。身系祖国未来，凝聚家庭期望。晨必送至，暮必迎归。舐犊情深，其乐融融。然市区中小学校，多处于中心地带，通行能力有限，停车资源紧缺。每送则必驱座驾，驶至门前；每迎则必动爱车，贴于道边。一时间，道路负重不堪，乱象环生；于是乎，人车嘈杂鼎沸，险情频出。辖区交警，挺身而出，早晚高峰，履职尽责。奈何警力捉襟见肘，难免保障有所缺位。学生烦躁，学校苦恼。家长指责，公众有声。创新管理服务模式，成为迫在眉睫之举。

　　穷则思变，变则通达。开门纳谏，实地调研。综合论证，集思广益。一线交警，发扬首创精神。领导机关，确立最佳方案。二〇一一，创变之年。"牵手斑马线"应时而出，爱心护学岗应势而立。设立学生乘降点，家长不必再驶向门前。广纳社会志愿者，学生集中后送入校园。斑马线前，车谦人让，安全隐患，直线下降。学校门口，道净路空，文明指数，瞬时提升。家长点赞，放心又省时间。市民称好，新事又树新风。

　　警力有限，民力无穷。善行之地，必多好人。花甲老人，本应颐养天年，义无反顾，年复一年。聋哑商贩，身处无声世界，风雨守护，大爱无言。夫妻搭档，孩子已经成人，一南一北，携手并肩。外地学子，课余闲暇之际，拉出队伍，传递温暖。大手牵小手，小手拉大手。服务手拉手，平安一线牵。播种爱心文明，收获美丽春天。寒来暑往，已历四年。志愿者涵盖社会各界，护学岗辐射城市农乡。

牵手服务，情动你我。警民齐用力，再拓牵手路。牵手企业，健全安全管理机制，护航企业发展。牵手民俗村，组建景区巡逻队伍，助力旅游经济。牵手社区，推出"三通四联"模式，方便群众办事。牵手弱势群体，开展扶老助残活动，传递人间真情。牵的是手，暖的是心。牵手，从斑马线开始。交警为主导，媒体做纽带，群众是主角。以规范化促发展，以常态化促完善，以人性化促服务。谱就了海曲悠扬，唱响了日出东方。

美哉牵手，用心服务。兴哉牵手，惠民利民。警民鱼水一家亲，人民警察为人民。和谐执法心相通，服务社会零距离。最具影响力慈善项目，德润港城。学雷锋志愿先进集体，善行日照。公安政治工作创新奖，勇立潮头。齐鲁文明交通之星，群星璀璨。天行健，君子以自强不息。地势坤，君子以厚德载物。手相牵，心相连。千里之行兮，始于足下。牵手你我兮，万家平安。

（荣获《人民公安报》2017 年国家级优秀作品）

答案——刑警手记

日照市港航公安局　李志华

无数个寂静的夜晚
我在数字堆成的货场上盘桓
寻找一条可以通向光明的道路

无数次
我的思路中断
影像变成一个个独立的点
我仿佛面对一个巨大的迷宫
找不到入口　也没有出口

迷茫中
有无数的面孔叠现
我的目光变得灼灼
我想在那一张张年轻的和不再年轻的脸上
读出坦然或者不安
可是
道路总是艰难

有人说　我像猎手
眼睛里只有老鹰和案犯

也有人说　我是个不成功的数学家

世上的事情怎么会只有一个正确答案

我好像没有听见

我只在乎我的爱人

她说　我在追寻答案的时候

更像一个傻瓜和负责任的男子汉

我很内疚

没有给她应有的平静和花束

当我在以毫米或者以千米计算的区域

埋头寻找着凌乱的痕迹

我自以为我更像一个苛刻的艺术家

决不允许有点点的黑斑出现在整洁的画面

是的

我爱整洁

那种没有霉块没有污染也没有机械故障的洁

这是个难题

所以我仍在丈量、求索和奔波

好了　现在

趁着曙光报晓夜色即将消散

让我们暂时放下所有的劳作

对着一面红色的旗

开始思索：

真正的答案到底在哪里？

是否　一切都已经了然？

（2017 年 3 月《诗选刊》）

第十二章　书画作品

一、书　法

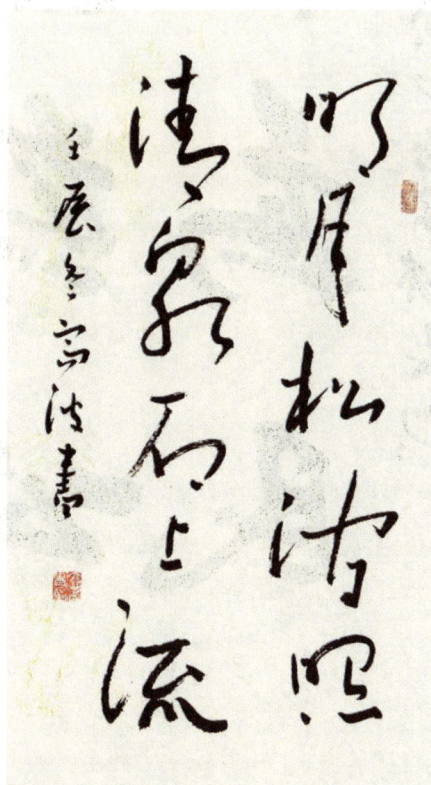

《明月松间照　清泉石上流》　高波（日照市公安局）

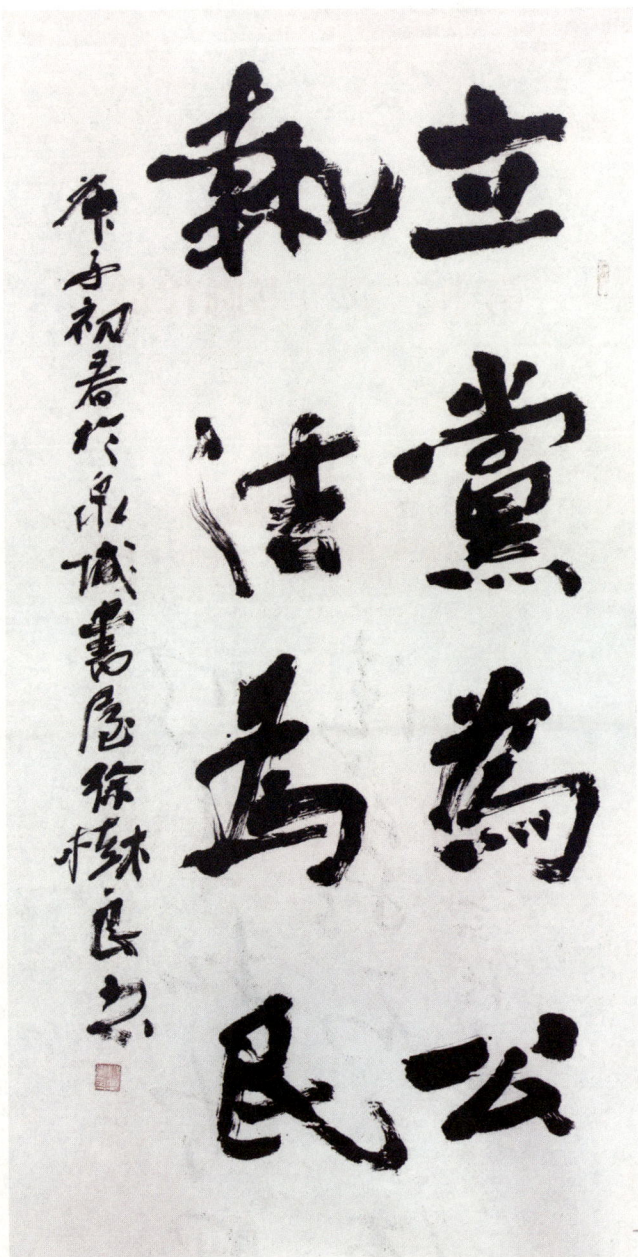

《立党为公　执法为民》　徐树良（公益）

忠诚履职尽责

于担当作为锐意

改革创新

应为《日照政法——砥砺奋进三十年》作

二〇二〇年春于海滨日照闲云堂 张树林

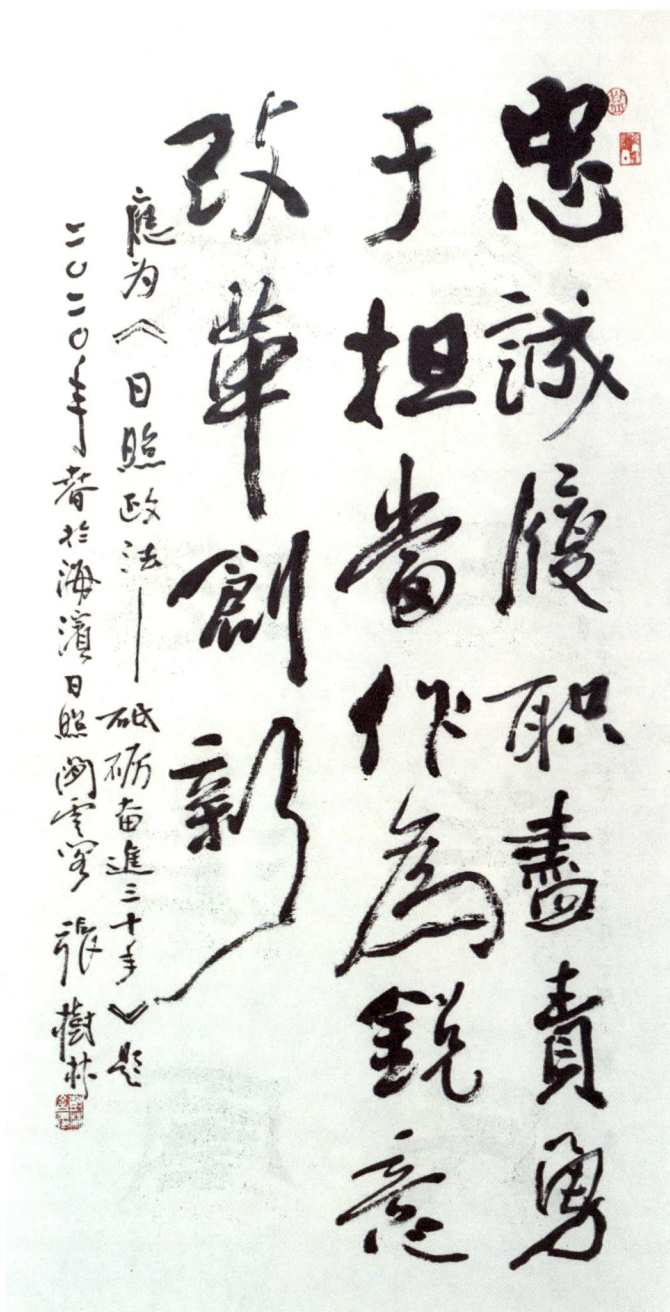

《忠诚履职尽责　勇于担当作为　锐意改革创新》　张树林（公益）

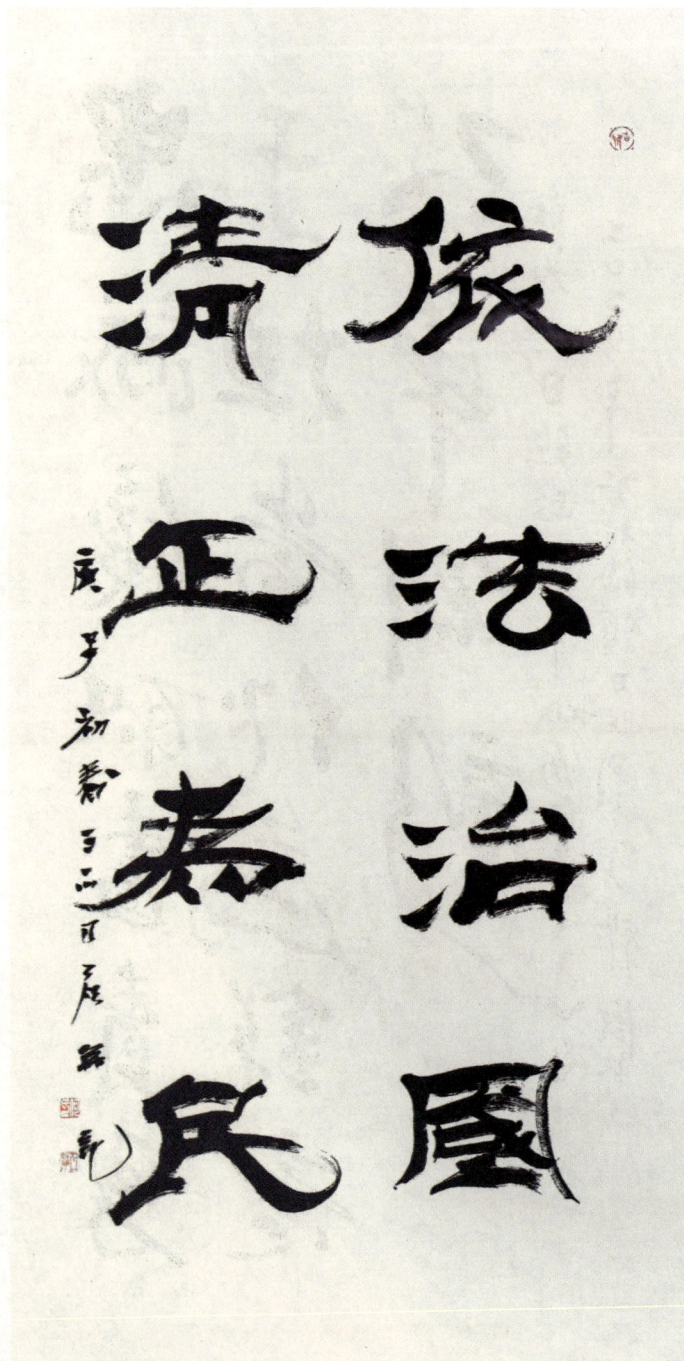

《依法治国　清正为民》　何乃磊（公益）

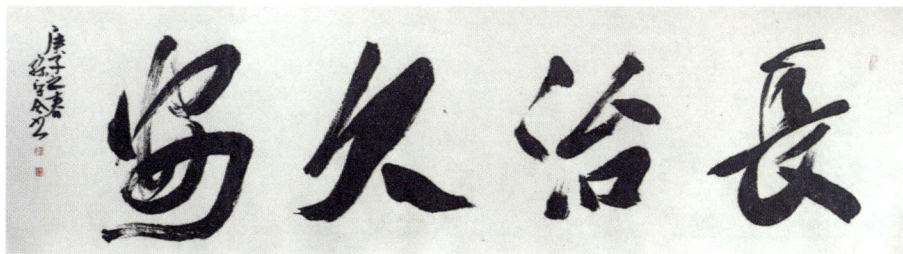

《长治久安》 孙守合（公益）

《厚德载物》 毛晓萍（公益）

二、国 画

《山水清音》 刘明（莒县人民法院）

《出淤泥而不染》 曾宪威（日照市公安局）

《莲山初春》 陈忠收（五莲县公安局）

《翠竹》 马德波（公益）

《爱莲说》 孙光祥（公益）

砥砺奋进三十年

附 录

政法大事记

（1989 年～ 2019 年）

1989 年

8 月 26 日，省七届人大常委会第十一会议通过了《关于组建地市日照市有关事项的决定》，决定成立日照市中级人民法院和日照城郊人民法院、日照市人民检察院和日照市城郊人民检察院。

11 月，地级日照市领导机关正式对外办公。市公安局升格为正处级，原公安机关机构设置整体归属市公安局。

12 月，地级日照市司法局成立。

1990 年

2 月 20 日，市委副书记、政法领导小组组长于学田、副市长熊可山主持召开市委政法领导小组成立以来的第一次例会。

3 月 2 日，最高人民检察院批准设立日照市人民检察院，辖城郊人民检察院（原县级日照市人民检察院）。

5 月 1 日，市中级人民法院正式对外办公。

8 月 7 日～ 9 日，省高级人民法院院长宇培杲来日照检查指导工作。

11 月，日照市通过了全国、全省"一五"普法验收。

1991 年

4 月 29 日，中共日照市委、日照市人民政府批转了《日照市在公民中开展法制宣传教育的第二个五年规划》（日发〔1991〕21号），"二五"普法正式启动。

6月1日～3日，省公安厅厅长李诚到日照市检查指导社会治安综合治理工作。

7月4日，省委副书记高昌礼到日照市公安局石臼派出所检查指导工作。

7月6日，中国人民武装警察部队总部参谋长张少堂少将视察了驻日照的武警部队。

1992 年

3月，市政府召开全市防火安全"双百"暨"百安赛"总结表彰大会，对10年来防火安全工作中涌现出的先进集体、先进个人进行隆重表彰。

5月17日～19日，省委常委、政法委书记陈建国来日照视察工作。

5月24日～26日，最高人民检察院检察长刘复之和省委常委、政法委书记陈建国，来我市检查指导工作，对我市实施社会治安综合治理"细胞工程"的经验做法给予充分肯定。

5月，省人民检察院检察长臧坤来日照视察工作。

1993 年

6月25日～26日，中国人民武装警察部队政委张树田少将来日照市视察驻日照武警部队。

10月11日，日照市律师协会成立。

1994 年

3月21日，全省民事行政检察工作座谈会在日照召开。

3月28日～4月1日，最高人民检察院副检察长梁国庆带领中央政法委检查组，来我市检查综合治理工作。

6月，全省政法队伍建设经验交流会在临沂召开，市人民检察院作了题为《抓住四个环节，切实搞好检察队伍的廉政建设》的经验介绍。

7月6日～8日，中央社会综合治理委员会办公室常务副主任徐伟华和省委政法委常务副书记、综合治理委员会办公室主任高新亭等来日照检查指导工作。

10月1日，市公安局巡逻警察支队正式执勤，实行24小时市区街面巡逻防范。

1995 年

4月8日，省司法厅厅长梁德超到莒县检查指导司法行政工作。

5月13日～16日，省人民检察院检察长赵长风来日照调查研究工作。

9月，市公安局在全国、全省率先推出《禁酒令》十项规定。这一做法受到省公安厅和市委、市政府充分肯定，被公安部在全国公安系统推广。

1996 年

3月12日，省公安厅厅长孟庆丰到日照市检查指导公安工作。

4月9日，省委副书记李文全到五莲县公安局看守所检查指导工作。

6月，省委常委、政法委书记张惠来来我市检查指导政法工作，先后深入到东港、莒县、五莲、岚山等处企事业单位和基层政法单位，对我市的各项政法业务工作给予充分肯定。

11月10日～11日，省高级人民法院院长宇培杲带领调研组来日照调查研究。

1997 年

2月26日，市中级人民法院根据《中华人民共和国人民法院组织法》及法院机构改革的有关规定，成立了建院以来的第一支正规法警支队。

5月19日，省委政法委常务副书记、省公安厅厅长高新亭到日照市调研指导公安工作。

11月，在第五次全国人民群众见义勇为与犯罪分子作斗争先进分子表彰大会上，我市204国道收费处见义勇为先进集体被授予"全国人民群体见义勇为与犯罪分子作斗争先进分子"荣誉称号。

1998年

3月，市委政法委部署在全市政法系统开展为期一年的集中教育整顿活动。

4月20日，省政府批准筹建山东省日照监狱（鲁政字〔1998〕87号）。

6月9日～12日，公安部在大连市召开公安队伍建设座谈会，市公安局作为18个先进单位之一参会，并作典型发言。

7月7日，日照市创造性地开展政法"五长"联合接访活动。

7月21日，副省长林廷生到市公安局检查指导工作。

9月9日～10日，省委常委、政法委书记、省公安厅厅长高新亭到日照市政法机关调研指导工作。

12月1日，省委副书记吴爱英来日照检查指导社会治安综合治理和精神文明建设工作。

1999年

4月，日照市开展创建"人民满意的政法干警（单位）"活动。

7月24日，日照市法学会成立。

9月4日，省委常委、政法委书记、公安厅厅长高新亭一行来我市检查指导工作，肯定了我市政法综治工作成绩并提出了要求。

12月，根据国务院决定和公安部统一部署，在全市实行公民身份号码制度，启动新居民身份证办理工作，原15位的居民身份证编号被18位数字公民身份号码所取代，编号前四位数字为"3711"。

2000 年

5月10日，省委副书记陈建国对市中级人民法院工作作出批示，对中院抓领导班子、队伍建设举措予以鼓励。

7月，省普法验收小组对日照市"三五"普法进行验收。

8月8日，全省社会治安综合治理基层基础工作现场会议在五莲县召开。这是建市以来，在我市召开的第一个省级综合治理现场会。

10月1日起，全市公安民警统一换着"九九"式警服。

11月25日，省委副书记吴爱英视察日照市政法工作。

2001 年

4月18日，全市"严打"整治斗争动员大会召开，市委副书记王伟出席并讲话。

4月19日，全市首批市级"优秀青少年维权岗"命名表彰大会召开，市委常委、政法委书记李守民出席并讲话。

4月20日，武警部队司令员吴双战到武警莒县中队视察工作。

4月30日，日照市基层法律服务工作者协会成立。

5月17日~18日，最高人民法院副院长李国光在省高级人民法院院长尹忠显和日照市委副书记、市长夏耕，市委副书记王伟，市委常委、政法委书记李守民，市委常委、秘书长党英明陪同下，视察市中级人民法院工作。

6月16日~17日，中央政法委副秘书长、综治办主任陈冀平，在省委常委、政法委书记高新亭陪同下，来我市检查指导社会治安综合治理工作。

6月19日，全国政协副主席张思卿在市政协主席王家政、市委副书记王伟等的陪同下，到市人民检察院视察工作。

7月28日，省委副书记吴爱英到市公安局车管所和交警东港大队检查指导工作。

8月17日，中央政治局委员、省委书记吴官正到市公安局车管所视察工作。

8月30日，省公安厅厅长曲植凡到市公安局车管所等单位检查指导工作。

2002 年

3月13日～14日，省人民检察院检察长国家森来日照人民检察院检查指导工作。

7月15日，最高人民检察院副检察长张穹来日照市检察院视察调研。

8月2日，山东法官培训学院日照分院落成启用。

12月20日，省委常委、宣传部长朱正昌到日照市公安局车管所等基层单位调研指导工作。

2003 年

1月22日，全市政法工作会议召开，市委副书记、市纪委书记李敏讲话。

9月27日～28日，山东省女检察官协会第二届第二次理事会暨女检察官成才经验交流会在日照召开。

11月24日～25日，全省民事行政检察工作座谈会在我市召开。

是年，科学编制《日照市"金盾工程"总体方案》，正式启动"金盾工程"建设。

2004 年

4月12日～13日，最高人民检察院副检察长孙谦一行来我市开展人民监督员试点工作调查研究。

4月26日～28日，全国法院信访工作会议在长沙召开，日照市中级人民法院在会上作典型发言。

6月28日～7月1日，市中级人民法院作为山东唯一的中级法院参加了在昆明召开的全国法院审判监督工作会议，并作典型经验介绍。

8月10日，省委副书记高新亭来我市检查指导公安工作。

8月，市委、市政府将市法律援助工作纳入创建文明城市指标体系，建立由政府财政保障的法律援助机构为 A 级标准。

10月12日，省公安厅厅长曲植凡到东港分局黄海路、昭阳路、两城派出所等基层单位检查指导工作。

2005 年

1月31日，全市政法暨平安日照建设工作会议召开，市委书记李兆前出席并讲话。

5月16日，全省首次跨区域化学危险品灭火救援实战演习在日照市举行。省委副书记高新亭，副省长谢玉堂，省长助理、省公安厅厅长曲植凡观看实战演习，并到市公安局"三台合一"指挥大厅检查指导工作。

8月4日～6日，省高级人民法院院长尹忠显到日照法院对"规范司法行为、促进司法公正"专项整改活动及涉诉信访工作进行检查督导。市委书记、市人大常委会主任李兆前等领导陪同检查。

8月10日，省委副书记高新亭到日照市公安局东港分局黄海路派出所检查指导工作。

8月20日，全省检察机关反贪工作座谈会在日照召开。

10月18日～19日，省人大常委会副主任莫振奎带领省检查组对我市"四五"普法依法治理工作进行检查验收并给予高度评价。

12月3日，武警山东省总队政委冯金安到日照市公安机关检查指导工作。

2006 年

3月24日，全市深入开展平安日照建设工作会议召开。市委书记李兆前出席会议并讲话，市委副书记、代市长杨军主持会议。

6月21日，武警山东省总队总队长戴肃军到日照市看守所调研武警值勤模式改革及基础建设等工作。

6月26日，全省公安机关行风建设座谈会在日照市召开。

7月12日，最高人民法院院长肖扬在省法院院长尹忠显、等领导陪同下，来日照法院调研，先后参观了东港区法院石臼法庭、中院审判法庭，称赞日照法院"是个出经验、出人才、出成果的地方，希望很好地总结经验，在全国进行推广、宣传。"市委书记、市人大常委会主任李兆前，市委常委、市委秘书长党英明，副市长孙雨陪同调研。

9月11日，全国多种形式消防队伍建设工作现场会在日照市召开。

9月14日，日照市公证员协会成立。

9月25日，武警山东省总队总队长戴肃军到日照公安机关检查指导监管执勤改革试点工作。

10月19日，全省监管执勤改革现场会在日照市召开，观摩日照市3个看守所勤务模式改革成果。公安部十三局副局长刘树根，武警部队副参谋长薛国强，省委副书记高新亭，省委常委、政法委书记阎启俊，副省长李玉妹，省长助理、省公安厅厅长曲植凡，武警山东省总队总队长戴肃军出席会议。

2007 年

3月5日，平安日照建设工作会议召开。市委书记李兆前出席会议并讲话，市长杨军主持会议。

4月5日，公安部副部长张新枫，武警部队副司令员霍毅，公安部监管局局长张卫航、副局长郭振久，武警部队副参谋长薛国强，省长助理、省公安厅厅长曲植凡等领导，到日照市看守所、莒县看守所实地检查指导监管执勤改革工作。

4月26日，第七次全省法院行政审判工作会议在济南召开。市委书记李兆前代表日照市委与会作了《推动行政审判机制创新、努力营造和谐司法环境》的典型发言。

6月，日照市社区矫正工作领导小组成立，领导小组办公室设在司法局。

8月24日，省委副书记刘伟到日照基层公安机关检查指导工作。

2008 年

1月10日，市中级人民法院荣获全省"人民满意政法单位"奖牌，成为全省唯一获此殊荣的中级法院。

2月4日，副省长李兆前到基层公安机关检查指导工作，看望慰问一线公安民警、武警官兵。

3月27日，全省公安机关"三基"工程建设经验交流会在日照市召开。市公安局作典型发言，全面介绍构建"五张防控网"的经验做法。

5月22日，最高人民法院副院长江必新来日照出席行政审判和审判监督工作座谈会。

8月19日，山东省人民政府印发《关于同意组建日照市劳动教养管理所的批复》（鲁政字〔2009〕192号）。

9月9日，司法部印发《关于同意设立日照市劳动教养管理所的批复》（司复〔2009〕16号）。

10月29日~30日，"中国消防志愿者行动"推进会在贵州省召开，日照市公安消防支队作为唯一一个与会的地级市消防单位，在会议上介绍相关工作经验。

11月25日，省委常委、政法委书记柏继民到日照市公安局东港分局大学科技园派出所调研指导工作。

2009 年

4月1日~2日，全省道路交通事故处理现场会在日照市召开。

5月18日，全国社会治安综合治理表彰大会召开。市委书记、市人大常委会主任杨军参加北京主会场会议并代表日照领取"全国社会治安综合治理优秀市"奖牌。

6月3日，省长助理、省公安厅厅长吴鹏飞到日照市调研指导公安工作。

6月7日，省委副书记、省政协主席刘伟到日照经济开发区分局北京路派出所郑州路社区警务室检查指导工作。

6月9日，省委常委、政法委书记柏继民在日照市调研政法综治工作及十一运社会稳控与安保工作。市委书记、市人大常委会主任杨军，市委副书记、市长赵效为，市委常委、市政法委书记黄金华，市委常委、秘书长王斌等陪同调研。

6月19日，市委、市政府召开平安日照建设表彰大会，市委书记、市人大常委会主任杨军，省政法委常务副书记姚成林分别讲话。市委副书记、市长赵效为主持会议。

7月23日~24日，全国部分省（区、市）综治办主任座谈会在我市召开。中央综治委副主任、中央政法委副秘书长、中央综治办主任陈冀平主持会议并作了重要讲话，山东省委常委、政法委书记、省综治委主任柏继民出席座谈会并致辞，日照市委书记、市人大常委会主任杨军出席座谈会并就我市经济社会发展和政法综治情况进行了工作发言。

7月23日，全国人大常委会委员、内务司法委员会副主任委员姜兴长一行到我市调研民事审判工作。

8月22日，全省检察机关反贪部门综合指导工作座谈会在日照召开。

8月27日，最高人民检察院党组成员、中纪委驻最高人民检察院纪检组长莫文秀莅临市人民检察院视察工作。

9月14日~15日，全国部分高院行政庭庭长座谈会议在我市召开。

10月10日~25日，省人民检察院检察长国家森，最高人民检察院党组成员、中纪委驻高检院纪检组组长莫文秀，高检院党组成员、政治部主任李如林先后对邵明强先进事迹作出重要批示。

10月26日~28日，省委常委、省政法书记柏继民来我市，就政法综治战线贯彻落实党的十七届五中全会精神情况进行调研。市委副书记孙海亭，市委常委、市政法委书记黄金华陪同调研。

11月25日，日照市司法鉴定协会成立。

11月16日~18日，省高级人民法院院长周玉华等到市中级人民法院调研指导工作。

2010 年

10月15日，全国法院探索化解行政争议新机制经验交流视频会议召开。作为全国7个作经验介绍的单位之一，日照市委副书记、市长赵效为出席会议，并作了题为《实施行政诉讼绩效考核，推进法治政府建设》的发言。最高人民法院院长王胜俊对日照市的做法给予充分肯定。

11月13日，省高级人民法院党组书记、院长周玉华来我市调研，在东港区法院召开座谈会。

2011 年

4月26日，全省治安保险工作推进会在日照召开。省政协副主席、省综治委副主任栗甲出席会议。

5月19日，省人民检察院作出《关于在全省检察机关开展向邵明强同志学习活动的决定》，省见义勇为基金理事长孟庆丰一行，前往莒县张树敏烈士家中亲切慰问烈士家属。市委常委、政法委书记黄金华等陪同。

6月~2012年6月，按照公安部、省厅统一部署，在全市公安机关开展为期一年的网上追逃专项督察"清网行动"。

8月11日，最高人民检察院副检察长姜建初到岚山区人民检察院视察指导工作。

9月26日~27日，全省公安系统武装越野比赛在东营市举行。日照市公安局取得团体总分第一名，实现在全省公安系统体育赛事上的历史性突破。

10月，最高人民检察院检察长曹建明，副检察长胡泽君、邱学强、姜建初等领导，对我市检察机关办理督促复垦耕地1000余亩案分别作出重要批示。

10月，日照市法学会调整为市委政法委管理，撤销原司法局设立的市法学会办公室建制。

11月18日，最高人民法院在日照中级法院召开"健全党和政府主导的维护群众权益和化解社会矛盾机制，做好群体性事件的防范和处置"调研课题座谈会。

11月29日～30日，全省公安电视宣传工作研讨会在济南召开。日照市公安局专题片《"合成"金盾筑平安》荣获全省公安电视作品一等奖。

2012年

5月7日，最高人民检察院民事行政检察厅下发文件，将我市岚山区检察院列为全国民事行政检察工作联系点，这是我省唯一被列为联系点的基层院。

5月28日，在中国共产党山东省第十次代表大会上，莒县人民检察院邵明强当选为党的十八大代表，是全省检察系统唯一代表。

6月29日，省委常委、副省长、政法委书记才利民来日照市考察政法综治工作。市委书记、市人大常委会主任杨军，市委副书记侯成君，市委常委、政法委书记高杰陪同考察。

8月7日～10日，省法院党组理论学习中心组读书会暨全省中级法院院长会议在日照召开。市委书记、市人大常委会主任杨军致辞，省高院党组书记、院长周玉华作重要讲话。

8月19日，省长助理、省公安厅厅长徐珠宝到日照市公安机关调研指导工作。

8月27日，省委副书记王军民到东港公安分局秦楼派出所检查指导工作。

9月24日，全国检察机关部分省级院反贪工作座谈会在日照召开。省人民检察院吴鹏飞检察长亲切会见高检院反贪总局局长陈连福等与会人员，市委书记、市人大常委会主任杨军，市委副书记、市长李同道，市委副书记侯成君等参加会见。

11月2日，省人民检察院党组书记、检察长吴鹏飞来日照视察调研。

11月6日，全省检察机关民行检察新型业务专题调研暨迎接修改后民诉法实施座谈会在岚山召开。

2013 年

4月10日~11日，省高级人民法院党组书记、院长白泉民一行来日照调研，市委书记、市人大常委会主任杨军，市委常委、政法委书记高杰，市中级人民法院院长程乐群等陪同活动。

4月，日照市消防科普教育馆建成并开馆。

5月2日，省长助理、省公安厅厅长徐珠宝到日照调研指导公安工作，看望慰问基层民警。

6月19日~20日，最高人民法院在日照就"立案难"问题和民事诉讼法司法解释开展集中调研活动。

8月20日~22日，全省社区矫正执法培训班暨社区矫正现场观摩会在我市举行。

11月21日，全省海防工作座谈会议在日照市召开。省委副书记、省海防委主任王军民，副省长、省海防委副主任邓向阳，省军区司令员、省海防委副主任荣森之，北海舰队副参谋长姜如国，省长助理、省公安厅厅长、省海防委副主任徐珠宝等领导出席会议。

2014 年

1月，我市荣获"全国社会管理综合治理优秀市"。

2月24日，省委常委、宣传部部长孙守刚到五莲县公安局视察指导工作。

5月16日，省委常委、政法委书记才利民到我市调研政法综治工作。市委书记、市人大常委会主任杨军，市委副书记孟庆斌，市委常委、市委秘书长王斌，市委常委、政法委书记高杰陪同调研。

7月29日，省委副书记、省长郭树清等省领导对市公安局开展"大回访"工作作出批示、给予肯定。

8月27日～29日，全省领导干部、公务员、企业经营管理人员无纸化普法考试工作观摩培训会在我市召开。

8月30日～31日，省司法厅厅长王本群等到我市调研，先后到五莲县社区矫正基地和日照市刑罚执行示范区进行了实地察看。

9月25日，全省综治主题创建活动调度推进片会在我市召开。市委常委、政法委书记高杰出席会议。

10月17日，全省公安机关警务评议工作会议在日照市召开，推广日照市公安局"大回访"经验做法。

10月24日～26日，山东省医疗侵权责任认定与司法鉴定实务研讨会在我市召开。

11月5日～6日，山东省高级人民法院党组书记、院长白泉民到莒县、五莲县法院调研工作。

11月14日，省司法厅在我市召开律师工作座谈会。

2015 年

2月4日，司法部党组副书记、副部长张苏军，在省司法厅厅长、省监狱局党委书记王本群等的陪同下，来我市视察司法行政工作并慰问司法行政基层干警。市委书记、市人大常委会主任杨军等陪同。

3月30日～4月1日，全省司法行政基层工作会议在我市召开。副省长于晓明，省司法厅党委书记、厅长王本群出席会议并讲话。市委书记、市人大常委会主任杨军陪同有关调研。

5月4日，全市法院全面推开立案登记制改革。

6月30日～7月1日，省人民检察院党组书记、检察长吴鹏飞到日照调研督导全市检察机关开展规范司法行为专项整治工作。

7月2日，中央综治委副主任、中央政法委副秘书长、中央综治办主任陈训秋，率领中央综治办调研组来日照市就基层政法综治工作进行调研。省委常委、政法委书记张江汀，省委政法委副书记、省综治办主任张志华陪同调研。

7月24日，全省检察机关民事审判程序监督理论研讨会在我市召开。

9月9日，日照市见义勇为基金会成立大会召开。市委常委、政法委书记刘西良出席会议并讲话。

9月28日，省全民普法依法治理工作领导小组副组长、省高级人民法院院长白泉民等，到我市检查验收"六五"普法依法治理工作。市委书记、市人大常委会主任杨军等陪同相关活动。

10月14日，全省司法行政系统平安和谐发展（日照）现场观摩会召开。省司法厅党委书记、厅长王本群出席会议。

10月，市公安局大数据云计算中心投入使用。是年，完成大数据警务云项目一期（云基础平台和大数据警务云中心）建设。2016年、2017年，相继完成大数据警务云二期、三期项目建设。至2018年，建成具有日照特色的大数据警务云实战应用平台。

11月，市公安局注册成立日照平安志愿者协会，建立全市平安志愿者队伍。至2018年底，全市平安志愿者队伍已发展到5.3万余人。

12月17日，最高人民法院院长周强来日照调研工作。

2016 年

6月13日～14日，全省农村社区司法行政工作室建设会议在莒县召开。

6月28日，省委常委、政法委书记张江汀到日照走访老党员、苦难党员，到莒县进行调研，并到岚山社区讲党课。

7月14日～15日，省委、省政府在日照召开全省多元化解矛盾纠纷工作会议，省委常委、政法委书记张江汀出席会议并讲话，副省长、省公安厅厅长孙立成主持会议，省高级人民法院院长白泉民、省人民检察院检察长吴鹏飞出席会议。市委书记、市人大常委会主任杨军同志代表我市作经验介绍。

9月6日～9日，全省司法行政系统先模人物培训班在我市举办。

10月8日，全市法院全面推开司法责任制改革动员会议在日照市中级人民法院召开，全面推开司法改革。

11月1日，司法部社区矫正中心建设工作座谈会在我市召开。

2017 年

3月23日，全市部署开展打黑除恶、打霸治痞专项行动。市公安局将打黑除恶、打霸治痞专项行动列为"利剑3号"行动，期间先后打掉4个恶势力犯罪集团，抓获涉案成员34人，实现全市打击恶势力犯罪集团的历史性突破。

3月24日，市委、市政府召开化解贸易融资风险推进会议，市委书记刘星泰出席会议并讲话。

4月17日，召开平安日照建设和市委政法工作会议，市委书记刘星泰讲话，市委副书记、市长齐家滨主持。

5月19日，省公安消防总队在日照召开全省公安消防部队后勤工作现场推进会，总结推广日照公安消防支队后勤建设经验做法。

5月19日，日照市中级人民法院机关首批员额法官宪法宣誓仪式暨作风建设集中整顿活动动员会议召开，标志着日照市中级人民法院法官员额制改革顺利完成。

6月28日，中央综治委副主任、中央政法委副秘书长、中央综治办主任陈训秋带领调研组到日照，就综治和平安建设工作开展调研，市委书记刘星泰，省委政法委副书记、省综治办主任李娥等陪同。

7月4日，日照市岚山区人民法院开庭审理莒南县人民检察院诉日照市环境保护局岚山分局履行职责行政公益诉讼案件，并当庭宣判。这是我国建立公益诉讼制度后，全市法院审理的首起行政公益诉讼案件。

7月5日，"山东省人民检察院青少年法治教育基地（日照）"揭牌仪式在日照市科技中等专业学校举行，省院党组成员、副检察长黄敬波与日照市委常委、政法委书记耿学伟共同为基地揭牌。

9月19日，在北京召开的全国社会治安综合治理表彰大会上，日照市被中央综治委授予"2013～2016年度全国社会治安综合治理优秀市"称号，实现"全国社会治安综合治理优秀市"三连冠，首次捧得全国综治最高奖"长安杯"。

10月，启动市公安局"精准警务智创中心"建设，围绕推动人工智能与警务工作深度融合，至2018年，建设无人机应用与管控实验室、微警务实验室、云计算和大数据实验室等六大实验室。

12月12日，全省检察建议规范化试点工作调研会在岚山区人民检察院召开。

2018 年

2月4日，副省长、省公安厅厅长孙立成到日照市走访慰问困难民警、因公牺牲民警遗属、困难群众，并到两城公安检查站和五莲县公安局检查指导工作。

2月9日，省委书记刘家义在省公安厅呈报的《公安要闻专报》（第6期）上，对莒县公安局破获"军融国际"特大网络传销案作出批示、给予肯定。

5月23日～24日，省人民检察院党组书记、检察长陈勇到日照调研。市委书记、市长齐家滨陪同。

5 月 23 日，省司法厅党委书记、厅长解维俊到日照督导安保维稳工作。

5 月 24 日，省委常委、政法委书记林峰海到我市督导青岛上合峰会安保维稳工作并召开座谈会。

6 月 1 日，全市法院网上立案工作全面推开。

7 月 4 日，全市"防风险、化积案、保稳定"工作总结大会召开，总结工作，表彰先进，安排部署下步政法稳定工作。市委书记、市长齐家滨出席会议并讲话。

7 月 23 日，省人民检察院在日照举行派驻监管场所检察室规范化建设观摩活动。

8 月 22 日，省公安厅在日照市召开全省道路交通事故处理重点工作暨"放管服"改革现场推进会，推广日照事故处理"道交一体化"工作经验做法。

8 月，经公安部对全国 28 个申报城市进行竞争性遴选评审，日照"基于大数据智能应用的社区智慧警务关键技术研究与应用示范"（即"社区智慧警务+"项目）申报成功，成为 4 个建设示范城市之一。市局"社区智慧警务+"工程正式启动。该项目经市政府常务会议审议通过，被写入 2018 年度《市政府工作报告》，列为市委深化改革重点项目。至 2018 年底，"社区智慧警务+"项目按计划有序开展试点推广建设。

9 月 28 日，日照市中级人民法院举办与中国人民财产保险日照市分公司战略合作签约仪式，标志着全市法院执行保险机制正式建立。

10 月 25 日，在山东省高级人民法院的统一安排下，山东半岛的青岛、东营、烟台、潍坊、威海、日照 6 地市中级法院在青岛签订《关于跨区域知识产权司法保护协作的框架协议》，正式建立跨区域知识产权司法保护协作机制。

11 月 16 日，在公安部组织的《新时代"枫桥经验"在公安》系列网络直播中，东港分局作为全国选出的 7 个基层公安机关之一，展播"枫桥式东港"建设成果。

12 月 5 日 ~ 6 日，山东省高级人民法院党组书记、院长张甲天来日照法院调研工作。

12 月 7 日，副省长于国安到市公安局扫黑除恶专业队实地督导扫黑除恶工作。

12 月，市公安局自主研发基于机器学习的智能调解辅助系统，获评2018 年度山东公安科学技术进步奖应用技术类二等奖。

2019 年

1 月 1 日，举行市公安边防支队转改官兵集体换装授衔仪式。

1 月 30 日，日照市委全面依法治市委员会办公室揭牌仪式在市司法局举行。

2 月 20 日，市公安局坪岚铁路分局举行揭牌仪式。

2 月 26 日，日照市岚山区人民法院建成启用"24 小时法院"，这是全省法院该项工作推进以来，全市法院启用的首家"24 小时法院"。

3 月 6 日，日照市中级人民法院民事审判第一庭被表彰为"全国巾帼文明岗"。

4 月 21 日，中共日照市委全面依法治市委员会召开第一次会议。

5 月 7 日，省委副书记、省长龚正到东港公安分局扫黑除恶工作点视察。

5 月 11 ~ 12 日，中央扫黑除恶"回头看"山东督导组沈德咏一行到日照市开展下沉督导，对日照扫黑除恶工作给予充分肯定。省委常委、政法委书记林峰海，省委政法委副书记梁战光，市委副书记、市长李永红，市委副书记李在武等陪同。

7 月 11 ~ 12 日，国家禁毒办副主任、公安部禁毒局巡视员安国军一行，到日照市实地调研指导禁毒工作。

7 月 16 日，市行政争议审前和解中心揭牌仪式在日照市中级人民法院举行，标志着全市范围内行政争议审前和解机制已经在两级法院实现全覆盖。

7月~10月，部署开展"守初心担使命、保稳定促发展"百日集中攻坚行动，圆满完成新中国成立70周年大庆和日照市建市30周年安保维稳工作，实现了"大事不出、小事也不出"的全胜目标。

7月19日，日照市中级人民法院对张守玉等19人黑社会性质组织犯罪案进行一审公开宣判。该案系山东省扫黑办重点挂牌督办案件，也是扫黑除恶专项斗争开展以来，市中级法院一审宣判的首起黑社会性质组织犯罪案件。

8月7日，副省长、省公安厅党委书记、厅长范华平深入到日照市公安机关调研指导工作，看望慰问公安民警。市委书记齐家滨等陪同活动。

8月13日，全省公安机关执法规范化建设现场推进会在日照召开。副省长、公安厅党委书记、厅长范华平专门作出批示。省厅一级巡视员槐国栋出席会议并讲话。

9月8~10日，公安部法制局在日照市召开办理政府信息公开行政复议案件调研座谈会。公安部法制局副局长赵斌主持会议并讲话，省公安厅一级巡视员槐国栋出席会议并致辞。

10月11日，市委政法委联合市各政法单位举办"致敬日照政法英模"主题宣传活动。

11月13日，举行出入境24小时自助服务区启动仪式。

11月18日，日照市公安机关全警实战大练兵启动仪式暨首届警体运动会开幕式在日照市人民警察训练基地举行。

12月10日，由山东省委宣传部、省法院、大众报业集团、山东广播电视台主办的"齐鲁最美法官"发布仪式举行。日照市中级人民法院民事审判第一庭庭长卜雪雁获评首届"齐鲁最美法官"。

12月13日，刚果（布）中高级警官研修班一行32人，到市公安局参观考察执法规范化建设工作。

12月18日至19日，国家禁毒委员会委员、全国妇联副主席、书记处书记谭琳带领检查组，到日照市督导检查禁毒工作。

2019年，日照市被评为"山东省扫黑除恶优秀市"。市委政法委被省委政法委、省人力资源和社会保障厅联合表彰为"山东省人民满意政法单位"。市公安局被省委、省政府表彰为新中国成立70周年安保维稳工作先进集体和山东省"勇于创新奖"先进集体。市人民检察院第一检察部、岚山区人民检察院被省人民检察院、省人力资源和社会保障厅联合表彰为"山东省检察机关先进集体"。

后 记

《日照政法砥砺奋进三十年》作为日照历史上第一部政法工作大型专辑，也是庆祝日照市建市30周年的一项系统工程，经过大家共同努力，而今付梓，令人欣慰。

编纂《日照政法砥砺奋进三十年》，对于全面回顾全市政法工作30年来的不平凡历程，总结各级政法机关和政法单位取得的成就与经验，表彰先进典型，弘扬政法精神，激励政法干警更好地履行维护国家政治安全、确保社会大局稳定、促进社会公平正义、保障人民安居乐业"四大职责任务"，创造无愧于新时代的新业绩，具有重要意义。为此，市委政法委领导十分重视，分工专人负责，组成编纂机构，认真研究部署，并于2019年7月30日召开专题会议，明确目标任务，层层压实责任，要求优质高效地完成编纂出版任务。全市政法各单位、区县政法委积极参与，密切配合，按照要求分解任务，制定措施，及时提供资料，确保编纂工作顺利进行。日照日报社《新观察》编辑部在编辑出版方面做了大量工作。

编纂《日照政法砥砺奋进三十年》的指导思想是以习近平新时代中国特色社会主义思想为指导，全面回顾各级政法机关和政法各单位贯彻党中央及省委、市委决策部署，坚持党的领导、人民当家作主、依法治国有机统一，推进平安建设、法治建设、队伍建设，为改革发展稳定大局服务取得的成就，总结经验，表彰先进，进一步弘扬政法精神与先进文化，动员和激励广大政法干警矢志不渝做新时代中国特色社会主义事业的建设者、捍卫者，为加快建设美丽富饶、生态宜居、充满活力的现代化海滨城市做出新贡献。编纂形式：一是由中共日照市委副书记李在武作序。市委政法委、市中级人民法院、市人民检察院、市公安局、市司法局等主要领导分别撰写署名文章。二是在序言后设置彩页，选撷中央、省市领导莅临检查指导日照政法工作的图片。三是正文分沿革篇、成就篇、经验篇、荣誉篇、文献篇、文化篇6个部分，其后附录大事记。四是各个篇章适当插入有关图片，使之图文并茂，形式新颖。

2019年9月，各级政法机关和单位陆续上报材料，编纂工作进入初编阶段。在编纂过程中，围绕编纂工作指导思想，坚持质量第一，追求思想性、科学性、资料性有机统一，切实把好政治关、史实关和保密关，尽量使之主线明确，层次分明，特色突出，简练精悍，做到全面、客观、真实、生动，力求编成一部内容丰富、质量精良、史料翔实、体例规范的权威性辑著。具体把握要点：其一，主体内容尽量切合1989年～2019年断限时间，个别内容根据需要适当提前或顺延。其二，以篇为纲，各篇相对独立又相辅相成，和谐统一。篇下设章并统一序号，章下以条目展开，事以类从，归属妥当。单位按贯例排序，文章以时间排序。其三，使用规范语体文、记述体，标点符号、数字、计量单位均按国家颁布标准，个别计量单位兼顾习惯用法。年代使用阿拉伯数字表示。其四，涉及机构、地名、人名、职务等均按当时称谓。其五，图片、表格随文插入，并附简要说明。其六，大事记一事一条，简明扼要，不加评论。其七，优化标题，统一格式。对篇幅较长者进行缩写、节选。

2019年12月形成初稿后，又进一步精编，适当压缩篇幅，认真勘误校正，做到精益求精。其间，各级政法机关、政法单位领导及有关专家审阅把关，提出意见，进一步提高了编纂质量。社会各界人士关心支持，给予诸多帮助，在此深表谢意。

对编纂中的疏漏与缺憾，恳请批评指正。

编 者

2019 年 12 月